本书得到国家自然科学基金（71373227）、上海高校知识
服务平台（海派时尚设计及价值创造知识服务中心）资助

海派时尚产业价值创新能力与发展路径研究

——基于上海时尚产业现状的发展建议

Research on the Value Creation Capacity of Shanghai-Style Fashion Industry

颜 莉 著

《海派时尚与创意经济系列》编委会

《海派时尚与创意经济》系列丛书
总　序

自20世纪30年代初期，中国文坛“京海”之争以来，“海派时尚”作为上海特有的社会、文化、艺术现象，引领上海经济，始终走在亚洲最前列。传承了吴越文化和江南文化内涵的“海派时尚”文化，不仅具备雅致、细腻、隽永的特点，还具备开拓创新、善于吸收外部文化精髓的特质。“海纳百川、兼容并蓄”是对“海派时尚”文化最精辟的总结和描述。

“海派时尚”文化对城市经济、区域产业、文化创意产业的研究，兴起于21世纪初，缘起后工业化时代人们对于经济过快发展带来负面作用的反思和时尚创意产业在世界范围内的蓬勃发展及其对城市经济的持续性推动作用。然而，对于“海派时尚”产业以及相关领域的理论研究，特别是针对上海城市发展特殊性和中国经济体制转型过程中的时尚创意产业发展方向与发展路径研究，更显得匮乏。

上海作为“海派时尚”文化的城市载体，时尚产业的发展越来越受到政府重视。2008年9月，上海市人民政府办公厅向全市转发了上海市经济和信息化委员会（简称经信委）、上海市发展和改革委员会（简称发改委）制定的《上海产业发展重点支持目录》，其中的“生产性服务业”明确了“时尚产业”的条目，并明确使其作为产业发展的导向。时尚产业是典型的都市产业，跨越了高附加值制造业与现代服务业的产业界限，是多重传统产业的组合。围绕未来建设“全球城市”的目标，上海时尚产业总体沿着“世界时尚展览展示中心、亚太时尚体验消费中心、东方时尚创意中心”的道路迈进，形成了具备一定创新能力，具有多元性“海派时尚”文化生产要素、市场要素、制度要素和辅助要素的一系列开创性价值创新体系架构。并在此架构上，探索出符合上海城市发展特点的时尚产业价值创新发展路径。

目前，上海的“海派时尚”产业已经具备一定规模，尽管与伦敦、纽约等城市相比仍有一定距离，但是“海派时尚”文化的影响力和驱动力逐渐显现，海派时尚创意产业园区、海派时尚产业公会组织、海派时尚节事，成为上海时尚产业发展的标志性内容。价值创新的原动力逐渐明确、耦合机制日益成熟、发展路径日渐明晰，需要理论研究的及时跟进。

本系列丛书的出版，不仅能够帮助研究者了解“海派时尚”文化背景下时尚产业发展的基本脉络，也能够让更多的学者、学生和时尚爱好者了解上海时尚产业的相关政策和发展趋势。只有群策群力、共同参与，才能让“海纳百川、兼容并蓄”的上海城市文化精神永远传递。

另外，在丛书的编写和出版过程中，经济管理出版社陈力老师给予了大量帮助，东华大学刘春红副校长给予了众多关心与关怀。袁新敏副教授、谭娜博士、何琦博士、颜莉博士、张洁瑶博士、丛海彬博士、张贺博士生、高晗博士生、周琦博士生、江瑶博士生等参与丛书部分书稿编写及校对。对以上老师和学生们所付出的工作和努力表示由衷的感谢！

高长春

2014 年春于上海

目录

第一章
海派文化历史及发展研究

第一节 “海派文化”内涵界定及其近现代发展

一、“海派文化”内涵的界定

（一）“海派”的来源

“海派”的来源，目前有两种说法：一是“画派说”，最早发端于19世纪中叶的上海画坛，是江浙人士对一批寓居上海以卖字画为生的画师和画匠的贬称；二是“京剧说”，很多学者认为来自于书章和京剧，19世纪下半叶上海绘画界和京剧界，即京剧的“上海流派”，它代表了求新、求变的风格追求，并无贬义色彩。20世纪30年代初期，中国文坛“京海”之争，专指上海社会上的秽言秽行，并泛指上海文坛风气。从海派文化诞生之日起，近当代中国著名文人学者以非常人的犀利目光从文学的角度洞察海派社会生活，通过小说、散文、杂记、剧作、信札以及学术著作等物的载体形式，以或正、或反、或比较的笔触对海派文化的现象与本质进行了五彩纷呈的精彩绽现。

图 1-1　19 世纪海派画家张熊作品

图 1-2　19 世纪海派京剧艺术家汪笑侬演出图片[①]

（二）“海派文化”的文学及其他表现

文学方面，鲁迅、沈从文、夏衍等都对海派文化进行了描述和探究。文坛大师鲁迅在小说《阿 Q 正传》中描写了上海商业文明下的农民心态，海派文化与现实经济的碰撞与挣扎，其杂文《京派与海派》对京派文化是极力推崇的，而同时对海派文化则持批判的态度。沈从文的作品《文学者的态度》引发了京沪两地对海派文化的历史性根源及其对现实生活正负两方面影响的争论，进而其杂文《论“海派”》中认为海派文化是“名士才情与商业竞卖结合物”，这成为后人理解海派文化的重要依据。徐懋庸的《“商业竞卖”与“名士才情”》认为海派的特征是“商业竞卖”，海派文人“多半以稿费为第一目的”，因此投机取巧、见风使舵，而京派的特征是“名士才情”，京派文人因有物质基础作保障，故不必“投机”、“看风”。青农发表《谁是海派?》，认为海派确实是有的，其特征是“因商业竞卖，连人格和稿纸一起卖了”。仰孟的《大学生与海派》把社会不良风气及人物均归为“海派”。韩侍桁的《论海派文学家》提出“海派”的“海”是北京的土语，带有下流、堕落成流氓的意义，这样的含义用在上海某些文人身上是适合的，但

① 本章图片均来自百度，www.baidu.com。

并不能把在上海的所有文人都视作“海派”。毅君的《怎样清除海派》看到了海派著作家钻营能力的恶劣影响，认为“廓清海派的运动应当扩展到整个著作界”，他还强调文人应自重、自爱。夏衍的话剧作品 《上海屋檐下》描述了20世纪30年代石库门居民的生活，形象地展示了上海特色民居建筑及其生活空间中的各色人等。滑稽戏艺术家们创作的《七十二家房客》描绘了20世纪五六十年代上海底层市民艰苦生活的情景。余秋雨在其文学游记散文集《文化苦旅》之《上海人》对上海人这一特殊群落的生活习性、心理品质进行了描述。著名女性作家王晓玉的《上海女性》、程乃珊的《上海爱情故事》、王安忆《长恨歌》均对上海女性在海派文化下的生活状况和情感世界进行了勾勒。

图1–3　鲁迅的作品《阿Q正传》封面

对海派文化历史渊源的追溯，还有社会学、建筑学、历史学、城市社会学等多个角度。较有代表的海内外著作有，北京大学出版社2001年出版的李欧梵所著的 《上海摩登——一种新都市文化在中国（1930~1945）》、香港中文大学1998年出版的江晖和余国良编的 《上海：城市、社会与文化》、台北跃腾文化事业有限公司2002年出版的叶文心等所著 《上海百风华》、上海人民出版社1993年出版的陈伯海和袁进主编的《上海近代文学史》、上海社会科学院出版社1991年出版的张仲礼所编的《近代上海城市研究》、2005年出版的张忠民所编的《近代上海城市发展与城市综合竞争力》等。美国哈佛大学中国文学教授李欧梵所著的《上海摩登——一种新都市文化在中国（1930~1945）》被读者誉为“一本关于上海的颓废加放荡小说，一本用鸳鸯蝴蝶笔法写就的散文，还是一部极其严肃的批评专著”。该书的上半部分描写了上海都市的建筑物和场景，细致入微地描述了汽车、洋房、雪茄、回力球馆等各种当时的文化标志性物质，再由这些物质所象征的现代性引申至现代意识如何存在于上海城的微妙过程；将上海这座城市所能提供的声、像和商品囤积并结合起来，然后将之转换为艺术，把“上海成为联络中国与世界其他文化的斡旋者的角色”做出淋漓尽致的阐述，最后将上海定格在国际化的文化空间定位。李欧梵重塑的上海肖像绝非一片怀旧声浪中的上海，让读者看见了都市文化与现代文学标志出的文化地理，也预示了21世纪的文化评论风格。

二、“海派文化”的近现代发展

改革开放以后，海派文化又呈现出新的发展特点。陈旭麓从历史演进的角度对海派文化进行了颇具价值的阐释，有三个要点：海派是对传统文化的标新；海派是中西文化结合的产物；海派是中西艺术领域的融合，并与市场结缘。他的研究认为：“海派”一词首先在美术音乐、文学创作、学术研究、戏曲表演等艺术领域出现，但是实际上，在此之前，“海派”的精神却早已渗透到人们的社会生活、社会习俗、言谈举止、生活方式、价值观念等领域之中。熊月之教授对海派文化及上海各历史发展阶段的城市精神进行了研究，其主要观点是：随着时代的变迁，上海的城市精神也为海派文化的内核——内隐的主观层面所不断地浸润和塑造着，又通过新老上海移民的行为方式和生活方式所折射。熊教授关于文化与城市精神的研究对于挖掘海派文化的本质特征颇有意义。李天纲教授对西方城市文化传统的阐述是他关于海派文化研究的重要依据，其囊括了“历史的、地理的、文化的、社会的等各种因素”，深入探究了海派文化的“源”（一种中国形态的）、“流”（近代城市俗文化）、“质”（或一种市民文化）。

从历史探源和结构分析的方面看，海派文化具有“现代性”（商业性、国际性和市民性）的本质特征十分清晰。海派文化的表现也日趋多样化，服饰文化、饮食文化、居住文化、女性文化、风俗文化都被纳入海派文化考察的内容。从近年的海派文化研究来看，研究侧重点逐渐转移到21世纪背景下海派文化的未来展望方面，如上海城市精神和城市文化的重塑，海派文化发展创新的动力和活力，经济全球化和文化多元化进程中的海派文化，海派文化与国际影响等也是近年来热门的研究主题。而如何把海派时尚创意与文化创意产业相结合，并使之成为产业发展的重点，逐渐得到政府和学界的关注。

第二节　海派文化历史渊源

目前对于"海派文化"的起源，学界莫衷一是。比较多的研究认为"海派文化"是多种文化的杂糅，从中国文化历史考察的角度上看，比较共识的看法是，"海派文化"、"吴文化"和"江南文化"的持续传递和演变，是"海派文化"的最初来源。在中国文化史上，六朝以前的长三角文化尚未形成一种真正具有核心价值理念、鲜明统一性和系统性的文化形态。因此，从历史的角度看，"吴文化"既非纯粹而单一的文化概念，也非一个狭隘的地域概念，它应当指包括吴、越核心区域的一种文化存在同时也是一个文化过程，它存在于一定的历史阶段（假设将整个长三角文化视作广义的"吴文化"，那么从上古到六朝前期就可定位为狭义的"吴文化"时期）。

"吴文化"、"江南文化"、"海派文化"都产生和存在于长三角地区。这不是历史的偶然。以往研究者大多关注各个概念的空间研究，很少注重对其从时间角度进行研究，三个概念之间的贯穿和考察也很少。实际上，"吴文化"和"海派文化"是随着文化累积和裂变，随着文化轴心转移而呈现的不同段落。并且，这三个历史阶段所蕴含的文化精神和内涵是不断丰富和扩展的。

一、第一阶段："吴文化"时期

"吴文化"的正式确立，应该从商末泰伯奔吴建立吴国算起。从商末、周初开始，吴和越这两个国家分别在今天江浙地区逐渐形成，到春秋后期强盛起来，并相继争霸。从文化发展特性上看，这两者同属长江中下游文明，所谓的"吴文化"和"越文化"同属长江文明的支流，在历史发展过程中又经历数番交融，要明确区分这两种文化存在一定难度。因为除去地域的不同，两者并无实质差异。《越绝书》说："吴越为邻，同俗为土"和"吴越二邦，同气共俗"。近年出土的文物中，"夫差自乍其元用剑"（现藏中国历史博物馆）和"越王勾践自乍用剑"（现藏湖北省博物馆），其制作工艺水平和器物风格特征并无太大区别。对中华民族的发展进程起到重大作用的，一直以来都是江浙（包含上海地区）共同推进的结果。在经历大规模战争等整合之后，其文化发展更是水乳交融，难以区分，以至于当时它们就是以一个整体而存在的。

而在泰伯奔吴之前，长三角地区已经具备高度的文明。这点从半个多世纪以来，江浙地区马家浜文化时期和良渚文化时期的考古发现可以证明。因此，有的吴文化学者认为，吴文化有一个历史阶段，即从太湖三山古文化时起到商末的“先吴文化”，是有一定道理的。总体上讲，吴文化的阶段可以分为先吴文化和狭义吴文化两个部分。从商末开始尤其是到春秋时期，吴国的文化远远领先于越国，而勾吴国又属江南第一古国，在传统史学中往往将浙江北部、西部归入吴的范畴。史籍记载“三吴”的概念，大致有四种说法：《水经注》以吴兴、吴郡、会稽为三吴；《通典》以会稽、吴兴、丹阳为三吴；宋朝《历代地理执掌图》以苏州、常州、湖州为三吴；明代 《名义考》以苏州为东吴、润州为中吴、湖州为西吴。所以传统史学家一般都用“吴”涵盖“越”，用“吴文化”涵盖“吴越文化”的概念。《吴地文化研究之我见》（罗宗真）认为：从狭义上看，吴的时间以春秋为主。但从中观上看，吴文化实质应该是从上古到六朝前期的长三角文化。它是由土著的长江文化与中原的黄河文化逐步融合而生成的一种具有新生命的文化存在。“吴文化”时期的长三角文化并非中华文化的正统，而只是支流。一切学术、艺术盛世几乎都与那时的江南城市无涉，江南处于当时传统文化的边缘，因此当时的江南文化的影响力只局限于江南。

二、第二阶段：“江南文化”时期

从江浙沪地区马家浜文化、良渚文化等史前文明以及商周时期的考古挖掘成果来看，自古以来，吴地（包括上海）和越地文化的生成基础及文化形态高度一致，但“吴文化阶段”并非中华文化的主流，只有当“吴文化”蜕变为“江南文化”之后，它才随着中国政治、经济和文化重心的南移，成为真正意义上的文化主流。其间，中原皇室的两次南渡和“安史之乱”后江南地区的开发，成就和完善了“江南文化”，最终确定了“江南文化”在中国文化发展中长达700余年的主流地位。晋室南渡到鸦片战争期间，是“江南文化”由肇始、培育、定型、辉煌到走向衰退的过程，也是长三角文化始终处于中华文化龙头地位的一段历史。“吴文化”蜕变为“江南文化”后，它已经对全国的文化产生了巨大影响甚至可以说主导、决定中华文化的发展潮流。此时，江南已经是中国的江南。

六朝至隋唐，是“江南文化”的肇始期，其重要标志是晋室的南渡。士族社会的风气和精神内涵，改变了吴越文化的审美取向。士族文化给“江东”、“江左”

的文化注入了阴柔的特质，清秀、温婉、柔弱、恬静遂成为时尚主流。柳诒徽在《中国文化史》中考辨："元帝定都建康，而南方为汉族正统治国者二百七十余年，中州人士，侨寄不归。始尤以贵族陵蔑南士。或以流人，志图振复。洎久而相安，北人遂为南人。"从江左的角度来讲，中州士族文化的大规模进入，也改造了本土文化，中原贵族文化与本土经营文化的结合，诞生出以"士族精神，书生气质"为审美核心的江南文化，其地位得以确立。"诗兴"遂成为"江南文化"最本质和与众不同的特征。所以钱穆在《国史大纲》中总结"东晋南渡，长江流域遂正式代表传统的中国"。因此，东晋南渡是长三角文化对中华文化发生作用的转折点，也是"吴文化"向"江南文化"蜕变的开始，吴地文化开始彰显"江南"这一最主要的个性。

"安史之乱"至北宋末期是"江南文化"的培育期。唐朝中期爆发的"安史之乱"，在中原文化和江南文化之间起到了抑彼扬此的作用。八年战乱对北方经济文化造成了毁灭性打击，大量人口、技术、资源南迁，为南方的崛起和繁荣提供了契机。大运河作用的进一步显现，"其目的既在于通漕，对于北方原来水利，亦有损无益"（钱穆语）。而"安史之乱"后北方的藩镇割据，加重了北方的凋敝，使南方迅速得到发展。到了五代十国时期，由于政府对北方的扶持，比如北宋天圣之前科举、选任宰相等方面都是实行重北轻南的政策，打压了江南文化作用的发挥。但到了北宋晚期，南方文化已经逐步占据主导，成为不可逆转的历史趋势。

南宋至明朝早期是"江南文化"的定型期。宋室的南渡是长三角文化史上的一件大事，也是中华文化史上的大事。靖康末年奢华萎靡的风气与江南的阴柔文化氛围相互媾和，使"江南文化"愈加文弱精致，并向这一极致发展。由于政治中心的南移，使以往政府重北轻南的政策彻底破产。其间由于工商思想的萌芽，更使得这一趋势愈演愈烈，江南文化除了精细特征之外，还加上了消费特征。南宋定都临安以后，幅员只有原来的小半，而人口剧增，历年财政支出超过北宋时期最高额度，这刺激了这一地区的工商萌芽。工商萌芽进一步推进了文化发展的互动和认同感，于是经典意义上的"江南文化"得以整合完成，成为主导了中国文化发展700余年的主流文化。扬州学者韦明铧在《扬州文化谈片》中认为，江南文化最根本的特征，是它的消费性、精细性和审美性，南宋以后"江南文化"这三个特征得到全面彰显。

明朝中期至清朝中期是"江南文化"的辉煌期。此时江南的辉煌几乎不用细说。因为后世文人对"江南"的感性认识仅仅源于对这一时期的怀念。此时的江南几乎与繁华对等。明朝江南苏、松、常、嘉、湖五府缴纳给中央财政的税粮之和，已经占到全国总和的 1/5，而苏州一府，居然占到 1/10。清朝康熙、乾隆皇帝的几下江南，是“江南文化”达到灿烂的标志。那时的苏州、杭州、扬州是人们心目中的天堂。仅从文化界而言，在此期间不论是学术、艺术甚至是工艺美术方面都形成了具有江南特色的各大流派，而且都成为当时中国最主要的流派，影响绵延至今。

图 1-4　反映清朝“江南文化”的江南丝竹馆（太仓博物馆）

清朝中期至鸦片战争时期是“江南文化”的转移期。经典意义上的“江南文化”到乾隆以后就明显乏善可陈了。因为全国经济中心和南风文化中心已经从扬州和苏州逐步转移到上海，新的概念——“海派文化”应运而生。江南的地理概念，涵盖的范围在不同阶段有所不同，甚至某些时期横跨长江南北，比如东晋的建康、南宋的临安、明朝的苏州、清朝中期以前的扬州（以及清末民国时期的上海），但核心地域始终未曾偏离苏南和浙北地区。需要说明的是，南宋之后的江南已经不再是纯粹的地域概念，而成为了一个宽泛的文化概念，凡是与江南核心地域相邻而接受融合的文化形态、文化理念和文化审美的地区，都可以被称为江南文化区域。因此，皖、赣、闽乃至湖广之部分区域都可以算作江南区域，而江浙的部分区域反而不在其内。

三、第三阶段："海派文化"时期

所谓"海派文化"，绝非仅指上海一地的文化，而是以上海为龙头和轴心的一种文化形态。"海派文化"是长三角文化发展到近现代的一种必然结果，是"江南文化"继续发展的一次新生。

鸦片战争至民国时期是"经典海派文化"时期。近代以来，随着中国城市文化的转型，江南城市的都市色彩越发明显。鸦片战争以后，随着"西学东渐"风气的盛行，西方文化与中国文化直接发生碰撞与融合，长三角地区因其在经济和文化上先进的地位，率先从中国传统农业文明开始转型。上海以其地缘优势和特殊的历史机遇，发展成为近代中国主要的文化中心和东西方文化交流中心，长三角文化轴心迁移至上海，很快形成了以上海为核心、长三角其他主要城市为重要支撑点的文化，即"海派文化"。"海派文化"的组成部分十分复杂，其中苏州、宁波、杭州、无锡对它的文化输出尤为明显和突出。上海与这些城市的文化互动也异常活跃。因此所谓"海派文化"并非单独指上海，而至少应该包括今天的长三角地区，只是上海地区的"海派文化"更具有精致、奢华的特征，在本质上也更具有引领的特质。

新中国成立以后尤其是浦东开放以来是"新海派文化"时期。从历史角度上看，"新海派文化"是"经典海派文化"的重生。与"经典海派文化"相比，"新海派文化"不是被动地接受外来文化，而是主动地吸收外来文化的精髓，与原有的文化理念和形态重新整合，具有更强大的文化主动性。这个过程中，上海作为"领头羊"的地位更加稳固，各个城市对长三角一体化进程的要求和呼声更高，其实是进一步在"新海派文化"内部进行无障碍互动的一种文化自觉。在这一历史阶段，随着上海打造世界第六大时尚之都步伐的推进，代表长三角文化的"新海派文化"对全国的影响越来越大，也必将对世界的发展产生更大的作用。

图 1-5 “新海派文化”背景下的上海城市建设

第三节 海派文化阶段性特征对比

一、海派文化三个发展阶段的特征

长三角文化的“吴文化”、“江南文化”和“海派文化”三个历史阶段，各自的性质和侧重点有比较大的区别。简单来说，“吴文化”时期是长三角地区土著文化发展并吸收、融合黄河文明的养分，形成的相对于中原文明的一种亚文化。“吴文化”是中华文明的一个组成部分；“江南文化”时期，南方文明与中原文明进一步交融，进而取代中原文明的文化统治地位。“江南文化”是当时引导甚至决定中国文化取向的力量，是中国农耕文化达到的最高典范；“海派文化”是中国进入近现代以来文化的一种典范形式，也是中西文化交流和中华文化对外产生巨大影响的开端。“海派文化”依然是决定中华文化取向的最主要力量，也将成为全球重要的文化力量之一。

从“吴文化”时期，“吴文化”轴心依据长江沿岸分散排布于长三角地区，到“江南文化”时期逐步由建康、临安、苏州、扬州，再到“海派文化”时期的上海，如果排除了政治对此的影响，我们可以发现，其实长三角的文化轴心是自觉向着沿海转移的。这与本地区文化从长江文明时期转向海洋文明时期的历史潮流相一致。长三角文化的三个历史阶段不仅在时空和性质上存在不同，所反映的文化个性也不同。

第一，“吴文化”具有粗犷和精致并存的特点。“吴文化”时期，地域文化最显著的特点是粗犷，与中原文化有雅俗之别。当然这仅仅是从文化的总体而言，并非指具体个案。即使到春秋时期，吴虽然一度称霸，然此地依然属于“蛮夷”。因此，虽然商末泰伯奔吴加快了黄河流域文化与长江三角文化的交融，使得本地文化获得很了大发展，到了春秋时期突飞猛进。但当时的吴文化相对于中原地区还是很落后的，即使是三国时期，吴地得到充分发展，中国南北生产力也基本达到同一水平，但由于文化积淀的原因，吴地文化所体现的风貌还是以粗犷为个性。六朝前期之前的长三角，民风粗犷。但是从良渚文化时期的玉器，春秋时期吴国大墓出土的玉器、青铜来看，吴地人民追求高雅的审美心理一直十分强烈，也具有极大的创造力和实践力。所以“吴文化”具有粗犷和精致并存的特点，它为后来成为中华文化中最雅致的文化类型——“江南文化”奠定了基础。

图 1–6　良渚文化玉琮（约前 3300~前 2200 年，浙江余杭出土。有“琮王”之称）

第二，“江南文化”中包容博大的个性特征。一方面，仅有雄厚的经济基础并不是江南都市文化的独有特色，因为巴蜀地区在富庶程度上可以与之媲美；另一方面，仅有文人荟萃的精神文化传统也不能算它的本质，与它相去不远的齐鲁地区甚至更有资格作中国文化的代表。而“江南文化”之所以区别于一般的中国区域文化，在于它本质上是以诗性文化为基本特征。以齐鲁礼乐为代表的北方文化本质上是一种伦理人文，而“江南文化”是一种审美文化，并且它将这种中国式的审美推至一种极高的境界，用诗词的方式呈现出来。“江南文化”的诗性、人文内涵，是中国人文精神的最高代表。这种具有浓厚非意识形态性、非政治性的人文精神，是一种与当代语境中大众文化和审美文化最接近的传统精神资源。江南的繁华特性，并不仅仅来源于其诗性，也来自另一面个性——责任意识。范仲淹的“先天下之忧而忧，后天下之乐而乐”，东林党的“风声雨声读书声，声声入耳；家事国事天下事，事事关心”，高攀龙的“学者以天下为任”，顾炎武的“天下兴亡，匹夫有责”，都集中体现了“江南文化”的责任意识。诗性与责任，是“江南文化”的两极，是辩证理解“江南文化”的重点方面。

第三，“海派文化”务实而灵动的个性。吴文化发展到“江南文化”时期，工商文化的特征很鲜明，南宋以来尤为显著。明朝东林党也曾重视和呼吁重工重商。南宋到清前期，这一特征被高度发达的“雅化”的士大夫文化所掩盖，以至于很难察觉到其存在的意义。清中期扬州盐商忽然崛起，使得这种文化特征逐渐显现。工商文化的经济特性与水乡文化的滋养，加上特殊的地理环境和资源组成，决定了长三角文化必然具有务实和灵动的个性。“海派文化”是传统工商特征务实灵动的组合，外加“洋派”的特征。目前的全球一体化，使这种洋派的特征越发明显。

二、海派文化核心的历史渊源

对于“海派文化”的渊源，可以从长三角区域文化发展的角度进行总结，至少有以下几点核心精神：

第一，长三角区域文化具有内在自觉的开放心态。首先，长三角的地理环境具有很强的开放性。长三角溯长江，直上荆楚巴蜀；环太湖，可以周行浙皖赣；沿运河，可以贯通京杭；济大海，可以横跨大洲。水作精神山为骨，财富和文脉由此而生生不息。开放的地理环境影响着人民的生活习惯和文化心态，注定了这一方文化先天具有自觉性和开放性。其次，长三角地域文化衍生和发展的轨迹说明，早在商朝末年泰伯奔吴时带来的中原文明和土著文明相结合而生成的“吴文化”，其本质就是黄河与长江文明的结晶，这种文化的融合性和开放性是与生俱来的。春秋战国时期，吴越两地文化的震荡融合，又与楚文化交流融合，其所谓的“吴文化”造成了一种多元文化体。通过东晋南渡，到宋室南迁，“吴文化”经过数番与中原文化的融合，更是强化了它开放的自觉性，因此，可以认为长三角的传统文化就是一种开放文化。到近现代，中西文化碰撞，其整合力度与密度都达到历史最大值，使长三角文化开放性更为彻底。

第二，长三角区域文化具有超越自我的突破意识。长三角文化的先天开放性决定了其具有自我突破的特性。这种不断超越自我的行为贯穿在不断的文化整合过程中，成为长三角文化的一种特点。从物质层面看，长三角从六朝以来，地少人多的矛盾日益凸显，耕地面积相对紧张，尤其是南宋迁都以后，江南人口急剧增长，更加刺激了工商文化的发展；而工商文化的精神和内涵又促使人们产生强烈的突破地域界限和资源界限甚至文化界限的要求。可以说，从南宋时期工商意识的增强，明朝资本主义萌芽的产生到近代工商业的诞生，近千年来长三角人民超越自我的突破意识一直十分鲜明，成为这一区域文化的最大特征。长三角籍的文化名人，大都成名在外，江南一隅的保守思想，并未对他们形成桎梏，反而使他们具有勇于突破的冲劲和闯劲。超越自我的突破意识和敢于否定自我的精神是长三角地区的重要文化特征。

第三，长三角区域文化具有“以人为本”的人文精神。长三角地区在生产资料和生产关系方面自古并未占据独特优势，但是出于对生产力中“人”的因素的重视，它对社会发展的要求和对工商文化本身的特殊要求显得十分迫切。因此，长三角地区在创办实业、艺术创作、学术研究方面均具有十分突出的优势，这与其“以人为本”的精神有密切关系。

第四，长三角区域文化具有简约朴素的平民风度。由于长三角地区长期处于政治中心以外，政治优越感缺乏，使得其文化上的自信并不是通过意识形态来表达，而是演变为一种追求简约朴素的文化，表现为浓厚的平民风度。相比其他地区，由于商品经济的发展和市民阶层的较早形成，使得长三角地区的文化精英分子更加接近于市民大众，更注重个人意识的发挥，在词汇表达上也更具有平民风度。这种平民风度后来发展为两极：一是成为市民文化，载体主要是民间诗歌和小说；二是具有平民特色的江南士大夫文化，同时具备了静雅绝伦的文化外形与朴素简约的审美取向，成为一种具有高度“诗性”特征的文化，使江南文化到海派文化的发展成为不可逆转的文化趋势。

因此，从历史渊源来看，海派文化的本质在于两方面，一是商业意识强，当地人务实、开放；二是喜文雅，江浙人素质高。这也能够解释为什么上海人能与“洋人”和谐相处，而广州人、天津人相对来说却很难。虽然上海人也因为民族矛盾与“洋人”有过冲突和隔阂，但海派文化的近代特性，上海人重商务实的作风和较为平和的个性终究消弭了裂隙。

第二章

海派文化的核心价值及其与文化创意产业的整合

第一节　海派文化的核心价值要素

一、海派文化的核心文脉

2006 年是上海历史上“五口通商”即开埠的 163 周年。开埠以后，上海迅速发展成为一个近代意义上的工商业大都市，也有了自己独特的海派文脉。20 世纪 30 年代的上海月份牌上的少女既有西方的健康和开放，又有东方的淑女气质和娟秀外表。上海新天地的整体规划和商业风貌，使其成为 21 世纪初最能体现海派商业和时尚娱乐的文化象征。上海新天地位于淮海中路南侧，东至黄陂南路，西到马当路，北沿太仓路，南接自忠路，占地面积 3 万平方米，建筑面积 6 万平方米。新天地是一个以石库门建筑为主体，有着欧式风情的休闲和娱乐总汇，汇集了各式的酒吧、餐厅和夜总会，是上海新建景观之一。

新天地是以上海代表性建筑石库门作为基础，改变原有的居住功能，创新地打造集旅游、购物为一体的休闲娱乐区域。这里既有前沿的商业模式，又有老上海的海派味道，为特色的区域品牌发展奠定了文化基础。多元的物质文明也在上

图 2-1　上海月份牌上的少女①

图 2-2　新天地改造前后对比②

海新天地逐一显现，上海滩、梧桐居、88 新天地酒店、1930 酒吧等这些进驻在上海新天地的高端一线品牌，无不透露出老上海的特别之处与超前理念。从 20 世纪到 21 世纪，中西合璧、亦中亦西，兼收并蓄、海纳百川，从而形成了上海特有的文化传统。

如今海派文化的核心文脉，是将上海的城市历史和海派精神加以传承。上海

① 百度，www.baidu.com。
② 姜文锦等. 我国旧城改造的空间生产研究——以上海新天地为例［J］. 城市发展研究，2011（10）.

拥有中国数量最多、规模最大的博物馆群——世博馆。而此之前，上海主要的博物馆，包括公共博物馆、行业博物馆、专业博物馆等总数已经达到近 70 家，截至 2010 年底，博物馆总数增至 100 多家，成为中国拥有各类博物馆最多的城市。到目前为止，上海各类博物馆已经建成的除了上海历史博物馆、上海自然博物馆等，还有银行博物馆、自来水博物馆、农垦博物馆、纺织博物馆、公安博物馆、江南造船博物馆、中医药博物馆、昆虫博物馆、天文博物馆、地震科普馆、地质博物馆、乳业博物馆等，今后还将建设电影博物馆、民俗博物馆以及一大批民间收藏馆和陈列馆等。如果说上海的博物馆保存了上海海派文化百年的文脉，那么，浦东大拇指广场——第一座以现代艺术为主题的现代艺术馆。这片优美的建筑加入了 20 世纪 30 年代上海民居的建筑元素，又融入了 21 世纪的设计理念，让人觉得特别亲切和人性化。而雄伟的东方明珠塔、湛蓝的浦东航空港、晶莹的上海大剧院、典雅的东方音乐厅、明快的上海马戏城等现代建筑，正与丰富错落、记录沧桑的博物馆和艺术馆群对比鲜明，且相互辉映地林立在这座城市中，成为海派文化特有的一块文化品牌，它的一面镌刻着“延续文脉”，另一面刻印着“创意未来”。

图 2–3　上海博物馆

二、海派文化的城市胸怀

兴起于19世纪初的近代上海，原本就是一个以港兴市的典型。正是四面八方、漂洋过海的船舶和移民带来了源源不断的资金、技术、人才和文化艺术，聚拢起了上海的活力和潜力，也构成了海派文化的开放性、国际化的精神传统。“上海”这个城市名称的本意之一就是“下海”，就是要跨越大海，迎接波涛，驶向辽阔的太平洋。如果说海派文化是一座码头上的灯塔，那么它的一面镌刻着“对外开放”，另一面就镌刻着“和而不同”。海派文化必须坚持自己城市的独特精神和独特品格，才能自立于世界城市文化之林。反过来说，只有海派文化向各种文化形态敞开胸怀，并且保持自己的特点，才能在相互吸取中共存共赢，这就是“和而不同”的特点。

上海的城市空间与城市符号具有某种中西合璧的特点，例如近代中国特有上海石库门，其相应的被社会广泛认同的符号非常多。这些近代老上海元素在其他城市是不曾见到的，信手拈来可以有几十种：租界建筑群、传统商会会所、西式花园洋房、老虎窗、百老汇、近代传媒（申报、万国公报）、特定的建筑（外白渡桥、上海国际饭店）、具有中国传统经营文化理念的老字号（亨得利、天厨味精、雷允上、永安百货）、特定宗教建筑与历史文化建筑（徐家汇教堂、城隍庙）、海派地方性文化艺术（沪剧、亭子间作家）、海派小吃（浦东鸡等）、地方性文化符号（洋泾浜、弄堂小店、张家姆妈），加上从人们共同认知的石库门居住空间走出来的上海人和居于其间的海派家庭文化特质等，这既包含中国千年文明结晶的江南风格，又包含西方文化的经典城市方式和生活体系。

从历史上看，凡是上海文化对外开放“最大胆”的时候，也是它自己的创造最活跃的时候。比如中国现代史上的第一个广播电台、第一次商业性的电影放映、第一个唱片公司、第一个近代城市娱乐中心、第一个电影制片厂等，都是在它对外文化交流最活跃的时候产生的。在经济全球化的时代中，一个城市能否加快文化创新成为增强一个城市综合竞争力的关键要素。从文化创造和文化经营的意义上说，凡是抓住时机、大胆开放、努力吸收世界文化营养的文化实体，才是最有创造活力、最有发展潜力的形态。在数字化和信息化技术突飞猛进的今天，上海所面临的全球文化传播形态也发生了根本的转变，它既不是孤立的“井圈型”，也不是从上而下的“河流型”，而是无边无际无中心的“海洋型”。全球化的市场正在把文化

图 2-4　上海外滩租界建筑群[①]

的生产者和接受者、服务者和消费者有机地结合在一起，而且推动信息以极快的速度在全球流动，特别注重文化交流的实时性、平等性、互动性和可选择性。

正是面对这样的全球文化态势，海派文化在 21 世纪上海国际文化交流中获得了新的生机。近年来，上海的国际文化交流活动举起文化精品的旗帜，体现了六个特性，即“权威性、国际性、公众性、艺术性、创新性、长效性”。比如，作为中国国家级文化节庆的上海国际艺术节定位在“国际节目经典、国内节目创新”上，它注重于五大功能：一是前沿功能，展示当今世界的最新艺术，鼓励创新精神；二是生产功能，加强实验性，用独特的眼光发掘创作的新秀，成为艺术生产的基地；三是鉴别功能，区别好艺术与非艺术的界限，引导广大观众的欣赏水准，升华上海的艺术品位；四是批评功能，形成百家争鸣的氛围，对各类节目开展批评和鉴赏；五是整合功能，为上海整合各类艺术资源，为国际大都市新的文化“起飞”积蓄能量。

三、海派文化空间意象

上海的里弄生活具有传统的中国里坊制关系的内涵。邻里出入相友、守望相助，更具有中国传统城市首属邻里的文化特质，这也是上海城市市民化生活的表现。这种文化空间内最大的价值是新型传统邻里的情感互动和生活互助，在很大

① 百度，www.baidu.com。

程度上也是上海市民生活与海派生活方式的文化底色。

弄堂，上海话亦称里弄，“里”即是邻居，“弄”即是巷子。以石库门为代表的上海弄堂始现于19世纪中叶。不少研究者都注意到了太平军起义在这一过程中的作用。当时，由于太平天国战事的影响，江浙一带的难民大量涌入上海租界，造成居所的压力。中外的房地产商们于是发展出了这一新的既节省地皮，又具有多种居住功能的建筑类型。事实上，上海自开埠以来，传统的民居建筑就已逐步被新类型的住宅建筑所取代。晚清时期，在以石库门为代表的里弄住宅之外，上海另有特色和为人瞩目的建筑还有洋房，其在上海滩一出现，便因其与本地建筑强烈的文化反差而吸引了人们的视线。如果说集中于上海西区的花园洋房和部分公寓是城市上层阶级和西方权利、文化的载体，那么为上海最大多数普通市民居住的里弄（据有关材料，至20世纪20~30年代，石库门里弄已占据上海市区住宅的六成以上）其经济和文化的“属性”却不是可以简单划分的。里弄石库门的产生根本上是与时代转型、社会经济发展的要求相契合的。19世纪中叶以来，上海由于特殊的历史和地理条件，率先在西方的冲击下发生了从传统向现代的转型。这种转型不仅体现在社会的总体结构上，重要的是工商活动成了社会的主要部分，而且渗入到了人们的日常生活和居住空间里。里弄石库门在上海的“遍地开花”，与其说是江南战乱的结果，不如说是时代的转型使然。里弄石库门住宅是公认的上海居住文化象征，引入西方城市房地产的高效开发方式创造了一种中西合璧的雅致外观。而西味浓郁的上海石库门绝不是以盲目抄搬外来建筑形式为目的，而是追求实用、实效的城市生长进程的结果。这种因果关系可以说明上海建筑性格的理性本质，也是当时城市精神的一种体现。弄堂里居住的上海平民百姓依然在生活形态上沿袭了“吴文化”的生活方式，保留了最原生态、最具本土特色的文化底蕴。

弄堂的建筑风格延续了江南文化，并完美地融合了西方文化，是中西合璧的建筑表现形式，是中西文化交融的代表，同时并未失去江南文化的特色。从石库门单体布局看，仍保留着以大家族为单位那种封闭独立式住宅特点，长幼有序，尊卑之别分明。为了迎合中国传统的家族居住形式，石库门除部分设计模仿西洋排联式住宅外，其布局大致仿江南普通民居。进门后为一天井，天井后面为客厅（上海人叫“客堂”），之后又是后天井，后天井后为灶间和后门。天井和客堂的两侧分别为左右厢房，二楼的布局基本与底层相近，唯灶间的上面为“亭子间”，再上面是晒台。其代表建筑有河南中路东侧，宁波路、北京

图 2–5　上海石库门风貌[①]

路之间占地 1.33 公顷的兴仁里，还有中山南路新码头街的敦仁里、棉阳里、吉祥里等。

“石库门情结”反映了上海人对和谐、温馨的人际关系、邻里关系的怀念与向往。它应当成为上海新的住宅建设、社区文化建设的指向。也就是说，新上海的建设应当将文化认同作为构建的重要因素，特别在上海步入老龄化社会的进程中，这一点显得更为重要。弄堂文化中和谐温馨的人际关系正是和谐社会，以及“城市，让生活更美好”上海世博会提倡的城市生活精神。因此，对于城市文化与城市生活的构建也具有重要意义。弄堂文化的提出更有利于上海城市老建筑的保护力度，弄堂文化的推广与营销更能教育年轻一代了解自己生活城市的辉煌历史，以更能自觉自愿地去监督和维护城市文化遗产的保护，留住上海本土文化的根基。

四、海派文化精英

除了文脉、城市胸怀和空间意向之外，海派文化精英及其生活方式，是海派

① 百度，www.baidu.com。

文化的最具有能动性的核心要素。近代上海作为一座人口超过百万的特大城市，其市民阶层构成了城市中数量最多的人口群体，并且这一群体的构成和传统市民阶层有着重大区别，其主体包括以买办和通事为代表的新式商人，从事金融、商业和实业投资的资本家，以产业工人为主体的城市劳动者以及城市管理部门和公共机构的职员与知识分子。这都是过去传统市民阶层所没有过的，他们既是城市经济和社会活动主体，也是文化生产和消费的主体。以绘画和戏剧为开端，进而辐射至各种艺术形式的近代上海文化，面对这样一群有品位、有消费能力的庞大群体，迎合和适应他们的审美趣味，才能够满足市场要求，增强市场竞争力。

海派文化精英具有多样化的审美趣味，其特征表现为鲜艳、明快、华丽、通俗、雅俗共赏等审美情趣。以海上画派为例，以“三任”为代表的早期画家，其绘画题材多取自市民阶层所喜闻乐见的历史故事、神话传说和民俗生活，大量使用谐音、暗喻等手法，以表现趋吉避凶、多子多福、加官晋爵、美色延年等主题，加上色彩明丽、线条柔美、造型生动、画面绚烂，赏心悦目的同时，画家也可以获得经济上的满足。海派京剧也有异曲同工之妙。为了吸引观众，海派京剧特别突出情节的曲折性和排场的紧凑性，为了追求视觉效果的真实性，真刀真枪并不少见，根据剧情需要，灵活驾驭程式，在机关布景上翻奇求新，舞台灯光变幻离奇，魔术特技花样迭出，深得各地观众喜欢，形成了海派京剧通俗明丽的特点，这一特点正是海派文化精英创造文化精品、消费文化精品的结果。

移民文化是海派文化精英出现的另一个主要原因。上海开埠以后，成为中国最大的对外通商口岸，人口大量涌入。上海的移民由国外和国内两部分组成，其中，国外移民数量虽少，但他们所代表的国家和地区很广，加上他们的地位特殊，因而对社会的影响很大。国内移民来自江苏、浙江、安徽、福建、广东、山西、山东、河南、湖北、湖南、江西等 18 个省区，在 1 个多世纪中，上海共有三次大的移民潮，即太平天国时期、抗日战争时期和解放战争时期，分别使上海人口增加 11 万人、78 万人和 208 万人。这么多来自世界各地和国内的移民来到上海，自然把他们的生活方式和文化也带进了上海，而且他们在上海站稳脚跟以后，更把保持和发扬其各自的文化作为他们生活的一部分。同时，大量移民的聚集也为各种文化的生产和消费提供了强大的动力和广阔的市场，因而上海作为一座移民城市，对形成海派文化，诸如多元包容、趋时求新、市民趣味等特点无疑起着决定性的作用。

图 2–6　清末北方移民带来的“羊角车” [①]

移民文化对海派文化的贡献无疑是巨大的。

图 2–7　民国初期的移民潮 [②]

首先带来了国际意识。海派文化是中外文化冲撞、兼容的产物，具有宽阔的国际视野和国际意识。这种理性的国际意识包括三点：不盲目排外、敢于接纳国外的新鲜事物、善于国际比较。国际意识可能是海派文化中最早萌生而凝聚的一种新的文化观念。沪城地处吴越，民风敦厚温和。在晚清时期，上海与广东、厦

①② 百度，www.baidu.com。

门等早期开埠的口岸不同，没有出现激烈的民众排外事件，也没有如北方义和团运动时不顾一切地拒外仇外和内地反复激烈冲突的教案。20 世纪 20~30 年代随着国内外市场竞争的深化，上海实业界日益重视开拓国际市场，特别是东南亚市场，不少企业组织“南洋考察团”对东南亚诸国的市场状况和消费需求进行实地考察，以促进上海工业品的国际出口。国际的风云变幻，国际市场对国内市场的影响，已成为一些精明的上海企业家关注的重要内容，是否具有宽阔的国际视野成为一家企业经营成功与否的极重要因素。敢于引进、善于鉴别渐成为上海实业界的一种优良品质。沪上实业界的国际意识深化为国际比较意识、国际博弈意识。上海口岸的国际化环境和兼容的海派文化可能是实业界国际比较意识形成的最主要的物质条件和人文因素。

其次是创新意识。海派的内核之一是“开新”。中国传统文化讲究师法古训，重在传承守成，缺乏创新变革的精神。海派以绘画、京剧的变法名世，其不囿于传统程式的脱旧开新的风格蕴含着勇于求变的创新精神，这是海派文化中最具价值的人文内涵之一。海派的“创新”有两个特点：其一，海派的创新是社会化的平民式的创新，它更多表现在经济和文化领域，而较少反映在重大的政治变革中。其二，海派的创新，注重形式构成甚于实质内涵，往往急功近利，不求甚解。海派文化具有“创新”内涵，但是这种“创新”具有急功近利的特点，缺乏坚韧的开拓意识和执着的科学精神。海派创新具有较多的商业化色彩，切合于市场经济和市民社会的生长发展，同时具有较明显的“形式主义”的倾向。海派文化是沪地经济发展、企业经营的一种人文因素。最重要的一点，移民文化带来了时髦消费主义。上海“自通商后俗渐骄侈”，奢靡之风不仅盛行于富户巨室，也蔓延于中下等的平户人家。在奢靡的世风中，无论是巨室豪富还是市井细民往往喜爱开旧出新，胜人一筹。俗语云：各地都学上海样，学来学去学不像，待到学得三分像，上海已经变花样。20 世纪 20~30 年代，上海成为名副其实的全国时尚流行的前沿。海派消费显示了沪地居民正在转变中的价值观念和生活态度。随着市场经济的发育，商业机会的增加，“竞争搏利”的商业观念已经蔓及整个经济社会，经济财富成为最基本的社会资源，社会对成功的评判标准化可能是谋取钱财的多寡。而移民社会的特点加速和强化了这种价值观的形成。由于迁移，传统社会人际关系中的那种方圆数十里世代相知，人情稔熟的现象已经不复存在；人际关系的陌生化、利益化使外显的经济财富成为人们身份、地位最主要的“标示”。社会日趋“势利”，时髦的服饰、高贵的物品正是这种价值观的物化。沪上海派时髦消费主义导致了消费快速成熟，刺激了上海商业、服务业、娱乐业的飞速发展，也对企业市场经营产生了深远的影响。

第二节　海派文化与创意产业的互动与整合

海派文化与创意产业在各自的发展历程中，由于政府推动、消费需求的改变以及技术和文化资源观的创新，两者逐步走向融合，并发展出一种新型的产业形态——创意产业，成为价值的主要增长点和经济增长最具活力的源泉与动力之一，展现出强大的发展潜力。作为两大产业的融合之物，海派文化创意产业的快速发展，必将拉动时尚产业和文化创意产业的发展，而通过产业融合这一中介传导机制，两大产业之间将更加相互促进，共同发展。

一、海派文化丰富了创意产业的内涵和外延

（一）海派文化催生新的文化创意产品和文化创意消费体验

深受市场喜爱广泛传播的文化创意产品可以凭借其优秀的文化内容，通过不同的产业融合模式，开发出多元化的、新的产品和消费体验——创意生产基地、相关创意主题的主题公园和展览、创意产业景区，带给消费者全新的多元化消费体验。如以20世纪30年代为背景而创建的上海影视城，呈现给消费者一个虚拟的旧上海生活场景，使消费者获得脱离于现实的感官体验，让消费者在现实的景观场景中追寻剧情人物足迹，重温文化故事的体验。

海派文化还催生了具有浓郁地方特色的文化产品。这些产品或有商业追求与文化诉求并进的特性，或有政治与娱乐兼容的特征。俗云“京派近官，海派近商”。海派电影近商特性十分明显，认定艺术的应用性即合理性，因此对票房价值特别敏感。它较擅长于表现大都市生活场景，描摹千姿百态的市民众生相，并能根据不同时期的消费者要求，不拘一格地选择题材，机警灵活地改换套路，“力投时好”地摄制各种迎合观众口味的作品。1980年上影拍摄的《庐山恋》，跳出刻画都市民风民情的窠臼，叙述了一对青年恋人发生在庐山仙境的爱情故事。该片内容绝对谈不上深刻、含蓄，但却通过海峡两岸一件奇情的巧妙编织，凭借令人入迷的旖旎风景、漂亮的演员、炫目的服饰和精雕细琢的画面，获得十分可观的

商业效益，并成功地在中国影坛上刮起了一阵风光片的旋风，至今仍在庐山影院定期为游人放映，还创造了单片连映票房的世界吉尼斯纪录。

图 2-8　壹周立波秀宣传海报①

又如曾经红极一时的“海派清口”，最早开端于周立波的“笑侃三十年”，后面发展为“壹周立波秀”。周立波用调侃的方式涉及时政、涉及百姓的生活，娱乐化地表达了政治观点，同时这一娱乐的表达方式也是政治民主化的体现。如今，海派文化一直在思考和探索着形式与内容的最佳结合点，如何用大众喜闻乐见的形式传递内容，在大量的电视节目特别是新闻栏目中，自上而下的播报形式越来越少，出现了“说新闻”、“对话”甚至运用了“微博”互动等形式传递主流思想，提高了传播的效能，减少了传播过程中不必要的损耗。

（二）文化创意产品的开发提升海派文化消费的内涵

文化创意产业的衍生产品是指根据文化创意作品，除了核心产品以外的所有带有其特定文化创意元素的产品。这些产品是代表海派时尚核心文脉、城市胸怀、空间意向和文化精英的直接的物质载体，是时尚消费中非常重要的环节。文化创意产品的创新，重点在于海派时尚要素的开发，比如石库门、东方明珠、张爱玲等。通过产业的融合，使海派时尚和文化创意产业的核心产品融合

① http://www.hehechengde.cn/site1/cdwb/html/2012-02/09/content_1519629.htm.

为时尚文化创意产品后，两者的衍生产品也就实现了融合。这样，势必给消费者带来多样化购物选择和购物体验，解决文化产品的生产缺乏动力和吸引力等问题。

文化往往以一定物质产品或服务为载体，因此文化消费客体既因其载体而具有可供交换的商品属性，又因其意识形态而具有精神属性。如图 2–9 所示，海派文化消费有四个层次。海派文化消费的核心层是具有象征意义的文化符号，如石库门、里弄、租界文化等，以这些核心内涵为中心，围绕其进行运作的是第二层，即文化消费服务层，所产生的实体产品为电影电视节目、电子游戏软件、书籍和杂志等。海派文化消费的第三层内容是文化消费的物质层。实体表现诸如电视机、计算机、照相机等。第四层则是文化消费设施层，包括图书馆、博物馆、展览馆和影剧院等。这四层互相包容、相互促进。不同文化产品，所包含的层次有所区别，层次越多，载体内容越丰富，越能提升文化消费的内涵和价值。文化消费具有教育功能、社交功能、身心健康功能、发展才智功能、促进和谐功能、扩大消费的经济功能，它们均通过各个层次的载体去实现和传播。

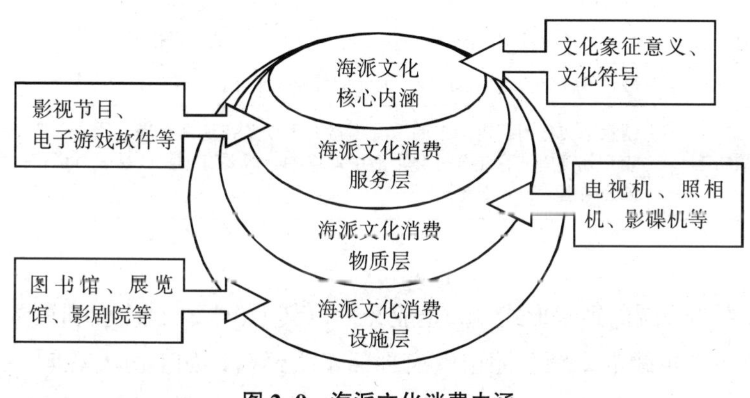

图 2–9　海派文化消费内涵

二、文化创意产业拓展了海派文化的发展空间

传统的文化传播媒介包括报纸、影视、广播、网络等。通过文化创意产业与海派文化的融合，使得创新与创造力成为海派文化内涵传播的主要驱动力，这种融合机制，利用“创新供给”拓展海派文化的内涵和外延，又进一步为文化创意

产品突破资源禀赋约束提供更加可能的空间。文化创意产品的可移动性、可再生性和可参与性等也提升了海派文化传播的质量和数量。

海派文化经过几十年的发展历程，促进上海形成了独具特色的文化发展空间。这些空间发展来自地域发展的积累和沉淀，也在海纳百川的文化召唤下，形成了文化创意产业发展的特有领域。目前上海文化创意产业的重点领域和做法如表 2-1 所示。

表 2-1　上海文化创意产业重点发展领域与具体做法

重点领域	具体做法
主题公园	建设创意性主题公园，增加活动主题，吸引居民消费
演出场馆	细分市场，丰富多类别的演出产品，满足不同目标群体的消费偏好
艺术展览	加强对本土艺术的宣传，并与国际知名展馆合作，增加展览活动次数
旅游文化	挖掘上海城市特色，传统特色线路要有所创新，除了旅游与商业的融合外，更要注重文化特色的开发，加强旅游与创意等其他文化产业的结合
主题文化节日	提升主题文化节日的层次，细分消费目标群体，有针对性地提供多样化的主题文化节
科技文化消费	结合网络、手机等通信科技，扩大文化消费的市场范围
体验型消费的引进	除了被动观赏型的消费，注重体验式文化消费的市场拓展
传媒产业的融合	融合传统与新传媒，形成多元化的传媒企业集团，丰富传媒产品
创意产业的推广	创意是文化消费市场中的重要因素，不仅要在地理布局上形成创意产业区，更要能充分发挥创意在全社会生活中的作用，既要有创意产品的市场化，也要注重社会公共生活中的创意推广

上海主题公园的经营形式多为企业经营，其中包括外国企业和民营企业，少数科教及历史主题的主题公园由政府部门牵头经营，如上海大观园、上海科技馆、上海城市规划展示馆、野生动物园、植物园等。主题公园中投资上亿元的有上海海洋水族馆、长风海洋馆、预建的安徒生童话公园、上海影视乐园、科技馆、城市规划展示馆、野生动物园、东方绿洲等，投资近亿元的有锦江乐园和都市莱园等。目前对这些主题公园的整合发展，除了增强创新和挖掘特色、改进现有并引进新式的管理机制外，还应该利用本土优势，在挖掘海派文化特色要素的基础上，利用主题公园拉动相关的产业，如零售业、影视业、房地产业和娱乐设施制造业等，使主题公园特色通过海派文化的支撑得到拓展。

艺术展览方面，上海的艺术展览主板机构呈现的是商业机构一枝独秀和公共机构百花齐放的局面。一方面，香格纳作为上海画廊当之无愧的龙头机构，其挖掘新锐艺术家和推广成功艺术家的运营模式，使得商业化与艺术性的兼顾得到较为完美的融合，并在市场上产生示范效应，分流了上海本土市场的热点，避免艺术展览的同质化操作；另一方面，以民生现代美术馆、外滩美术馆、上海当代艺术馆、喜马拉雅美术馆、张江当代艺术馆等美术馆性质的公共空间所构成的当代艺术空间群落，从其自身的立场出发，也更多地选择推动一些有学术思考和海派艺术特征的展览。

图 2-10 民生现代美术馆[①]

上海旅游节前身是由黄浦区政府主办的上海黄浦旅游节，创办于 1990 年。当年的办节动机是想通过举办旅游节提高黄浦区的知名度，同时提高南京路商业在全市的领先地位，时间为一周左右。随着旅游节影响力的扩大以及上海旅游业发展的需要，上海市旅游事业管理局于 1996 年接手，并改名为上海旅游节。同时，于当年加入国际节庆活动协会（IFEA）。时至今日，上海旅游节已经成功举办了 24 届，是国内最早以“旅游节”命名的节庆活动，被国家旅游局确定为全国 40 个重大旅游节庆活动之一。上海旅游节不仅作为一项集中展示上海都市风光、都市商业和都市文化的大型旅游节庆活动，更是向世界展示上海现代化建设成就的窗口和体现海派文化丰富性的舞台。上海旅游节以其丰富多彩的旅游产品，全方位地再现了上海独特的都市魅力，为上海打造了一张漂亮的名片，已经

① 百度，www.baidu.com。

成为海派文化背景下都市旅游的亮点、卖点和载体。

图 2-11　2011 年上海旅游节[①]

上海创意产业发展思路源于 1997 年上海的第一次重大产业结构调整，即都市产业结构调整。1998 年，上海市政府提出“都市型工业”新概念，2000 年确定了 600 平方公里的中心城区优先发展现代服务业，6000 平方公里的郊区优先发展先进制造业的布局。2000 年，上海服务业在经济结构中所占比重达到了 50% 以后，一直处于徘徊状态。2000~2007 年，以中小规模企业为主的创意产业集群在城市经济空间重组、社会空间极化，城市产业遗产保护等耦合作用下，显现出新的经济空间类型——创意产业集聚区。

目前上海创意产业集聚区用地绝大多数是随着产业结构的调整而被置换出来的工业房产。2010 年，上海创意产业实现增加值高达 1673.7 亿元，其增加值占上海市 GDP 的 9.75%，对上海经济增长的贡献率达到 14%。上海已在新闻出版、工业与建筑设计、数字娱乐、数字传媒、时尚消费、文博会展和咨询策划等领域集聚了一批具有较强实力的创意企业，并已建设 81 个创意产业园区，入驻企业超过 6110 家，从业人员 11 万余人，无论是产业规模还是产业增长速度，均位于全国前列。依托于海派文化创意产业已成为上海经济增长的亮点，是上海经济发展的支柱产业之一。

上海创意产业发展对海派文化空间的拓展体现在：第一，海派文化通过创意

① 百度，www.baidu.com。

产业园区建设，体现各个区的整体“创意”设计方面的突出优势。杨浦区依托的是高校聚集的优势，同济大学、复旦大学为该区域的创意产业园区输送了大量人才和创意点子；长宁区则突出其在纺织工业方面的特殊优势，形成“环东华时尚创意圈”；卢湾区侧重的是“石库门”文化的展示与商业操作的高度耦合。第二，海派文化通过文化创意街的形式，吸引国内外旅游资源、研究学者、自由职业者、艺术家等，使这些地方成为独具特色的“海派时尚创意”传播基地，目前较为有代表性的地方就是田子坊和 M50 创意园。因此，文化创意产业对海派文化发展空间的推动是多层次、多角度的，其中经济推动、地域扩展以及文化凝聚力的形成是最主要的三个方面。

图 2–12　上海田子坊①

图 2–13　上海 M50 创意园②

①② 百度，www.baidu.com。

第三节　海派时尚创意文化的“轴心”效应

“新轴心时代”的概念最先出现在1998~1999年。1999年，哈佛大学的杜维明教授在美国做了一次关于“新轴心时代”的演讲。在欧洲，也有学者提出了“新轴心时代”的观念。本书海派文化历史渊源部分，对海派文化的大致来源，做出了“吴文化—江南文化—海派文化”这样的划分。这样的划分，实际上是对以这些文化为核心的地域性文化特色做出归纳。单纯从“轴心”效应来看，江南轴心期使江南成为中国文明的古代核心板块，而上海在新轴心时代则直接开启了中国现代生活方式和现代审美趣味。海派文化尽管不符合中国传统文化的理念与实际，但在新轴心时代“从农业文明向工业文明”、“从乡土中国向城市中国”进化的总体背景下，却获得了历史的合理性以及强大的现实生命力。海派文化精神与海派生活方式，在促进中国传统价值观念、日常生活方式与审美趣味转型上，是现代中国任何一个区域文化都无法比拟的。从这个角度看，本书考察海派时尚创意文化的“轴心”效应时包括：第一，海派时尚创意文化的集聚作用；第二，海派时尚创意文化的辐射作用。从经济和文化双重角度考量两者之间的互动关系，能充分考虑文化引领经济，经济推动文化的耦合关系。从区域的角度看，长三角地区整体视角的文化产业发展研究也具有系统性和全面性。

一、海派时尚文化创意产业的“轴心”效应

上海作为长三角地区的龙头城市，具有较强的集聚与辐射能力。长三角地区是我国东南沿海经济最发达的地区之一，而上海作为长三角的龙头城市，不仅具有发展国际金融、贸易、航运的便利条件，还是国际、国内信息集散的中心。上海能够集聚长三角甚至全国、亚洲的优秀创意人才、创意资源发展创意产业；同时上海创意产业的发展，能够大幅度提高周边乃至全国的创意、创新能力和竞争力。

在上海的带动下，浙江依靠市场体制优势和民营经济实力，培育了一批有影响的创意企业，影视制作、动漫网游、文化旅游、包装印刷等行业在国内已形成

优势，创造了全国著名的“横店模式”和“西溪模式”。2010 年，浙江省创意产业实现增加值达 1800 亿元，占 GDP 的 6.6%。全省有 50 多家创意企业产值超过 1 亿元，有 6 家企业产值已超过 10 亿元，居全国前列。杭州作为长三角南翼的中心城市和中国八大古都之一，提出“创意杭州”、“数字杭州”、“动漫之都”、“休闲之都”等建设目标，确立了信息服务、动漫游戏、现代传媒、设计服务、文化会展、艺术品、文化休闲旅游和教育培训八大重点产业，其软件开发、动漫游戏、服装设计、工艺美术等行业发展在全国处于领先地位，成为拉动经济增长的主要力量。2010 年，杭州创意产业实现增加值 702 亿元，占全市 GDP 的 11.8%，年增幅为 16.2%，高于全市 GDP 增速 4.2 个百分点，成为杭州重要的支柱型产业。目前，杭州已建设西湖数字娱乐、LOFT49、唐尚 433、A8 艺术公社、西湖创意谷、高新区国家动画产业基地等 18 个创意产业园区，形成模式多样、风格各异的园区格局，其对城市经济和社会发展的贡献也在稳步上升。2010 年，创意产业园区共集聚相关企业达 1437 家，吸纳就业人数 2.31 万人，实现营业收入超过 42 亿元，增幅达 25.1%。杭州依托丰富的文化资源和在经济、科技、人才方面的优势，带动周边地区乃至环杭州湾地区的创意产业发展，形成城西电子信息交易区、滨江高新文化产业区、富阳与桐庐的特色文化制造业区、绍兴文化旅游区等，成为浙江创意产业最重要的集聚区。

图 2–14　杭州 LOFT 创意园[①]

① 百度，www.baidu.com。

江苏省在动漫、出版、发行、电影、工业设计、文化旅游等领域具有一定的产业优势，创意产业的集群化发展趋势明显，其产业规模和增长速度都居于全国前列。2010 年，全省创意产业实现增加值达 1384.5 亿元，占 GDP 的 3.4%。南京是中国六朝古都，是长三角地区重要的产业城市和经济中心，软件设计、动漫、影视、工业设计等是南京创意产业的优势产业。早在 2006 年南京市提出构建“文化智慧创意中心”的发展目标，围绕“三都、两城、一圣地”安排创意产业布局，同时结合旧城区功能改造和高新科技园区建设推动创意产业集聚区的发展。目前，南京已形成了以城市文化资源为资本、以市场需求为导向、以民营企业为主体、以政府政策支持为轴心的创意产业集群发展模式。其创意产业园区主要分为综合创意产业园（基地）、当代艺术创意产业园、动漫网游创意产业园、影视创作基地、民间工艺创意市集等 10 余个类别，共计建设 42 个创意产业园区，成为全国发展速度最快、数量最多的省会城市。南京创意产业园区现已形成一定规模经济和错位发展的基本格局，如工业设计依托鼓楼高校国家大学科技园区形成江苏省规模最大、实力最强的工业设计中心；动漫及软件产业集中在江东软件园及紫金山周围，产业规模在国内仅次于北京、上海，是长三角地区重要的动漫产品生产基地，创意产业已成为南京经济增长的重要推手。2011 年，南京创意产业实现增加值 265 亿元，占全市 GDP 的 4.3%，增速达 39.5%，创意企业的法人单位达 12356 个，就业人数达 24.8 万人。其中设计策划类和电信软件类企业在营业收入、企业数与就业人数方面都占有较大比重，软件设计销售额居于全国第五位，“中国软件产业名城”初见端倪。地处长三角几何中心的无锡，曾是中国乡镇工业的发祥地，铸造了“华夏百强县”神话，目前仍位列我国十大经济活力城市之中，其创意产业发展也很强势。2010 年，全市创意产业实现增加值 108 亿元，占 GDP 的比重达 6%，以动漫网游、创意设计、影视传媒等为主要内容的新兴产业增速很快，多元化产业格局初步形成。全市共建成无锡国家数字电影产业园、国家动画产业园、国家动漫振兴基地、国家工业设计园、山水城科教产业园、江苏软件外包园等 23 个国家级及省市创意产业园（基地），其中年产值超过 10 亿元的有 5 个，集聚效应日益彰显。

图 2–15　无锡国家数字电影产业园[①]

二、海派时尚文化的“轴心”效应特点

（一）块状经济集聚

从创意产业的行业上看，影视制作、动漫游戏、出版印刷、文具生产、艺术品业等成为产业集聚效应最为明显的行业。以浙江省为例，全省共有文化产品制造业集群 86 个，占全省制造业产业集群数的比重为 10.25%，其中，工艺品及其他制造业集群 36 个，印刷业和记录媒介的复制集群 32 个，文教体育用品制造业集群 18 个。创意设计业多集中在杭州、宁波地区，印刷产业多集中在温州、台州等地，金华、丽水等地则集中了较多的文体产品和工艺品集聚区块。文化产品制造业成为浙江创意产业中的优势产业，全省创意产业从业人员主要集中于制造流通领域。如义乌文化小商品制造业、云和木玩具制造业、宁海文具制造业、桐庐制笔业等产业集群，在全国乃至全球都有重要的影响。

从创意产业的区域布局和组织网络来看，在长三角的区域布局中，形成了一批特色创意产业集群，如以区域文化特色和传统工艺为基础的青田石雕、龙泉宝剑、东阳木雕等传统工艺文化制造区；以宗教文化和江南水乡为特色的普陀山、天台山、南浔、乌镇等文化旅游区块；以杭州现代传媒、横店影视、滨江高新文化等为标志的新兴文化区块。

从创意产业的区域特色和发展模式上看，长三角地区创意产业的集聚化发展

① 百度，www.baidu.com。

与区域的文化资源和传统产业紧密相连，这种文化根植性促使各地形成了“一县一品、一镇一业”的产业特色和集群模式，乡镇企业已成为区域经济的主要支柱。例如，苏绣素以“精、细、雅、洁”的艺术风格驰名中外，被誉为我国四大名绣之首，现已形成了集生产、销售、展示、研究等多种功能为一体的保护基地，被国家文化部命名为“苏绣文化产业群”。目前苏绣生产企业近 100 家，2011 年销售额已达到近 10 亿元，仅镇湖街道一年的产值就有 5 亿元，从业人员超过 8 万人，产品销往世界几十个国家。具有明显“义乌”标记的文化用品、挂历、框画、制笔、包装五大产业，其创意产品与专业市场互动模式在全国有很强的示范效应。

2010 年，义乌创意产业生产销售总值已经超过 1000 亿元，文化产品销售单位近万家，成为国内文化产业重要的生产基地和销售中心之一。横店影视产业区内共集聚了 300 多家企业，涉及剧本创作，道具、布景、服饰制作和租赁，群众演员提供，影视拍摄制作和院线发行等，几乎涵盖了影视产业链的所有环节。

常熟市沙家浜小镇，凭借一出样板戏“沙家浜”而闻名全国。现已建成了沙家浜水乡影视基地，成为红色旅游的经典景区。黄泽镇大力发展仿古木雕产业和戏剧服装产业，共有大小生产厂家 60 多家，年销售超过 3500 万元，解决劳动就业千余人。还有宁波文体用品、德清钢琴制造、富阳古籍影印等一批民营创意企业和特色创意产业区块迅速崛起。“前店后厂”成为该地区发展特色产业的运作模式，其规模与集聚效应更加明显。

（二）民营企业文化贡献巨大

长三角地区是我国民营经济最发达的经济区，曾创造出以集体经济和私营经济为主体的“苏南模式”和“温州模式”。民营资本在生产总值（GDP）中超过国有经济成分，民营企业撑起了长三角经济的大半江山。通过充足的民间资本和大量民营企业的介入，长三角的创意产业得到了飞速发展。它们与传统文化事业单位的经营方式不同，用独特的经营理念形成开发文化资源、整合文化产业链、打造文化产业集群的独特经营模式，成为中国民营企业发展文化产业的典型。民营资本在长三角创意产业集群建设中的作用被迅速放大，已成为推动创意产业发展的重要力量。目前，民营资本已渗透到影视、演艺、出版发行、网络动漫、设计服务、旅游文化服务等多个领域，涌现出中南卡通集团、广厦集团、宋城集团、横店集团等一批民企巨头，并在创意产业集聚过程中起到龙头和示范作用。仅浙江省就有民营文化企业 4 万余家，从业人员 50 余万人，涉及影视、印刷、演艺娱乐、艺术品经营、旅游、广告、会展等 10 个行业，投资总规模达到 230

亿元以上，全省民营文化企业总收入 300 亿元以上。上海民营影视制作机构占全市总数的 80.1%，民营文化娱乐机构、场所占全市总数的 87%，民营文化经纪公司占全市总数的 91%，民营文化艺术品经营机构占总数的 93%，民营印刷企业占总数的 50%。

而南京正在建设和已经开园的 42 家文化产业园区中，由民营和社会资本投资兴建的占 69%，由民营资本投资兴建的企业占园区入驻企业的半数以上。浙江省杭州和横店两大影视基地，集聚的企业中绝大多数为民营影视公司。这些民营企业在为自身创造巨大的利润价值的同时，也在一定程度上改变着长三角创意产业的投资结构和发展格局，充分显示了民营资本发展的特色与活力。

（三）高新技术的应用与推动

科技向来能为创意产业发展提供动力，而创意产业组织形态和组织方式的创新则不断为其拓展新的空间。长三角地区在充分发挥技术支撑优势和行业互动优势的基础上，已初步形成了以设计、软件、动漫、网络游戏为特色的创意产业集群，并在一定程度上构建起个性化的产业模式，生成新的业态形式和产业优势。

一是以网络媒体、动漫游戏、数字影视、时尚消费设计、广告与会展为主的新兴文化服务业发展迅速，特别是创意设计、动漫游戏、网络文化、手机报等新兴产业正在蓬勃兴起。上海以创意设计为特色，包括工业设计、建筑设计、室内设计、广告设计、服装设计、工艺设计及消费时尚设计等行业，设计水平与设计规模居全国领先；杭州以动漫游戏为特色，产业规模居长三角地区之首，位居全国第三位。江苏省新兴文化业态的比重也由 2007 年的 14.6%上升到 2009 年的 24.6%，总投资额度由 2007 年的 1.62 亿元上升为 2009 年的 43.63 亿元，新兴创意产业园区已形成集聚效应、窗口效应、辐射效应，优化了全省的创意产业结构。浙江以业态创新为拓展，已形成以图书发行连锁、音像发行连锁、网吧连锁、电影院线为代表的新型运营模式，现代文化物流业发展势头强劲。动漫产业已初步形成动画教学、研发、制作、运营和周边产品开发的产业链。

二是探索一条与历史建筑改造相结合的途径。上海、南京、杭州拥有大量老洋房、老厂房、老仓库等优秀历史建筑，体现了城市发展在不同时期的独特风格。通过创意设计和技术改造，在保护老建筑的同时，为其注入新的产业元素，使老建筑成为新产业发展的摇篮，实现了经济效益和社会效益的双赢，影响和带动了周边的发展，改善了城市环境，提升了城市功能。长三角大都市的创意产业园区有 2/3 以上是通过保护性开发老厂房、老仓库和老洋楼等老建筑而来的。

第三章

海派时尚产业历史与发展研究

第一节　近代上海商业的兴盛与海派时尚产业的形成与发展研究

一、移民对上海商业兴盛的影响

开埠以来，上海迅速发展成为一个移民城市，20 世纪初叶人口达百万人，二三十年代更增至 300 多万人，其中城市居民中 70%以上是谋食走访的移民；而且移民中绝大多数是个体移民，而非家族、宗族的集体移民。移民是近代上海经济发展的两大外来资源之一（另一资源为对外贸易获得的国外资源），在劳动力供给、内地资金流入、技术经营人才输入等方面具有直接而外显的经济效益。同时，移民在生存竞争中所形成的社会心态、文化性格及其价值取向成为近代上海的一种较为独特的人文因素，对上海新式工商业的兴起发展具有极深刻的潜在性影响。在生存竞争中，近代上海移民逐渐形成了开拓创新、坚韧自强的商业精神，其中亦可分为艰苦立业、开拓创新的经营作风和下层移民勤勉负重、刻苦坚韧的自立精神。

晚清之后，上海大多数的工商金融业的业主、经营者是来自外地的移民，其中不乏出身寒素，靠艰苦创业积累资本而平地起家的人物。到了民国初期，上海民族资本家的结构变化，涌现出一批出身低微的移民庶族资本家，有的还成为资产阶级的头面人物，他们大都有一段艰苦创业的经历。在“商业竞争之烈，未有如今之甚者”的近代，创业后如何经营委实为企业命运所系。更能体现上海移民经营者良好素质的是开拓创新、敢于冒险的进取精神，其主要表现为敢于率先引进和使用新技术、新生产力，敢于投资新行业。上海为近代中国最大的通商口岸，是西方新科技、新设备、新工艺引进的基地，又是最早的外资企业集群所在，这是上海经营者见多识广开拓创新的有利条件，但移民的特点也是一个十分重要的内在因素。迁离了原籍的移民较少受到长期约定俗成的旧式习俗法规的束缚，也远离了乡绅村老等封建人物的影响和制约。移民大半因不满迁出地的现实而流动，他们往往没有一个辉煌的过去，移民靠自己的体力、智力、毅力造就了今天的生活，他们更注重现今和未来，较少受成规定矩的束缚。其思想观念，既汇集又不断淘汰，既形成也不断改变，有较强的创新欲，较易接受新事物而不拘泥于传统。晚清时期，上海虽有些诋毁新式工商业的言论，但影响不大。开埠后，外来机器生产与传统乡土社会之间，没有出现像广东新兴缫丝厂与旧式手工业那样的紧张关系，更没有出现民众捣毁破坏新式工厂的状况。经营者是移民，做工者也是移民，他们不存在新旧利益的冲突，更重要的是移民为谋利而来，在情感上对新的生产方式、经营方式和商业化运作不存在心理上的抵触情绪，而且在潜意识中他们渴望利用新的方式改变命运，刷新人生。沪谚“无禁无忌，黄金铺地”，反映了移民经营者的一种心态。

图 3–1　19 世纪末上海外滩码头[①]

① 百度，www.baidu.com。

二、江南文化对商业气氛形成的塑造

在近代的上海移民中以江浙两省为最多，其中尤以浙江的宁波人经济活动和工商事业较为成功。究其原因，可以概括为三点：一为近海的地理环境造就的冒险的性格；二为历时久远的经商传统的延续；三为浙东文化濡染的“工商皆本”和“重然诺”信条。其实这三点归为一条就是良好的“商业精神”。其他上海的商帮和移民也有上述三点，但似乎不如宁波人全面和彻底。良好的商业精神和对上海市场经济制高点——金融业的渗透，是上海的宁波人获得较大商业成就的主客观两大关键性因素。移民精神有两大核心内涵——个人奋斗和竞争趋利。大量的移民迁入使上海的礼俗社会演变成为世俗社会，移民的生存竞争构成了上海市场社会生态的基本内容。移民迁沪后，他们的认知空间扩大，但他们追求的利益范围则在缩小。沪谚：“无私不成事”，此谚颇能说明沪地人际社会关系和人际偶发互动的新蕴涵，也折射出移民主体意识的觉醒。求生、求偶与求利避害是人的生命意志，是自然的生命冲动。恢复和尊重个体“非理性”的“生命意志”，正是近代理性的主要内涵。移民的生存竞争一定意义上昭示着市场经济的特性——人际间的利益差别和利害冲突，人际间的博弈关系前所未有地广泛而深入地展开。移民在求生、求利的生命意志支配下，很容易接受新的谋生之道，接受资本主义的生产方式和价值观念。在新的谋生条件下，经济社会的各种成文或不成文、正式或非正式的“制度”、“惯例”、“习俗”、“行事作派”在市场诱导中悄然变迁。经济利益成为整合一切经济关系和制度关系的决定性力量。为了利益或利润而改变不合时宜的旧制度、旧习俗在晚清时期的上海经济社会已是较为寻常的事情了。移民游离了原来社会关系地域，其意识形态、价值取向由传统的思维方式做出变化。重商重利的价值取向成为主流。

三、规章制度的成文化对商业环境的促进作用

随着上海经济的繁荣和社会分工专业化、职业化的发展，上海的经济地位和政治影响日益上升，上海地方政府不断地颁布各项法规条律，以治理新兴的上海城市。在这些地方性法规中，经济法规占有很大比重。

晚清时期，上海县衙核准、颁行的经济方面的法规律条，除了各项捐税规定外，主要有：①核准和颁行与经济有关的组织行为规章，规范他们的经济行为。这些规章中，多是会馆公所的行业规章。②整顿市场管理秩序，打击以假冒真，

以次充好的行为。③加强外贸管理，制止各种进出口中的违法行为。④禁止乱收费行为。民国后，上海有关工商业、交通航运、金融财政、市场秩序等方面的经济法规更多、更细，其中一部分是上海地方根据中央政府的法律条文制定的实施细则，另一部分是上海政府根据现实需要所颁行的地方法规。特别是后者的地方法规法令甚多，形成了上海各项经济、金融法规相对严密的法律环境。

四、近代海派时尚产业发展特点

繁华的商业发展、江南文化的促进和成文的规章典制，对海派时尚产业的形成无疑是具备基础性作用的。近代海派时尚产业发展呈现出以下三个特点：

（一）创新性

近代上海因其特殊的地位和条件，往往在很多方面成为全国“开风气之先者”，大至社会风尚，小至日常生活，包括价值观念、行为方式、学术研究、文化艺术、饮食起居、服饰装扮、娱乐游戏、风俗习惯，“海派文化”都表现了敢于破除陈规旧俗、勇于更新创新和喜欢标新立异的特点。自开埠以后，国内各种新型文化事业和产业大多发轫于上海，如晚清报业史上的三个第一：第一份近代英文新闻报纸《北华捷报》，第一份中文新闻期刊《六合丛谈》，第一份中文报纸《上海新报》都诞生于上海。不只是报业，其他如中国第一座博物馆，1868 年由传教士创办的“徐家汇博物院”，第一所新式学堂是 1849 年由传教士创办的徐汇公学，第一所使用新型印刷技术的出版机构是 1843 年由传教士创办的墨海书馆。还有诸如第一座新式剧场、第一座舞厅、第一所女校、第一家电影院、第一家广播电台、第一盏电灯、第一辆汽车和电车，等等，都无不首先诞生于上海。总之，凡戏曲改革、新闻报刊、话剧电影、印刷出版、西方音乐和美术、新式学堂和医院以及各种公共文化设施，上海或是最早的发祥地，或是主要的集散地。而之所以会出现这种情况，就是因为“海派文化”有着敢为天下先的特点。近代上海被称为东方巴黎、亚洲时尚之都，正是因为“海派文化”趋时求新的特点已经渗透到这座城市的骨髓和肌理。

（二）包容性

“海纳百川，有容乃大”，即“海派文化”具有多元包容的特点。早期海派戏剧所谓“泛滥无范围之谓”，也是类似意思的贬义表达。上海开埠以后，迅速成为全国对外开放的最大通商口岸，伴随着商贸的频繁往来，文化也随之进进出出，相继登岸。包括生活方式和思想观念在内的西方文明的进入，使上海成为当

图 3-2　上海第一所新式学堂——徐汇公学

时中国最洋气的城市；内地大量移民的迁入，则把中国本土文化中的各个区域文化带进了上海，于是上海成为各种文化和文明的交汇、交流与交融地。这种交汇、交流和交融使“海派文化”犹如千条江河汇入大海，它们相激相荡、相克相生，赋予“海派文化”“兼容并蓄、多元共生”的特点。以表演艺术为例，作为国剧的京剧的兴盛虽以四大徽班进京为标志，但京剧的定名却是在上海。乾嘉年间，进京的徽班为了演出剧目和技艺的丰富，与来自湖北的汉调艺人合作，创造了一种新的剧种，在咸同年间基本成形。由于其唱腔以徽班主基调二黄和汉调的西皮为主，所以被称为“皮黄戏”。不久，徽班和北方京剧艺人南下上海演出，其剧目和唱腔、文字令人耳目一新，一时观看“皮黄戏”成为时尚。光绪二年（1876）二月七日（3 月 2 日），上海《申报》发表《图绘伶伦》一文，文中首次提出“京剧”这个名称，所谓“京剧最重老生各部必有能唱之老生一二人始能成班，俗呼为台柱子”，这是最早把“皮黄戏”称作“京剧”的书面文字。从此，京剧作为中国戏曲的代表流传于大江南北，其中，“京剧”在上海的定名可视作上海对京剧艺术发展的重大贡献。至于其间海派京剧对于传统程式的改造，对于舞台艺术效果的追求，乃至对于西洋音乐的和声原理和多声部演唱法则的借鉴，更典型地体现了上海文化多元包容的特点。不仅京剧，许多地方戏曲和曲艺，如苏剧、甬剧、评弹、越剧、扬剧、锡剧等，都是在上海形成或获得长足发展的，个中原因，不能不说和“海派文化”的上述特点有密切关系。服饰饮食和习俗方面，海派文化逼近标新立异，也善于吸纳新鲜的元素：上海人衣着时尚，追求新奇，中装旗袍和西装革履竞美，引领国内时装潮流；饮食上讲究品质，融合中餐和西餐、本邦菜和外地菜精华，不断推出新品。风俗也是如此，光绪、宣统之交，在上海这座商业都会里，既盛行文明婚礼，有诸如证婚、主婚、致辞、筵宴等仪式，又有传统的婚礼，有诸如放定、纳彩、迎娶、拜堂等仪式；丧仪既有传统的哭丧、守孝等旧礼，又有追悼会、默哀等新仪式；凡此都典型地体现了“海派文化”中外杂陈、新老交替的时代特征。

图 3-3　海派旗袍：对传统旗袍的改良[①]

（三）重商守信

上海是座通商口岸和商业都会，在商言商，商业意识深深浸染着文化的各个方面。早期海派绘画所谓“以生计所迫，不得不稍投时好，以博润资”，数语道破了其商业性特点。其实不独绘画如此，上海作为一座“文化码头”，举凡文化的方方面面，如画画的、演戏的、唱歌的、跳舞的、写作的、说书的、展览的、杂耍的等，无不是把文化作为一种商业行为来策划运作，因而使“海派文化”深深烙上了商业的印记。鲁迅有关京派“近官”、海派“近商”的论述，可谓一言中的地揭示了“海派文化”的商业特性。

以出版业为例，在古代，小说创作和刊刻大都是作者个人行为，虽不一定是藏之名山，但也不以盈利为目的；明代中叶以后，随着早期商品经济的活跃，书坊主的介入使得小说创作和刊刻有了明确的商业意识和动机，但是此时尚未形成正式的机制。近代以来，以上海为大本营的报纸副刊和文艺期刊多以小说招徕读者，以稿酬作为激励手段，在编辑—作者—出版社—读者之间形成了一套完善的

① 百度，www. baidu.com。

商业运作机制：市场化的征稿和规范的刊物运作，都最先发生在上海。稿酬机制从书稿开始，扩展到报刊来稿，报刊稿酬从绘画开始，扩展到小说及其他报刊文字。上海“海派文化”重商特性，在于善于发现市场需求，将原来个人目的写作的文化产品转化为商品，使之为市场服务，从而在创作活动商品化的同时，也使报刊增强了市场竞争力。商业意识对“海派文化”的影响，可见一斑。

海派文化推崇以商为本，立商之基就是诚实信用。诚，即真诚、诚实；信，即守承诺、讲信用。诚信的基本含义是守诺、践约、无欺。通俗地表述，就是说老实话、办老实事、做老实人。海派文化背景下的商人，以浙江人为主体。浙江人的经商可以追溯到东汉时期，当时的煮盐业和制瓷业都相当发达；春秋战国时期的范蠡是浙商的鼻祖；到了唐代，浙江的商业活动已经发展到国际化的水平。而如今，浙商已成为全国人数最多、分布最广、影响最大的经营者群体。在长期的商业活动，尤其是在近代浙商大规模的商业活动中，浙商的特点逐渐凸显，并形成了自己的诚信特性。主要表现在：

第一，企业内诚信。东家（所有者）和掌柜（经营者）、伙计间诚信。比如，东家对掌柜，“疑人不用，用人不疑”，聘用前，察其德才、谋断、攻守，对可掌柜者，重礼招聘，充分信任，委以人事、资本、经营管理通盘定夺全权，大胆放手，一切经营管理皆不干预，日常盈亏平时不问，静候年终决算报告：盈多者在酒宴上坐上席，东家敬酒上菜，盛情款待，来年加薪加股；盈少甚至亏损者只能居下席，自斟自饮，若两三年如此，无须东家开口，掌柜只能请辞。如此厚待，远非纯粹主雇间利益交换，“故人皆乐为尽力”。企业外，主顾第一，货真价实，童叟无欺，甚至损己利人，“贸易之际，人以欺为计，予以不欺为计，故吾日益而彼日损”。“与人然诺，坚如金石”，既已“相与”，则彼此诚信，全心全意维护彼此关系，拒绝一锤子买卖，“即使无利可图，也不随意断绝关系”。哪怕自己亏本，也维护对方利益，矢守诚信。万一对方倒闭，债权成了呆账，也多听之任之，权当教训。对社会国家，经济责任、法律责任之外，承担神圣道义责任。从而成长起一批批、一代代巨擘，汇成商业劲旅。

第二，诚信制度化。诚信在企业内、行业内自下而上制度化。企业内，如浙商自下而上生成内部信任的东家—掌柜制度、学徒制、人身顶股制、保护客户利益的严格号规、严密的账簿制度，还有同行间“相与”信任等一系列制度；企业间、行业内乃至民间基层，若有人失信恶信，则亲友指责、同行不齿、当地鄙视等，是“软约束”，更会失业，再业无门，是“硬约束”，以制度消除可能滋生失信恶信的土壤。赖此制度化诚信保障，随着大宗交易迅速增长。浙商靠诚信发达并走向现代诚信门槛。现代企业门槛——仅东家与掌柜制度实乃所有权经营权分立又耦合，彼此关系，断然是现代"老板"和"雇员"的关系，实为现代企业制度先声。

第二节　海派时尚产业与关联产业的互动和整合

一、海派时尚产业与传媒产业的互动整合

（一）传媒产业的内涵界定

传媒是一个被广泛使用，但被赋予了许多不同解释和内涵的概念。广义上，"传媒"是"传播媒介"或"传播媒体"的简称，指能够联结人与人、人与事物、事物之间关系的所有中介物。狭义上，传媒指图书、音像制品与出版物、报纸、期刊、广播、电视、电影、互联网等大众传播工具。出于研究需要，本书所提的传媒主要指狭义传媒。

基于以上传媒的概念，传媒产业则指与传媒相关的产业门类，即除政府传媒管理部门以外的各类媒体以及为媒体生产提供产品或服务的组织、机构。

从发展历程的角度来看，传媒产业可以分为传统媒体产业与新媒体产业。传统媒体主要包括报纸期刊、电视广播、图书音像等。新媒体则是指以数字技术、网络技术为主要载体的互联网、移动和社交媒体等。

从价值链的角度来看，传媒产业主要分为原创设计、生产制作、提供服务传播内容、发行流通（包括自办发行与委托代理）四方面。在此基础上，进一步考虑组织信息传递、信息传播方向、知识溢出在组织价值创新过程中的作用，本书基于模块化理论，将传媒产业划分为三个模块，即原创设计、生产制作和传播流通。

由于传媒产业主要创造两种产品：一是内容产品；二是受众产品。本部分将从两个角度阐述传媒产业的三个模块。

从内容产品角度："原创设计"是由创作者基于社会现实或自身灵感创作故事；"生产制作"是将创作出的故事进行包装生产，使其成为一种内容产品，或

小说，或电视电影等；“传播流通”是将该内容产品传递给大众，并由此得到受众的注意力资源，从而具备自身独特的公信力与影响力，并由此加强自身的传播功能。

从受众产品角度：当通过生产内容产品并推广至市场得到注意力资源以后，传媒产业则可以进行将传播功能售卖给广告主的二次售卖过程。在此过程中，“原创设计”变为由创作者以某一特定品牌或概念为标的，而发掘其内部的故事或创作出与之相关的故事；“生产制作”是将该故事进行包装生产，使其成为一种受众产品，比如广告等；“传播流通”是利用传媒产业核心的“传播”概念，将该产品传递给大众，完成二次售卖过程。

（二）文化：海派时尚产业和传媒产业的共有基础与联系纽带

文化是一个十分复杂的概念，具有许多层面的含义。归纳而言，从狭义上来讲，文化是指社会的意识形态以及与之相适应的制度和组织机构；从广义上来讲，文化是指人类社会和历史实践过程中所创造的物质财富和精神财富的总和。

第一，文化决定了时尚产业生产的内容。文化与时尚必然是不可分割的，文化的传承是时尚的底蕴。时尚产品之所以有其独特的内涵，并且可以反映出消费者内在的品位与修养，都是因为其深层的文化底蕴。开放的文化会催生开放的时尚，温婉的文化会催生温婉的时尚，每一种时尚必然可找出一种文化与之相对应。

20世纪六七十年代，伦敦取代巴黎成为新的时尚中心，以反叛的独立思想为根基，伦敦设计师打开了平民时尚的大门。比如伦敦设计师Mary Quant设计的迷你裙，Vivienne Westwood引领的朋克运动，都反映出文化内涵的叛逆精神与对自由独立的无限向往。意大利也是一个和时尚永远相连的词，意大利时尚几乎是最佳设计、最高质量与最优材质的代名词，这与其文化是紧密相关的。意大利文化中的高贵、优雅、艺术与博爱，恰好亦是其时尚产业的核心元素。

《海派时尚》（胡根喜，2009）中写道：“上海男人、上海女人是时尚的智者、创造者、身体力行者；在大道乐行的时尚领域里，上海人长袖善舞，风流渊薮。上海之所以在时尚的领域里独占鳌头，而堪称时尚之都，与它特有的文化属性，即质类的海派文化休戚相关。海派时尚的历史，并非是断代的，悠远而优良的海派文化传承是上海男人、女人时尚的底蕴。”

海派文化即“上海的文化”，是在中国江南传统的吴越文化基础上，融合开埠之后传入的欧美文化而逐步形成的上海特有的文化现象，它综合了江南文化的古典雅致与国际大都市的现代时尚，呈现一种“海纳百川，兼容并蓄”的特点。其基本特征为开放性、创造性、扬弃性与多元性。

海派时尚即以海派文化为根基，融合一系列创意与概念，引领着一部分社会风气与人们的内在精神。因此，从产业的角度，海派时尚产业不仅仅代表一种流行，最重要的是基于悠久的历史与文化底蕴，从海派文化中汲取灵感，顺应社会的发展以及人们审美情趣的变化，以经济为载体，以市场为手段，创造出一种带深层文化内涵的流行趋势，进而从内而外地满足消费者的时尚需求。

第二，时尚产业的发展推动了文化的发展。由于时尚产品承载着文化，受众可以通过对时尚产品的消费感受并体验其背后的文化，从而使文化得以宣传与发扬。比如目前正当红的服装品牌——例外服饰，其使命一直以来就是发扬与传播基于东方哲学的当代生活美学，其产品背后包含着深层的中国文化。受众通过对例外服饰的了解与消费，可以体会到中国服饰柔与刚的结合，体会到“中”性的中国，体会到简朴、本源、自然、天人合一的东方哲学。所以说，时尚产业的发展同时也可以使大众感受到其产品背后的故事与文化，从而推动文化的发展。

（三）传媒产业与文化

从近代文化的发展来看，文化总是与传媒紧密相连的。一方面，文化是传媒产业的内容与土壤，传媒产业只有在文化的滋润下才可以生产出丰富的传媒产品，进而呈现给大众；另一方面，传媒产业是文化传播的载体。现代社会是信息社会，传媒产业则使信息渗透于人们生活的各个方面，并使人们在思想、行为等方面容易受到传媒的左右。同样，通过传媒将文化具体化为传媒产品传递给大众的这一过程，传媒无疑对文化起到了传播的作用，进而引领着社会风气的形成。两者关系如下：

第一，文化是传媒产业的内容与土壤。在传媒产业主要创造的两种产品（即内容产品和受众产品）中，内容产品要依托文化来创造故事，不论是小到一篇文章、一部小说，还是大到电视、电影等，都有背后的文化支撑。所以，和时尚产业一样，传媒产业的每一内容产品必然也有与之相对应的文化。

比如迪士尼的动画电影近乎可以代表美国文化的一部分，它起源于美国文化，并与美国文化共同发展。迪士尼动画具有自由、惊险、温馨、活泼的特点，虽然这并非现实，只是一个充满快乐和享受的梦幻世界，但人们在其中体验到的感觉却与在光怪陆离的好莱坞影城、灯红酒绿的拉斯维加斯中所体验到的不谋而合。并且，与表面的温馨相反，迪士尼背后隐藏着非常典型的美国商业文化，与好莱坞一样，它们将艺术产业化，从设计、生产到营销，无处不考虑着市场需求。由此可见，传媒产业的内容产品背后必然有与之相对应的文化基础。

复旦大学新闻学院教授童兵曾于2002年在《沪报三读——兼议上海传媒文化的海派特色》中指出，海派传媒（文化）的特色是：高瞻远瞩，目光敏锐，大气大度大手笔。这与“海纳百川，兼容并蓄”的海派文化正不谋而合，由此可以看出海派文化对海派传媒产业的影响是很深远的。

第二，传媒产业是文化传播的载体。传媒产业具有许多的功能，其中有一种在我国表现得尤为明显，即通过传播信息对大众进行教育和引导。而文化，作为一个国家、一个民族的根基，处在不断的创造和形成过程中。每当其创造形成的过程中以及创造形成之后，都不可避免地会被具化成各种信息，有一个不断向大众传播的过程。而传媒产业则是其中一种主要的传播手段，通过这种传播，对大众起到教育引导的作用，同时使文化不断地发扬光大。从这个意义层面上来说，传媒产业是文化传播的载体。

比如主要介绍时装、美容、休闲等内容的时尚类杂志，以及发布当年流行趋势的各大电视媒体等，这些实际都是在宣传时尚文化。通过传媒的大量强势宣传，在社会中形成一种时尚观念，同时引导人们的消费方向。例如，如今风头正强的韩国电视剧，火爆的收视率居高不下，相应的剧中人物的衣着打扮、生活习惯、风格性格等都被许多人模仿，这些表象内容实际都是韩国文化的一种呈现，韩国文化通过传媒产品进行大范围的传播，并对人们产生了潜移默化的影响。

总的来讲，文化是时尚产业与传媒产业的共有基础与联系纽带。时尚产业和传媒产业之间以文化的共性为基础，产生关联点，进行多个层次的互动。

（四）时尚产业与传媒产业的互动表现

时尚产业与传媒产业的互动主要表现为两个方面：一是两者互为内容提供者，即时尚产业与传媒产业互相为对方提供内容元素，有助于设计模块功能的实现；二是两者互为内容/故事/文化的承载者与传播者，即时尚产业与传媒产业通过依托对方的文化而生产的产品，承载着对方的内容/故事/文化，并帮助进行了传播，从而促进流通（传媒产业）或品牌营销（时尚产业）模块功能的实现。

1. 时尚产业对传媒产业的拉动作用

（1）时尚产业对传媒产业内容产品的影响。时尚产业为传媒产业的内容产品提供内容元素。传媒产业可以通过对时尚相关元素的整合，向大众传达时尚概念与故事，一方面引领大众时尚，发挥社会功能；另一方面也由此得到注意力资源，提高传媒的传播能力。比如电视媒体的时尚潮流趋势发布、时尚人物故事讲述等内容都属于此类。同时，时尚产业也可以作为传媒产业内容产品的故事、文化承载者，为其进行进一步的传播。比如时尚产业可以通过生产传媒产业内容产品，如电影、动漫故事等的衍生产品帮助其进行进一步的推广与传播。

《哈利·波特》在影迷心中是陪伴成长的美好回忆。截至《哈利·波特与死亡圣器（下)》首映周末结束，该系列电影的总票房已突破 67 亿美元。除了前六部在 DVD 发行和租售以及电视播映版权上的 59 亿美元收入，据统计，仅在华纳正规渠道获得商标注册权的企业，在周边产品的累计收入就达到了 70 亿美元。《哈利·波特》的衍生产品涉及图书、玩具、服装、游戏等多种产业，其中服装产业则是典型的时尚产业。时尚产业通过设计制作与传媒产品有关的衍生产品，一方面丰富了时尚产业自身的产品种类，另一方面也帮助传媒产品进行了进一步的推广与传播。

迪士尼品牌的服装鞋帽也是一个典型的以传媒产品为标的而发展的时尚产品。英国著名童话作家艾伦·亚历山大·米尔恩创作了著名的《小熊历险记》，这部书在 1926 年出版，由于它的成功，到 1976 年为止，这部书在英国已重版了 70 多次。迪士尼公司随后买下了《小熊维尼》的版权，先后推出三部卡通短片，并集合一起，命名为《小熊维尼历险记》，成为迪士尼第 22 部经典动画。迄今为止，小熊维尼魅力仍然不减，它的经典形象已经深入所有人心里，它以自己单纯可爱的个性，肥胖娇憨的形象，永远活在童话的世界里。并且随着迪士尼公司的介入，那头可爱的小熊成为人类想得出的任何产品的陪伴物，大到小熊维尼树屋，小到小熊维尼手机链、小熊维尼台灯、小熊维尼电脑学习软件、小熊维尼服饰……随着一代又一代抱着小熊维尼的儿童长成青年、中年甚至老年，小熊维尼也逐渐由儿童服饰成长为成年人的服饰，而最终成为美国中产阶级最喜爱的服装品牌之一。在这个过程中，时尚产业通过生产小熊维尼的衍生产品，无疑对其进行了进一步强有力的推广与传播。

(2) 时尚产业对传媒产业受众产品的影响。传媒产业可以以时尚产业某一特定的品牌或产品为标的进行营销策划，从而生产出相关的推广文案、图片视频等受众产品，即广告。因此，时尚产业也可以对传媒产业的受众产品提供内容元素。时尚广告有多种形式：杂志广告、报纸广告、电视广告、网络广告等。下面以一则典型的杂志广告为例对时尚产业与传媒产业的此类互动进行简单分析。

案例分析：时尚产业为传媒产业的受众产品提供内容元素

迪奥是著名的世界时尚品牌。Dior，在法语中代表“上帝”与“金子”的组合，表达了现代女性“性感自信、激情活力、时尚魅惑”的追求。其服装、皮具、化妆品等均保持华丽高级的品牌路线，象征着法国时尚的最高精神，不断缔造着时尚传奇。相应地，其广告也独树一帜，精致炫丽。尽管如今新兴媒体在画面、声音、图像等方面都比平面媒体更具优势，但迪奥凭借其时尚的精髓，使融合其品牌文化的杂志广告也同样广受欢迎。

比如迪奥在2008年第6期《时尚》杂志中的群组广告，除了强烈的视觉识别效果和广告分配的积累效果，其品牌与媒体的高度融合是不可忽略的一大特点。首先，《时尚》杂志和迪奥时尚品牌具有共同的风格特点——高雅奢华。《时尚》杂志的目标读者为城市白领阶层尤其是年轻女性，她们一方面追求高雅的气质，另一方面也具有“奢华”的能力。因此，同样以高雅奢华为特征的迪奥时尚品牌，匹配以高端《时尚》杂志，其一致性不言而喻。其次，迪奥代表着高端优质、激情魅惑的时尚文化，而广告中的每一元素都与之相对应，诸如与杂志其他页面不同硬度不同材质的纸张，从最简单之处反映了它的优质，以及不同于其他页面的绚丽色彩，迪奥广告始终采用黑白两色作为广告画面的底色，展现了品牌的大气风格。又如最后一则广告，代言人为国际影星米勒那·让帕诺娃，黑色的头发、白色的衣服和璀璨的耳饰，与对应产品的黑色盖子、白色瓶身相得益彰，极尽时尚魅惑与自信活力。

因此，在该案例中，传媒产业以迪奥这一国际时尚品牌为标的，承载了其内容/故事/文化，并生产了相关的文案、图片，进而形成广告，对品牌产生了宣传营销的作用。反过来，迪奥这一国际时尚品牌也为传媒产业的受众产品提供了内容元素，丰富了传媒内容，拉动了传媒产业的发展。

2. 传媒产业对时尚产业的推动作用

除了时尚产业对传媒产业的拉动作用，反过来，传媒产业对时尚产业也具有较强的推动作用。

下面将以传媒产业的一个重要组成部分——电影产业为例，解读一下传媒产业对时尚产业的推动作用。

案例分析：电影产业对时尚产业的推动作用

电影产业是传媒产业的重要组成部分，电影产业的核心产品——电影，兼具传媒产业内容产品与受众产品的特点。作为内容产品，电影以其丰富的故事性、精美的画面感和受欢迎的明星阵容博得大众的青睐。与此同时，电影中的某些元素也可能为时尚产业提供设计灵感与内容，并有意或无意地为时尚产业起到营销推广的作用。

下面将通过一个具体案例（海派电影与海派时尚）来说明电影对时尚产业的这些作用。

案例背景：近代海派电影的繁荣造就了摩登生活方式的汇集，创新设计与怀旧经典相互交融。光影流动的时尚教科书蛊惑着沪上各阶层女性，她们很快成为电影所传诉的风尚追逐者和推波助澜者。电影《花样年华》由香港著名导演王家卫执导，于2000年上映，是获得欧美地区大奖最多的华语电影之一，曾斩获提名五个国家电影界最高奖的"最佳外语片"，自公映以来在西方影评界备受重视。女主角张曼玉的26件旗袍更成为其中的亮点。

旗袍通常指一类近现代中国女子服装，起源于满族服装。20世纪上半叶其款式融入西式剪裁而被大幅度改进。现代旗袍因其代表新时代知识女性的形象而受到欢迎，由上海开始流行至全国，成为民国时期都市妇女的主要服装。旗袍至今仍为上海代表性符号之一。

案例来源：《2015春夏海派时尚流行趋势之海上星梦》。

解读说明：在该案例中，时尚产业的旗袍元素无疑为电影提供了丰富的内容，而两者背后共有的基础则正是海派文化。当电影《花样年华》以其优质的故事与表现方式获得大众的认可时，其公信力与影响力得到了大幅提高，而在传播力增强的同时，该电影既向人们传递了时尚概念，实现了社会功能，又对"旗袍"这一海派时尚产品进行了宣传与推广，或多或少地影响着人们对时尚的认识、选择与消费。因此，该案例生动形象地说明了电影产业对时尚产业的推动作用（见图3-4）。

（五）时尚产业与传媒产业的互动对提升时尚产业顾客价值的作用机制

世界发展史表明，当人均GDP大于1000美元时，一国经济会进入新的发展时期，社会消费结构向发展型、享受型升级，人们会追求精神等更高需求。我国人均GDP早已在21世纪初就超过该标准。通过近年来的发展，顾客的价值需求也发生了巨大变化，尤其是以具有艺术性、创意性、示差性和市场导向性为特点（颜莉，2011）的时尚产业，其顾客价值变化表现更加突出，本部分主要考察以下三个方面：

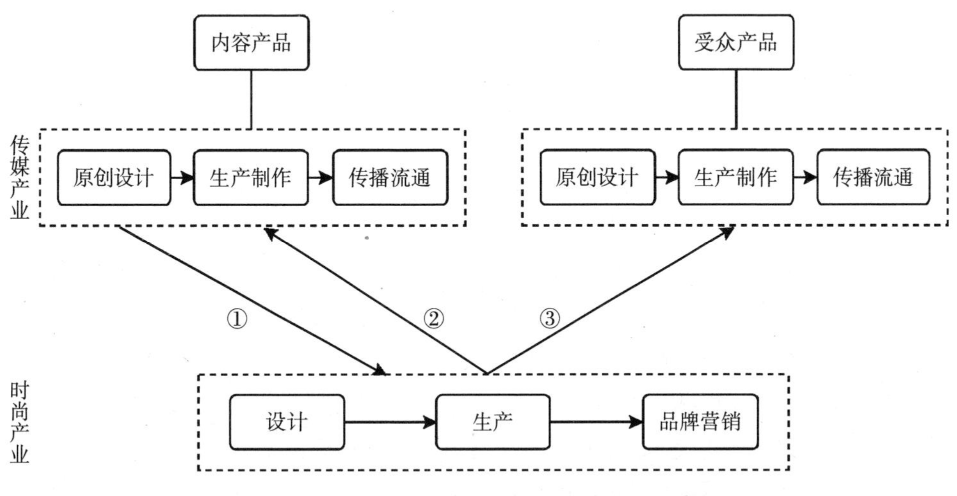

图 3–4　时尚产业与传媒产业的互动关系示意图

注：①提供内容：传媒产业可以通过生产的内容产品提供概念元素，给予时尚设计师灵感，然后由设计师创新整合为新的时尚概念与样品，从而促进时尚产业设计模块功能的实现。

②提供内容，承载及传播文化：传媒产业可以通过对时尚相关元素的整合，向大众传达时尚概念与故事，一方面引领大众时尚，发挥社会功能；另一方面也由此得到注意力资源，提高传媒的传播能力。

③提供内容，承载及传播文化：传媒产业可以以时尚产业某一特定的品牌或产品为标的，进行营销策划，从而生产出相关的推广文案、图片视频等受众产品，即广告。因此，时尚产业可以对传媒产业的受众产品提供内容元素，同时，传媒产业也承担了为时尚产品宣传营销的作用，从而推动时尚产业的发展。

首先，消费行为更加具有主动性。随着大众传媒不断发展，在大量信息包围的情况下，为了增强心理上的平衡，消费者往往主动采取各种途径来获取与产品相关的信息以作为决策依据。

其次，消费需求更加多样化与个性化。随着经济不断发展，产品更新换代的速度越来越快，种类和数目也越来越丰富，可供人们选择的范围越来越大，由此衍生出许多不同的消费需求。并且，随着社会发展，人们的思想日益开放，个性化已成为许多人追求的标签。

最后，消费理念更加趋向于消费产品背后的文化。随着社会进步，个人价值得到更大的重视，除了产生个性化的需求之外，人们也希望通过消费的产品来体现自身的文化内涵与社会地位。

那么顾客价值究竟如何定义？学术界对顾客价值的具体划分至今仍未统一，但学者们考虑的角度却较为一致，即主要出于对产品、个人、社会三方面的考虑。在此基础上，本书则认为顾客价值包括使用价值、情感价值和社会价值。使用价值是指顾客对产品的质量、价格、服务等方面的评价；情感价值是指顾客从对产品的消费中所能获得的心理满足，如愉悦感、归属感等；社会价值比情感价值更进一步，指在一定的社会文化背景下，顾客通过对产品的消费而得到的成就感、社会地位感，以及对自身价值的实现。

（六）时尚产业与传媒产业的互动对时尚产业顾客价值的作用机制分析

（1）知识溢出效应。时尚产业与传媒产业往往都表现出明显的知识密集型特性，两者的互动可以便于相互之间的知识溢出与共享，这里主要讨论互动行为是如何通过产生知识溢出效应，从而对时尚产业的顾客价值进行影响的。

由前文分析可知，传媒产业的内容产品可以为时尚产业的设计师提供概念元素，给予时尚设计师灵感，然后由设计师创新整合为新的时尚概念与样品，从而促进时尚产业设计模块功能的实现。具体表现为两个方面：一是时尚产业可以生产传媒产业内容产品，如电影、动漫故事等的衍生产品，即以某一具体的传媒产业的内容产品为标的进行再设计。二是时尚产业的设计师通过感受传媒产业内容产品背后的故事与文化，从而以此延伸创造出新的创意设计概念。由此得到的时尚设计概念与样品与相应的媒体产业内容产品并无具体联系，两者只是具有相关的故事与文化背景。在这两方面的影响传导过程中，传媒产业对时尚产业产生了知识的外溢效应。而由于大众媒介所承载的往往是显性知识，因此，传媒产业对时尚产业产生的往往是显性知识的外溢效应。

而通过知识溢出效应，时尚产业可以汲取传媒产业的知识，从而使自身的设计更加优化，生产出更加符合顾客需求的产品，提升产品的使用价值，进而使顾客价值得到提升。

因此，传媒产业通过向时尚产业提供内容元素，产生知识溢出效应，从而提升时尚产业产品的使用价值，进而提升顾客价值。

（2）信息传递效应。从前文分析可知，时尚产业与传媒产业的互动主要表现为两个方面：一是两者互为内容提供者；二是两者互为内容/故事/文化的承载者与传播者。传媒产业对时尚产业的知识溢出效应主要体现在第一方面，而信息传递效应则主要体现在第二方面。

传媒产业作为时尚产业的内容/故事/文化的承载者，实现了信息由时尚产业向传媒产业传递的过程，而传媒产业又将其承载的时尚产业内容/故事/文化进行传播，实现了信息由传媒产业向大众传递的过程。因此，传媒产业作为信息传递的中介与桥梁，可以帮助时尚产业将信息传递至大众。并且，从信息反馈的角度，如今的传媒产业也可以更加便捷地将大众的信息传递给时尚产业，从而实现信息的双向传递过程。

在此过程中，时尚产业的顾客价值又如何得到了提升？通过信息传递效应，传媒产业可以更好地将时尚产业产品背后的故事和文化传递给顾客，使其更深入地了解时尚产品的内涵，从而提升产品的社会价值。并且，传媒产业可以帮助时尚产业进行品牌营销，并通过信息反馈使时尚产业更好地了解并满足顾客的需求，以此能够提升时尚产品的情感价值，进而提升顾客价值。

因此，传媒产业作为时尚产业的内容/故事/文化的承载者与传播者，可以实现信息在时尚产业与顾客之间的双向传递，从而提升时尚产品的情感价值与社会价值，进而提升顾客价值，如图 3–5 所示。

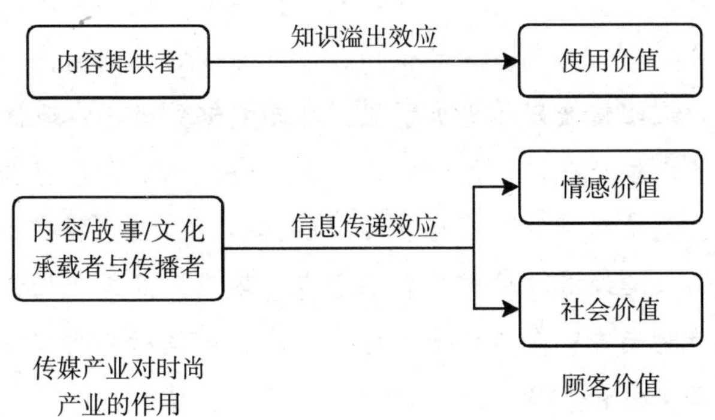

图 3–5　时尚产业与传媒产业的互动对提升时尚产业顾客价值的作用机理

案例分析：新媒体产业对时尚产业的作用

根据对传媒产业的分类可以知道，从发展历程的角度，传媒产业分为传统媒体产业与新媒体产业。随着移动互联网时代的来临，新媒体如今已成为社会的一大潮流，对许多产业都产生了巨大的影响。同样，新媒体对时尚产业也带来了新的变化。

新媒体具有与传统媒体不同的特点：

在内容方面，首先，新媒体所承载的信息量极为丰富，达到了以往任何传统媒体都无法企及的水平。如今每个人都可以成为自媒体，进行个性化的信息发布。其次，新媒体在形态上包含文字、声音、图像、视频等形式，真正实现了多媒体传播，可以满足现代人不同的审美等各方面要求。另外，计算机信息技术的发展使得新媒体上信息的储存、复制、搜索、传播都更加方便，更进一步实现了信息共享。

在传播方面，首先，新媒体的传播速度极快，几乎可以达到实时传播。其次，新媒体时代的信息具有自我扩张的特点，从信息发布者开始源源不断地扩张开来，并一次次进行丰富与改变。最后，新媒体具有双向传播的特点，信息发布者和信息接受者可以通过新媒体实现互动，因此，信息接受者可以随时反馈建议与意见，从而使信息发布者能够及时进行改变与调整。

由于新媒体具有以上与传统媒体不同的特点，新媒体对时尚产业的影响也就更加突出。作为信息的承载者与传播者，更丰富的内容资源与更快的传播速度，使得新媒体的内容产品更加丰富且传递到时尚设计师的时间更短，从而增强了知识溢出效应。并且，作为时尚产业信息与顾客信息的传递中介，新媒体可以更快地向双方传递对方的更全面、更精确的信息，使得双方的信息不对称现象得到缓解，从而提高经济效率，提高双方的价值。因此，新媒体对时尚产业的知识溢出效应和信息传递效应比传统媒体更加明显，从而能够更进一步地提升顾客价值。

具体而言，新媒体产业可以使时尚产业获得许多信息，包括与时尚产业相关的文化故事信息、竞争对手及可能存在的威胁信息、潜在消费市场的偏好需求信息、国家或区域的政治经济环境信息、消费者对现有产品或市场的评价反馈信息等，并同时可以使时尚产业向市场传达许多信息，包括时尚文化信息、产品内涵和故事信息、产品价格和质量信息、产业组织及服务信息，等等。新媒体产业通过承载并传播这些信息而产生的知识溢出效应和信息传递效应，对时尚产业的设计、生产、品牌营销三个模块都有不同程度的影响。

对时尚产业设计模块的影响。传统方式下是时尚产业设计师提供成型的产品设计，时尚消费者被动选择，但在新媒体产业迅速发展的条件下，由于网络具备双向沟通的特点，每位时尚消费者都可以充分表达自身的意见，进而通过新媒体的知识溢出效应和信息传递效应，主动影响时尚产品的设计。比如时尚产业在汇集、整理、分析顾客在网络上发布的信息（属于新媒体产业的内容产品）并了解其目标客户的个性特质与心理需求后，对产品风格、产品外观等的设计可以进行改进，从而对顾客价值进行提升。另外，新媒体作为时尚概念和时尚样品的一种重要呈现载体，也可以比传统媒体更快、更多形式地进行传播，从而更好地实现社会效益以及提升顾客价值。

对时尚产业生产模块的影响。时尚产业同样可以通过新媒体产业所产生的知识溢出效应和信息传递效应，一方面可以更加了解顾客需求，另一方面目标客户群体内部交流评价信息的传递也促使生产者更加注重产品质量等各方面的完善，从而大大提高时尚产业对市场需求预测的准确性和及时性，以及制订生产计划的完善性。

对时尚产业品牌营销模块的影响。时尚产业通过新媒体所传达的各类信息可以更好地对品牌进行定位，对营销手段和方式进行选择，以更好地契合市场需求，提升顾客价值。并且，新媒体更多作为时尚产业的一种营销渠道，可以根据特定的时尚品牌或产品设计生产出特定的新媒体产业的受众产品，并利用新媒体快速传播与多形式的特点，满足时尚消费者在审美、心理等方面的个性化需求，提升时尚产品的情感价值与社会价值，进而提升顾客价值。

时尚产业与传媒产业的互动关系产生互动的根源是两者具有文化这一共有基础和联系纽带。文化一方面为时尚产业和传媒产业都提供了生产产品的内容和土壤；另一方面也随时尚产业和传媒产业的发展得到了宣传与发扬，从而进行进一步发展。在文化的支撑下，时尚产业与传媒产业互相作为对方产业的内容提供者以及内容/故事/文化的承载者与传播者，可以促进双方的设计与品牌营销模块功能的实现。并且在此过程中，通过知识溢出效应和信息传递效应，时尚产业的顾客价值得到了明显提高。

二、海派文化的时尚创意产业与房地产产业的融合研究

（一）研究主体概念与发展现状

（1）海派文化背景下的研究意义。上海的文化被称为“海派文化”，海派文化既有江南文化（吴越文化）的古典与雅致，又有国际大都市的现代与时尚，区别于中国其他文化，具有开放而又自成一体的独特风格。

上海海派文化丰厚包容的文化底蕴，为房地产产业创新提供了充足竞争力，也成为它与房地产对接的可能性与优越性条件。在政府组织上，上海市“十一五规划”确定上海将大力推动和扶持时尚创意产业的发展，战略目标是用 10 年时间，建成亚洲最有影响力的创意产业中心之一；用 20 年时间，成为全球最有影响力的创意产业中心之一。在良好的政策背景下，上海创意地产遇到了前所未有的发展契机，正在逐步繁荣兴盛。

（2）时尚创意产业概念及发展。时尚创意产业是时尚产业与创意产业在思维上有机组成的复合型产业，它是一个新兴产业，目前尚未存在明确的定义边界。时尚创意产业是由多种不同产业关联性组成的交叉领域，其复合型属性决定了时

尚创意产业需要与其他产业联结，将其中的创意资源禀赋应用于相关需求产业范畴，以产业化的形式建立起文化与传统业态的对接口。

戈沃瑞克认为："时尚创意产业是一系列经营活动的总称，这些活动包括对时尚产品和时尚服务进行设计、采购、制造、推广、销售、使用、消费、收藏等。"从这个定义可以看出，时尚创意产业是围绕着时尚产品确立的产业范畴，是基于其他产业部门技术水平下对产品和服务进行附加价值的渗透和延伸，它是在新的历史条件下产生的一种全新的产业概念和形态，意在从更高层次上更多地满足人们的心理需求、审美需求。

时尚创意产业虽然被赋予了文化和创意的内涵深意，但如果没有将创意有效实施并将其产品化、市场化推广运作，那么它就只能是时尚创意而无法产业化。因此，时尚创意产业向商业化、社会化的延伸，是其可持续发展的必要条件。

然而，基于海派文化下的上海房地产产业在初期探索发展道路上不可避免会遇到越来越多瓶颈，在产品开发和技术上越来越难以突围，房地产品牌越来越陷入同质化的泥滩之时，中国地产商只有借助"文化创意"的力量。上海地产商如何从海派文化中汲取营养，提炼出适合自己品牌的精华，关系到海派地产品牌能否成功推向全国，关系到地产商自身品牌的个性及含金量。因此，基于海派文化下研究时尚创意产业与房地产产业融合的发展之路就显得尤为重要。

(3) 时尚创意产业与房地产融合的表现与现实意义。我国改革开放以来，房地产的发展推动我国经济迅猛增长，但在房地产开发、销售过程中出现越来越多问题，面临诸多同质化、设计质量难分高下的房地产商，消费者也只能凭个人喜好进行不定向选择。在房地产行业竞争日益激烈的情况下，一些房地产商重新调整战略，引入全新的产品定位以及更加强有力的竞争模式与营销手段，顺应时代潮流，创意地产便应运而生，成为创意产业与房地产产业对接的衍生产业。

时尚创意产业与房地产产业的结合不是单纯的叠加，而是综合了两个产业的特性，以开创性思维方式，提高房地产产品及服务的附加值，开发出具有满足特定需求人群，实现整体效益水平最大化的房地产项目。

尽管大多数一线二线城市房地产商已然意识到与文化创意结合的重要意义，但对接情况不尽如人意。很多开发商假借时尚创意之名，开发一片地产后以文化的包装租售给其他行业公司而从中获利，或者只是停留在表层，而没有从真正意义上去研究挖掘与该片区域相关的文化本色，也就是没有将海派时尚文化切实渗透到房地产的设计与建造上。这样的做法早期可能会引起消费者的关注，但一旦深入了解后便将反感地产商生搬硬套的趋利行径，最终则难以达成交易。

剔除掉一些不良竞争，时尚创意产业与房地产产业的结合仍为大势所趋，是房地产产业转型升级，调整业内结构的必要之举，也是促进未来经济协调稳定增长的发展方向。

（二）时尚创意产业与房地产产业的关系

如果说时尚创意产业是新兴产业，则房地产无疑可作为带动我国经济增长的“龙头产业”。时尚创意产业与房地产产业的融合，形象地说是“新兴产业”与“龙头产业”的握手。国内相关文献中出现的高频词——“创意地产”，就是创意产业与房地产产业融合的新概念产业。而本书不仅关注于创意产业，还加入了对创意进行限定范围的“时尚”，从而关注的对象严格来说是“时尚创意产业”。那么其与房地产产业的结合就应该称为“时尚创意地产”。

（1）时尚创意产业为房地产产业提供文化内容与定位策略，为后者提供更大附加值，产生更强传播度。

在我国，房地产行业是带动国民经济高速发展的最重要产业之一，而要实现国内 GDP 创意化的宏伟目标，必然少不了时尚创意产业与房地产产业的“握手”。

业内人士指出，时尚创意地产以创新商业地产运作为核心，通过房地产与时尚创意产业的融合交叉，形成独特的产业模式，既拥有一般商业地产的办公、购物休闲等综合功能，又糅合了创意产业的内容模式，实现了产业融合商业价值的双赢。

由此可见，在当今房地产竞争力日趋增强，房地产产品同质化现象严重阻碍房地产产业升级的情况下，文化可能是一张获胜的“王牌”。然而要取得最终的胜利，不仅需要拥有好牌，更需要有打牌的技巧。

首先，文化资源的合理开发是时尚创意地产开发商必须经过的一次“理牌”，在融入房地产产业时化身为时尚符号，而符号的价值所包含的内容有三大要素：美感、价值与故事。在时尚创意地产开发设计时，美感是吸引顾客的第一道法宝。没有了美的感受，一切可能的商业利益都被扼杀在最初的顾客体验环节。这需要开发商在请建筑师设计房地产结构规划、设计师制作 3D 设计图时，精心加入人性化细节设计，让潜在消费者能想象到创新美妙的生活方式。价值是文化渗透的核心内容，又分为功能价值和观念价值，在设计和营销的整体环节中都少不了价值的展示与传播。而文化附加值集中体现为传统产业的文化附加、文化产业的创意附加以及城市资源的魅力附加。最后的“故事”往往是最容易被忽略的要素，这涉及细微情感的吸附情结，通过感情建立消费者与产品之间的精神联系，在主题故事传播中让消费者产生认同感，从而产生对房地产产品的喜爱与忠诚。

其次，时尚创意产业对房地产产业的融合具有很强的传播性。创意经济形成的三个方面包括文化传播力、自觉心理和融合性。文化传播力的主体是创意阶层。创意阶层主要包括艺术家、文化企业家、建筑师、工程师和科学家。上海新一代创意阶层正在崛起，他们大多拥有不菲的收入与令人艳羡的工作环境，他们追求个性与时尚，注重生活品质。相应地，这些新兴创意阶层正逐渐强化其所需的文化特征，随着这个阶层的兴起，“海派文化”也随之复苏，成为人们追捧的时尚潮流。在创意阶层中还涵盖了不少从事时尚创意产业的精英，人才是21世纪产业发展至关重要的生产力之一。借助创意阶层的传播力与影响力，上海时尚创意产业越来越成为城市关注的焦点，而与之相关的房地产产品与服务自然也成为同行中率先受人瞩目的投资与消费对象。

（2）房地产产业为时尚创意产业搭建重要载体，没有房地产产业的支持，难以形成时尚创意产业园区，也难以形成产业的集聚效应。

随着我国居民文化消费需求不断提高，时尚创意产业正迅速崛起，然而其规模与GDP所占比重仍然偏小。时尚创意产业的发展，需要有社会责任心的企业在政府的指引下找到切入点进而推动产业发展。时尚创意地产可通过老建筑文化资源的重整“翻新”，或通过新建筑文化生态的创新展现新兴力量的魅力。同时，时尚创意产业还注重时尚消费与文化经营，积极打造时尚创意的空间载体。

时尚创意地产的重心在于创新和时尚文化，形成时尚创意产业集聚效应乃至产业集群，使有限的土地资源得到集约性的利用，发挥有限建筑的无限创意。时尚创意产业被称为21世纪的朝阳产业，它难以靠单一产业支撑发展，需要由“单一形式”向“与多元产业合作”转变，通过借助传统实体产业传播时尚创意精神。可以说，在二者融合过程中，房地产产业服务于时尚创意产业，为其快速发展搭建了重要载体。

（三）融合的宏观与微观机制

时尚创意地产可理解为“泛地产+时尚创意产业”，其核心在于全新的商业地产运作。通过房地产与时尚创意产业的融合交叉，形成独具一格的产业模式。时尚创意地产的主要形式之一是通过对老建筑（主要是原来的厂房、仓库、制造车间等）运用现代地产领域的商业地产（商铺、商业街）思想对其进行改建或新建，营造出适合创意产业运作的建筑空间，并把这些建筑空间以租赁或者销售的方式，提供给从事创意产业的机构或者个人。由于这些地区建筑具有历史文化底蕴，空间可塑性强、投资成本也相对较低，可成为创意产业聚集区的主流类型。空间有限、创意无限，注重文化、引领时尚，拥有特色经营管理成为这些时尚创意地产的显著特征，而其最终目的就是使“商业地产+创意产业”的创意地产产生“1+1>2”的效益。

（1）产业融合中的宏观逻辑。近几年来，转变经济增长方式的问题已普遍得到越来越多的认同。改革开放以来，我国经济高速增长，但资源短缺、环境恶化问题不断上升，可利用的传统资源如石油、土地、水等已难以再适应 GDP 的高增长率。在有限资源的限制条件下，“稳增长”已成为宏观经济政策的首要目标，而经济持续增长的问题就要求产业结构调整、产业转型升级。

“调结构”应着力于产业关联、产业布局、产业竞争、产业集群、产业演进五大方面。从本书所提及的时尚创意地产角度分析，即整合了产业关联性强的产业，在融合过程中使产业价值链最大化，通过集聚效应最大化利用有效空间，从而形成相关企业之间良性合作与竞争，达到推动时尚创意产业与房地产产业的作用，增大各产业产值的比重。

为实现产业合理化、高度化的战略布局，必须挖掘“看不见”的新资源——技术、文化、人力等要素，进行创新要素间的有效协同。在产业最重要的三个环节（设计、生产、营销）加强融合观念，尤其在设计与营销方面，需借助传媒技术手段进行设计与传播，促进房地产产业时尚创意化与时尚创意产业地产化的发展进程，使二者互为主体。新兴产业为龙头产业注入新鲜血液，“龙头产业”以市场优势带动其快速发展。

（2）产业融合中的微观机制。国内有学者把产业融合视为世界产业经济发展的三大趋势（集群化、融合化、生态化）之一。创意产业在产业融合的背景下兴起并迅速成长，美国学者 Greenstein Khanna（1997）指出，“产业融合是为了适应产业增长而发生的产业边界的收缩或消失”。胡金星指出，产业融合是在开放产业系统中，技术与标准等新奇的出现与扩散引起不同产业构成要素之间相互竞争、协同与共同演进而形成一个新兴产业的过程，其本质也是一个自组织的过程。根据自组织理论的观点，产业融合是在激励、动力与障碍等因素的作用下产生的，其微观机制如图 3-6 所示。

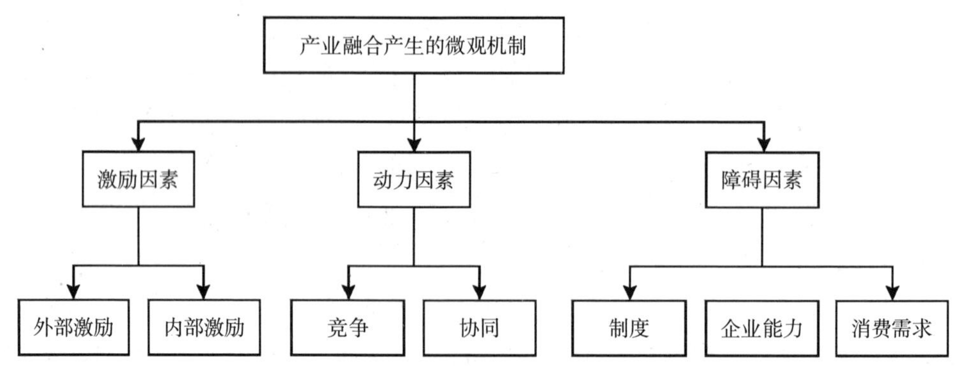

图 3-6 海派时尚创意产业与房地产产业产生融合的微观机制

而 Hooper（2003）认为，产业融合并不是一个“一维空间”的概念，而是包括了基础技术融合、网络融合、设备融合、企业融合和管制融合五个维度的内容。时尚创意产业与房地产产业的融合需要网络技术的支持保障，没有现代传媒传播的技术与平台，则很难实现时尚创意产业对房地产的协助传播，也就难加快二者融合发展的进程。企业间的合作推动整体产业间的合作，不同领域企业的合作，能够集约社会资源并合理利用以解决资源急缺的形势。而企业家与艺术家的合作也是时尚创意产业与房地产产业融合的微观机制特色，在协同效应下发展商业艺术化及艺术商业化，为产业可持续发展创造有利途径。

（四）时尚创意产业与房地产产业融合案例分析

首先，本书将房地产产业分为商业房地产与房地产营销，并分析两个方面与时尚创意产业的融合。时尚创意地产通常有几种表现形式，以旧厂房、旧仓库的重新改造为主，还有一些新建的创意地产等，而大部分老园区往往被商业化，集创意性的购物、餐饮、娱乐、休闲、会展、旅游等创意地产项目于一体，它们以房地产的形式存在，同时传播时尚文化，引领新一代时尚消费经营。

（1）时尚创意产业与商业房地产融合案例分析。

案例分析一：田子坊

在商业房地产个例中首先选取了“田子坊”，它是第一批被上海政府扶持创意区之一，兼具海派文化的历史传承性与现代开拓性。2000 年 5 月，上海卢湾区为盘活泰康路 210 弄老厂房资源，以发展创意产业为目标进行招商，现入驻中外机构101家，主要从事视觉艺术设计与经营，成为“上海创意产业发源地”的田子坊。

田子坊的特色之一：早期艺术与创意的历史风貌地。由于新华艺专建址于田子坊所在的泰康路地段，从而使这一街区具有悠久深厚的文化氛围，在新华艺专校董会中有黄宾虹、李叔同、潘天寿、徐朗西、徐悲鸿等大师，丰富了文化的多样性与多层性，使田子坊逐渐成为当时上海艺术家们的聚集地，艺术、音乐、西洋咖啡香与市井小民的生活奇异而又和谐地交织一起。也许正如海教授对田子坊的评价，“老人们安顿了怀旧之情，年轻人发现了时尚和潮流。老外看她是地道中国的，中国人看到的却是洋文化”。

特色之二：多元的建筑风格，自19世纪60年代以来，大量移民入住法租界避难。为安置这些移民，建筑师们开始研究一种新式的高密度住宅——“里弄”，这是一种融合了西方联排房屋和东方三合院风格的混合式建筑。“里弄”风格成为上海的另一个象征，是代表上海“海派文化”的一个范例。到了20世纪30年代，里弄发展成为三种类型：第一，标准里弄，即“石库门”，这是最简单、最老式的里弄风格；第二，新式里弄，即在建筑正面带有更多西式装饰；第三，花园里弄或公寓里弄，这样的里弄房屋空间更宽敞，里面带有花园或绿化空间。这三种风格在田子坊都可以看到。

特色之三：混合的城市功能，田子坊用地多样化，集居住、教育和工业用途于一体，结构分为三部分，新式里弄和花园式里弄在西面，标准风格的里弄在东面。田子坊从东到西的土地使用结构非常明晰，即“新式民居”—“工业用地”—“老式民居”，时至今日虽有所侵蚀，但仍大致保留着其固有的结构格局。

田子坊独有的特点为创意街区的持续发展提供了有利条件，2008年，由常务副区长挂帅的田子坊管委会宣告成立，同时挂牌成为了2011年上海世博会主题实践区。政府开始投入资金，改造公共设施，准备将田子坊打造成一个“AAA”级都市旅游区。开发商也改变了原有规划格局，在毗邻田子坊的轨道交通线（打浦桥站）建造日月光购物中心与田子坊对接。如今的田子坊已变成了许多上海中产阶层和创意阶层的生活休闲及工作办公地，大量中产阶层和创意阶层群体经常到访田子坊，在海派时尚的文化氛围中感受中西文化和谐的气息，或凝望角落获取创意灵感，或品尝午茶享受静谧生活。

田子坊以“时尚创意”之名吸引了众多国内外前来观赏闲逛的游客，身临其中便能真切感受到时尚创意与房地产独特而巧妙的融合方式。田子坊的成功运作是时尚创意产业与商业房地产产业相互融入、相互作用的表现，作为上海时尚创意地产的代表，给后起开发的创意区带来引导与借鉴的意义与价值。

案例分析二：1933 老场坊创意集聚区

1933 老场坊创意集聚区，始建于 1993年，原为上海工部局宰牲场——屠宰场，曾被誉为基于“宰牲”工艺流程而设计的“钢筋混凝土的机器”。由于它的“前生”和“今世”发生显著的变化，因此 1933 老场坊项目可以说是最特别也是最有戏剧性的一个创意园区。

1933 老场坊能够成为文化创意项目有很多因素，可以说它具备所有成为文化创意地产项目的要素。首先，地理位置非常优越，坐落于上海虹口区虹口港、沙泾港交汇处，周家嘴路、溧阳路、海宁路、海伦路、武进路环绕其周围，并与北外滩遥相呼应。

其次，建筑特点鲜明。上海 1933 老场坊原是 1933 年由原上海工部局出资兴建的宰牲场，当时由著名英国设计师设计，中国当时知名建筑营造商建造。据史料记载，建造这个宰牲场，仅建筑和设备就花费白银 330 多万两。1933 老场坊全部采用英国进口的混凝土结构，墙体厚约 50 公分，两层墙壁中间采用中空形式，在缺乏先进技术的 20 世纪 30 年代，该项目竟然采用了被动节能技术，巧妙利用物理原理实现温度控制，即使在炎热的夏天依然可以保持较低温度。

最后，空间布局合理。1933 老场坊共有 5 层高。走进大楼，东南西北四栋建筑围成的四方形厂区与中间一座 24 边形主楼通过楼梯相连。整个建筑廊道盘旋，却又次序分明，加工车间采用了当时非常先进的“无梁楼盖”。而这些都让该建筑先天具备了改造成为商业项目的条件。在经过重新改造翻新之后，该项目进行了整体的商业定位，其定位功能包括时尚发布、创意办公、休闲体验、娱乐总汇和配套餐饮等。

1933 老场坊作为上海又一废旧用地改造而成的创意集聚区，为时尚创意地产的发展开辟另一子路径。屠宰场的前身让“1933”拥有庞大的开拓规模优势，这也决定了它区别于田子坊的细分市场。1933 老场坊园区的建筑保留了历史的遗迹，各种通道铭牌的指示与内部结构的复杂使参观者有种走迷宫的感觉，这里也因为其特有的空旷感与废旧感，成为了许多创意人士钟爱的取景之地。

也许 1933 历史悠久的空间艺术更能让人体会到时尚创意地产的魅力所在，它有足够的空间与意义供人遐想，是追崇个性的创意阶层获取艺术灵感的绝佳之地。既有房地产商开发投资土地，又有相关企业在此办公创作，还有创意店铺管理经营，这样的融合合理地利用了废旧资源，聚集了相同产业的企业与人才，形成越来越丰富、越来越完整的产业链，产生了不容忽视的经济效益。

从以上两个案例不难发现，商业房地产与时尚创意产业融合的运营模式是以土地投资与租售、商品服务为主的盈利，这些时尚创意地产大大推动了内需，呈现出多元商机，为国内消费的增长带来崭新希望。

图 3–7　1933 老场坊创意园区

(2) 时尚创意产业与房地产营销融合案例分析。

创意地产的开发形式是新建筑、新地产的设计营销。对于已逐渐兴起的创意地产，敏感的地产商把新楼盘与创意产业相结合，打造出属于创意阶层的新型工作基地。

案例分析："海上海"

"海上海"是由住宅、LOFT、商业三大物业形态及海上剧场、海上展馆、海上讲堂三大文化建筑组合而成的国际创意社区。它体现了国际创意文化在一个社区内的兼容与交响，是完全区别于其他项目的。在"海上海"LOFT 内办公的大多为知名设计、广告等创意类公司，体现了较高的办公层次，而位于办公与住宅之间的商业，在很好的衔接办公与住宅的同时，其商业氛围、档次、人的素质也区分于其他项目。

“海上海”作为上海新建筑开发而成的创意园区，其营销运作有值得研究参考的地方。首先，“海上海”具有相对区位优势，它邻近和平公园和控江路商圈，距上海新一轮城市开发的世纪性工程、黄浦江两岸综合开发区北外滩仅300米，紧邻大连路隧道，与小陆家嘴地区仅一江之隔，外滩、四川北路商业街、鲁迅公园等均在“海上海”3公里范围之内。其次，“海上海”的建筑风格不同于一般的办公建筑群，它拥有一个可以让创意阶层天马行空无限遐想的创意商业街，这条长400米的商业街以原创精神为主题，按不同的建筑材质分为混凝土、金属、玻璃、红砖、木质5个不同的区域，也代表金木水火土的传统五行元素。在创意商业街的三个入口，分别设计了海上讲堂、海上会馆和海上剧场，为精英思想的传播、前卫艺术的推广以及具有独创精神的活动提供值得期待的上佳场所。

“海上海”是上海新开发时尚创意地产的代表园区，从建筑形式上不同于老仓库老厂房的固有历史建筑结构，其优势在于可以自由规划空白土地与空间；从主要性能上有别于商业创意区，其主要运营模式为租售，针对入驻企业进行地租及物业收费，而主要群体以办公企业为主，也为创意阶层的聚集提供场所与平台，商业化的辅助只是服务于整个园区的生活集聚需要。

图3-8 “海上海”创意产业园区

（五）融合产生的效应

（1）政府角度。时尚创意地产给上海房地产市场带来了新的开发模式，优化了社会资源的合理配置，政府对创意地产给予了极大支持。上海市政府大力发展创意地产，拟定了发展规划，在全国率先提出推进创意产业，带动了第三产业的迅速增长。基本上，每个入驻政府授牌的创意产业集聚区的企业，在办理公司注册和税收方面都将得到一些优惠政策，这些政策吸引了不少国有企业和民营企业。而外商独资企业和中外合资企业也会随着中国市场经济的进一步深化，在创意企业中逐步占据重要地位。

“十二五”期间，上海将在文化创意产业重点实施 27 个项目，包括基地、平台、活动、功能提升 4 个方面。2011 年上海文化创意产业实现总产值 6429.18 亿元，比 2010 年增长 16.9%，占全市 GDP 比重为 10.02%，对上海经济增长的贡献率为 15.5%；实现增加值 1923.75 亿元，比 2010 年增长 13%。可观数据显示，时尚创意产业正彰显着它越发强大的生命力，而由于它与房地产产业的融合处于发展初期，创意地产的数据尚未出现官方统计，但 2010 年，上海文化创意产业产值增长速度甚至超过了金融业和房地产。在产业融合初见成效后，政府逐渐加大支持力度，从金融政策上鼓励创意产业的发展，有利于降低许多时尚创意从业者入行门槛，加大相关人才流入的号召力。

（2）从房地产商角度。在利好政策趋势下，上海呈现出越来越多不同主题的时尚创意区，如八号桥、M50，以及即将建成的迪士尼乐园。鉴于著名时尚创意地产的成功，地产商在投资开发时，必须做好产品定位，发掘地产周围特色，做出时尚个性的主题建设，合理利用土地资源与空间结构，可在园区内分区块设定子主题，为产业集聚做出贡献。但切忌盲目跟风，又重回到同质化的原点，也不可过度商业化，以免破坏创意地产的生态环境。

（3）从创意阶层角度。对于追求时尚个性的创意阶层来说，时尚创意产业与房地产的融合为阶层组织讨论、活动提供了平台，他们乐于在富有艺术气息的场地交流、工作，房地产创造的集聚效应，也方便相关企业进行技术网络共享，最大地优化配置，实现时尚创意产业的快速发展。但有些地区过度商业化开发，人流量增长迅猛，引发地价急速上涨，“挤”走了许多资本实力较弱的艺术人才，破坏了产业融合的平衡，这一现象应该得到政府有关部门的协调与控制。

（六）上海时尚创意地产发展的问题与展望

（1）时尚创意地产发展亟须解决的问题。近年来上海时尚创意产业的快速发展，为房地产的开发提供了一系列途径和方式。但在发展过程中不可避免遇到了一些尴尬的问题，如果这些问题没有引起政府相关部门的重视，得到合适的解决方案，那么时尚创意产业自身的发展不仅会受到阻碍，而且还可能连带影响房地产产业的正常发展。

1）时尚创意地产概念被滥用。随着“时尚创意”概念被炒热后，很多企业打着时尚创意的旗号进行项目投资，也只是利用相关概念进行表面包装，这大大拉低了时尚创意地产的产业化水平。在这方面，我国处于实践发展初期，只能借鉴国外经验并自己摸索前进，如果企业只是想借用这块招牌，或只是简单地用时尚创意与房地产叠加，那可能出现烂尾楼或面临经营危机。而政府也应该对时尚创意园区加以制度管理，禁止让非时尚创意企业入驻创意园区，以免其占用资源，制约时尚创意产业园区的经营与产业氛围的形成。

2）应加强配套基础设施建设。一个园区的环境配备是区域产业发展的基础条件。在时尚创意地产中，房地产产业的发展需要时尚创意产业提供创意环境与艺术氛围，也就是人才、技术的聚集，这是时尚创意园区持续发展的核心与“软件”；而时尚创意产业也需要房地产产业配套基础“硬件”，比如便利的交通、可靠的物业等，以促进产业融合下产业价值链的形成。

3）应抓紧制定聚集区管理机制措施。时尚创意产业健康发展需要有规范化的空间载体，政府在初期改造或新建聚集区时，应充分考虑市场因素，以市场机制为导向，在采用市场模式规划产业发展的同时，也要制定并落实园区相关管理措施，设定相关机制引导企业规范健康发展，吸引更多相关企业入驻，扩大时尚创意产业集聚效应。

4）警惕新鲜概念引发的泡沫。时尚创意地产作为新兴产业，已然引起了各界的广泛关注。表面政策鼓励下的良好趋势容易造成投资者趋之若鹜的现象，一个尚未成熟的产业发展过程中缺乏完善的机制设计，可能引发投资热的泡沫，如果政府部门不能对时尚创意地产开发的项目进行有效管制与监控，可能造成概念题材的膨胀与制度跟不上的尴尬局面，势必影响两个产业及产业融合的发展前景，造成一定的经济损失。

（2）对未来时尚创意产业地产发展的展望。新事物的诞生，有其必然性，而新事物的发展，也会逐渐得到普遍认可。我们怀着对上海时尚创意地产的展望，相信它的兴起将印证产业融合对经济发展的重要性作用。

1）前景空间巨大。据上海创意产业中心的统计，沪上有近 4000 万平方米海派风情的老厂房、老仓库处于闲置或被廉价出租，有的甚至面临被拆除的境地。这些旧园区经过改造，有着一般商务办公楼无法比拟的优势，老厂房和老仓库挑高的空间设计，使改造者可以有自由发挥的余地，根据自己的需求分隔空间进行办公。旧区改造成的时尚创意地产大多位于上海内环中心城区，交通便捷，而且周边的各种配套也已经非常齐全。从房地产开发商角度，上海市中心土地资源极度匮乏，房价地价逐年攀升，成本之高限制了很多潜在地产商的投资。而通过对旧建筑进行改造可以节约大量的土地成本，作为一种新型的投资方式，可以走出一条地产开发的创新之路。

2）时尚创意地产的投资风险比较小，投资回报较高。由于时尚创意关联产品技术的边际效用呈现非递减规律，在考虑投入与产出的关系时，就更能有效发挥最大化产值。在旧的建筑上注入新的创新元素，是文化附加值渗透到房地产的表现。典型的旧工业区改造，所投入的改造成本也相对较低，所涉及的投资风险也较小。而相应地，地产商可以从时尚创意园区的出租中获取一定的租金，也可在产业聚集区增值过程中获取差价回报。时尚创意地产具有强大的市场开发潜力与高额的投资回报，相信在社会倡导自主创新的氛围下，政府大力支持与合理管制下，时尚创意地产一定能为上海创造出越来越丰厚的经济价值与社会效益。

第四章

海派时尚产业价值创新能力的研究意义

千百年来，人们对于美和艺术的追逐，对于更高生活质量乃至更高社会地位的追求，使得“时尚”二字成为一种难以言表的状态。时尚不仅是一种物质上的标志，更是一种精神上的符号。难怪哲学家毕尔斯把“时尚”称作“暴君”，认为“聪明人虽然嘲笑它，却要服从它的命令”。拿破仑直到临死之前都没有明白，他穿紧身裤从而引领的时尚，竟然是他致死的主要原因。迄今为止，对“时尚”这种现象的研究，涵盖了社会学、心理学、哲学、美学、人类学、传播学等众多学科。尽管时尚经济早已渗透人们生活的方方面面，但是，鲜有文献涉及时尚产业及其发展趋势的内容。因此，只要人们坚持对美和对艺术的追求，对时尚和时尚产业的研究也永远不会停歇。

第一节　研究背景与问题的提出

1908 年，E.A.罗斯在其著作《社会心理学》中首次对时尚进行研究。从此，关于时尚与时尚产业的研究方兴未艾，这些研究也逐渐成为社会学、历史学、哲学、心理学等学科的研究时尚。以往国内外学者对时尚产业的研究，主要集中在其艺术性特征（King C.W.，1963；Summers，1970；Grindereng，1967；Reynolds

和 Darden，1972）、人文性特征（南博，1957；孙本文，1946；时蓉华，1989；乔治·齐美尔，1988；周晓虹，1994；H. Blumer，1969；藤竹晓，1995；Baudrillard，1983；Bourdieu，1993）和结构与层次性特征（Priest A.，2005；赵磊，2006；高骞，2009）三个方面。

近20多年来，随着后工业化时代人们对于经济过快发展带来负面作用的反思，使得经济研究的热点逐渐趋向人文性、艺术性。产业经济、区域经济、城市经济理论的逐渐成熟与完善，也使得对时尚产业的研究逐渐延伸到生产、消费、零售和品牌等领域。许多学者指出，产业价值链、产品供应链的研究对时尚产业至关重要。诸如 King R. E. 和 Hodgson T. J.（1998）提出“快速反应系统”是时尚产业能否实现最优产出的关键要素；Christopher M. 和 Lowson R.（2004）则将“快速反应系统”具体化，认为“弹性供应链”是时尚产业供应链发展的趋势。祝煜明（2003）则认为，信息化可以解决时尚产业生产者、零售商和消费者之间的信息沟通问题。这些学者的研究都认为，时尚产业所面对的消费群体、消费要求具有极大的易变性，对于产业链上下游、各环节前后端的沟通与衔接的研究，是明晰时尚产业组织发展趋势的、具有前景的研究方向。

为此，有学者提出将模块化理论与时尚产业组织研究相结合。较早研究时尚产业模块化运作的是美国北卡罗来纳州立大学纺织学院的学者 Carol G. Carrere 和 Trevor J.（1989），他们认为在反应型顾客参与、时尚预测决定市场份额的体系下，尽管服装行业并未处于新科技发展的前沿，却可以通过模块化的运作为自己带来创新价值。国内学者徐宏玲（2006）总结了组织模块化形成及运行机理，认为时尚产业中的服装业可以进行产品模块化、组织模块化和市场模块化的运作。

然而，基于模块化理论的时尚产业组织研究仍然处于起步阶段，并且大多沿袭了某一个单一产业比如创意产业、服装行业是否能够通过模块化取得发展优势的思路，在以下三个方面存在不足：首先，对时尚产业组织影响要素的归纳往往偏重一个或者几个方面，系统性和层次性尚欠；其次，大部分研究都只针对本国时尚产业，鲜见时尚产业组织的国际性比较与分析；最后，对时尚产业组织发展的研究深度不足，尚未发现有文献解读时尚产业组织蓬勃发展的原因及其动力问题，也没有对于时尚产业组织价值创新形成、发展机制的有力解释。

时尚产业是典型的都市产业，跨越高附加值制造业与现代服务业的产业界限是多重传统产业的组合（苏葆燕，2011）。综观全球时尚产业的发展，以五大时尚之都为代表，时尚产业均体现出了发展极其迅速、对经济拉动作用强的特点。

这些城市的时尚产业组织不仅巧妙地将历史、文化、心理与经济相结合，还以时尚节事作为契机，将本土的时尚文化和诉求传播到世界各地，从而成为时尚产业发展的风向标。目前，落后的理论研究与蓬勃的现实发展并存的局面，使得对时尚产业理论研究的需求日益突出。

时尚产业在中国的发展如何呢？根据《中国时尚产业蓝皮书 2010》的总结，虽然 2008 年经济危机对中国经济造成冲击，但是时尚产业依然发挥了“口红效应”，实现逆势上扬。时尚产业[①]中的四大主力行业——服装、珠宝、化妆品和箱包，都呈现出迅猛发展的势头，如表 4-1 所示。

表 4-1　中国时尚产业（四大子产业）销售额（2007~2011 年）

单位：元

项目 \ 年份	2007	2008	2009	2010	2011
服装类（包括鞋帽、针纺织类）	74167067	86259352	104909366	137257788	185579935
珠宝类	6253901	9383633	13571343	22025375	33052008
化妆品类	7109344	9692885	11970533	13984734	17839992
箱包类	6591000	7543000	8780000	11020000	12800000
总销售额	94121312	112878870	139231242	184287897	249271935

资料来源：国家统计局官方网站。

表 4-1 说明了以服装（含鞋帽、针纺织类）、珠宝、化妆品和箱包为代表的时尚产业销售额的具体数值，图 4-1 则以柱状图的形式表现了这些销售额的状况。

图 4-2 将服装类、珠宝类、化妆品类、箱包类的销售额增长状况列出，其中，珠宝类产品的销售增长数值最高，时尚产业总增长率也维持在 20%以上，远高于 GDP 增长率。

该蓝皮书还预测，随着人们对时尚产品要求的提高，围绕服装进行的时尚消费，使得中国不仅将成为最大的制造基地，也将成为时尚产品追逐市场份额的对象。目前，中国已经是全球第二大珠宝制造基地，预计将以 15%以上的速度实现

① 关于时尚产业的界定，将在第五章做具体阐述。

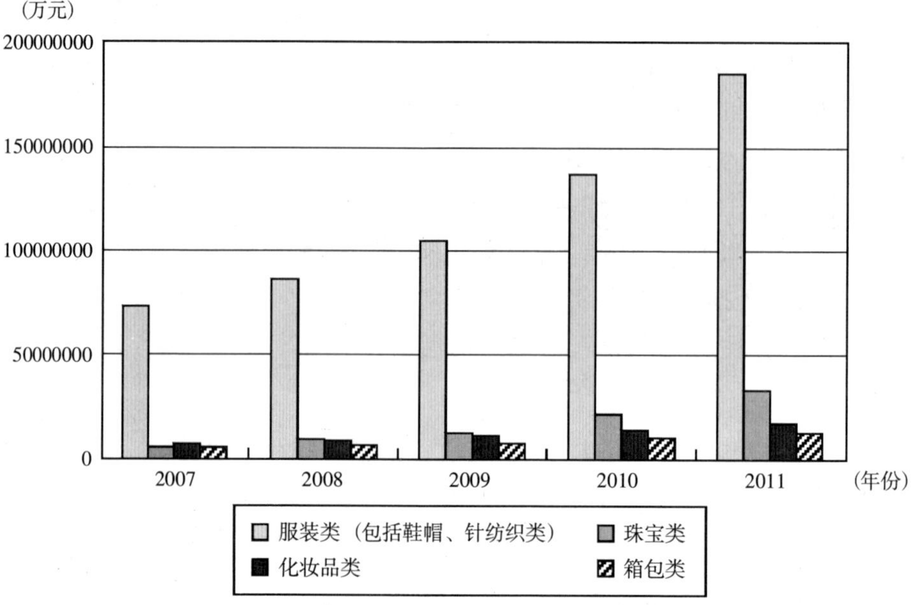

图 4-1　中国时尚产业（四大子产业）销售额

资料来源：国家统计局官方网站。

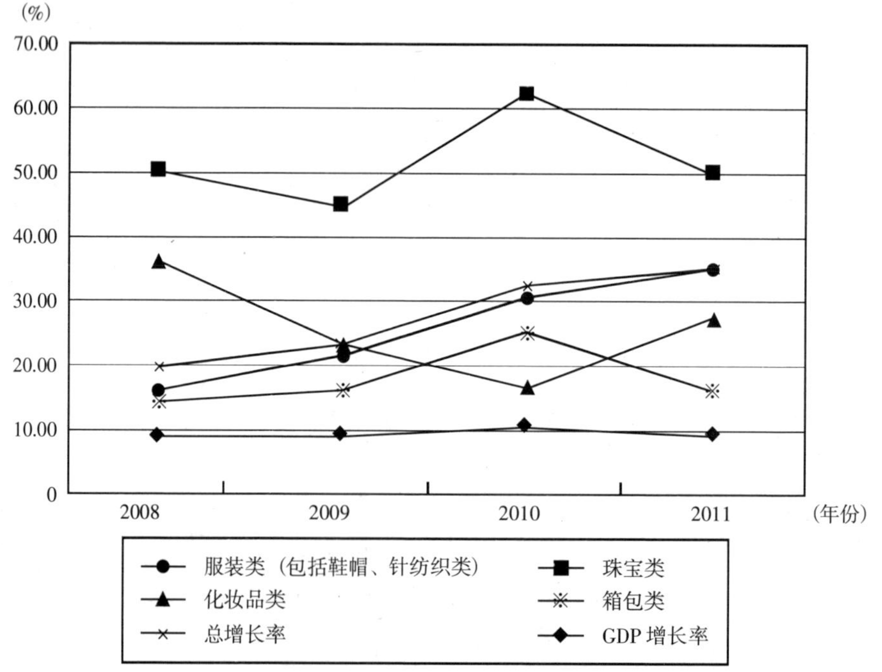

图 4-2　中国时尚产业销售增长率与 GDP 增长率比较

资料来源：国家统计局官方网站。

增长，并将在 5~10 年内成为最大的珠宝制造基地，10~15 年内成为全球最大的珠宝消费市场。中国有望成为全球珠宝首饰加工和消费中心之一，也将成为全球的珠宝贸易中心之一。在化妆品行业，2010 年 1~10 月，中国化妆品销售额达到 717 亿元，同比增长 16.2%，已成为仅次于美国和日本的全球第三大化妆品消费市场。

聚焦上海，早在 2008 年 9 月，上海市人民政府办公厅向全市转发了上海市经信委、市发改委制定的《上海产业发展重点支持目录》，其中的“生产性服务业”明确了“时尚产业”的条目，并明确其作为产业发展的导向。2009 年 9 月，上海市政府发展研究中心经信委都市产业处开展“上海打造时尚之都”专题调研，有关时尚产业的相关研究逐渐得到重视，大力发展时尚产业，通过一系列政策保障时尚产业的发展，已经成为学界共识。上海作为中国时尚产业发展速度最快的城市，尽管在发展成为“世界时尚展览展示中心、亚太时尚体验消费中心、东方时尚创意中心”的道路上取得了很大的成果，但是其时尚产业的设计、生产制造、营销与服务等环节仍然远远落后于世界五大时尚之都。

第二节 研究的目的与意义

时尚产业在时尚之都的发展规律如何？上海时尚产业与五大时尚之都的差距何在？上海如何借鉴时尚之都的发展经验来发展本土时尚产业？这是本部分着重探讨的问题。这些问题的解决有赖于三个方面：

首先，必须找到一个有别于以往的理论依据，帮助我们从更深层的角度剖析五大时尚之都发展所具备的要素。很显然，传统的产业价值链理论、区域经济理论已经不足以支撑更深入的研究。为此，本部分将拓展时尚产业的研究领域，使其从侧重产业经济学和区域经济学向管理科学和组织行为学的方向拓展，使内涵不断更新的时尚产业组织理论与模块化理论相结合，有利于形成时尚产业新的研究体系。

其次，时尚产业在五大时尚之都的发展，既有共性，又有个性，如何通过调研材料，对其进行合理的界定、分类，并且如何通过合理的理论演绎，明晰其组织价值创新的过程和机制？在这一过程中，又有哪些发展经验可供借鉴？

最后，通过与时尚之都组织模块化发展要素及其机制的比较，找到上海时尚产业与先进城市的差距。即上海时尚产业发展具备哪些要素，缺少哪些要素，其组织模块化价值创新如何实现，上海时尚产业所具备的本土特点对于时尚产业的促进发挥什么样的作用？

本部分选取模块化理论作为新视角，借助创意产业、服装行业等产业经济学的文献支撑，运用定量与定性相结合的实证研究方法，详细探究时尚产业组织价值创新要素以及这些要素对价值创新的影响机制，以对上述具有理论创新和现实指导意义的三个方面的问题进行一定程度上的理论突破，力求为将上海打造成为世界性的“时尚之都”提供理论基础。

第三节　研究内容与技术路线

本部分依托模块化理论，在对五大时尚之都时尚产业组织发展特点进行详细调研的基础上，结合上海时尚产业组织发展的具体情况，围绕以下内容展开研究：

（1）时尚产业组织模块化分解与重构研究。首先从时尚产业组织模块化分解的可行性、驱动力说明时尚产业具备模块化分解的可能；其次从微观、中观和宏观解析时尚产业分解的过程与机制；最后从模块化结构、生产方式和重构过程三个方面阐述模块化重构给时尚产业带来的创新动力和组织价值变化。以快时尚为例对时尚产业组织模块化系统要素所进行的模块化重构和价值创新进行研究。

（2）时尚产业模块组织价值创新要素及其影响机制研究。以时尚之都的时尚产业为例，提取时尚产业组织模块化价值创新要素，分析其创新机制。首先分析产业组织价值创新方式的类型，说明模块化价值创新对时尚产业的意义；根据模块化原理对初步调查问卷进行设计，完成时尚产业在时尚之都发展状况的调研。依据调研资料，提取模块化要素，并对这些要素进行归纳整理，认为这些要素通过信息传递、结构优化和知识溢出三大效应实现时尚产业组织模块化价值创新，在此过程中，不断有模块和模块化要素被淘汰，产生新的模块和模块化要素，投入到时尚产业价值创新，实现价值创新的不断循环。

（3）时尚产业组织模块化价值创新能力评价研究。利用五大时尚之都时尚产业组织模块化价值创新要素及其影响机制的研究成果，采用主体要素、市场要素、制度要素和辅助要素作为主要指标进行第二步调研，采用模糊灰色综合评价方法，构建价值创新能力评价模型，并对纽约、伦敦和上海的时尚产业组织价值创新能力进行实证，说明上海和先进城市之间的差距。借助边际效用值作为分析手段，帮助各个城市时尚产业进行内部比较，为后续分析打下基础。

（4）上海时尚产业组织模块化价值创新能力评价与对策分析。对上海时尚产业组织模块化价值创新能力进行评价分析，利用边际效应值作为分析手段，对各个要素逐一进行比对和评价，提出改进措施。结合上海时尚产业模块化要素发展的具体情况，对其时尚产业组织下一步发展提出政策建议。

第五章

模块化与时尚产业国内外研究现状

第一节　模块化理论研究述评

一、模块化理论产生的背景

模块化思想起源于亚当·斯密（1776）的制造业分工理论。有关模块化理论起源的著作，目前公认的有两本，一是奥地利著名建筑学者克里斯托弗·亚历山大（Christopher Alexander，1964）所著《形式综合论》，认为“将一个大型设计分解成几个主要部分，然后切断各个部分之间的关系，就可以将那些难以应付的设计问题变成可以控制和解决的问题”。二是美国知名教授、1978年诺贝尔经济学奖得主赫尔伯特·亚历山大·西蒙（Herbert Alexander Simon）的论文《复杂性的架构》（The Architecture of Complexity），他以钟表业为例，说明组件（模块）设计的重要性。尽管这二者都没有直接使用“模块化”这个词汇，但是他们都运用一个形象的比喻来阐述这个概念，即模块化的过程就是把一个复杂系统分解成一系列标准独立子系统的过程。

模块化思想对工业技术的发展所做出的贡献是巨大的。20世纪20年代，德国联合车床制造厂就将主轴箱设计成包括 63 个不同齿轮的模块化系统，这些模块可供用户选择、组合成 60 种不同的传动系统。到了 20 世纪 50 年代，欧美一些国家正式提出了“模块化设计”的概念，自此，模块化设计开始受到广大研究者的重视。随着信息技术的发展和进步，以及产品结构和市场需求的日益复杂，“模块化”的设计思想在很多领域有了更为广泛的运用。日本马自达公司与其供应商合作，把模块发展到了座舱远程通信模块和集车灯、扶手、遮阳板于一体的车顶系统。沃尔沃则出现了包括驾驶杆、踏板、空调装置及各类电子元件在内的驾驶舱操作集成模块。通用电气公司更进一步，按照模块化原理重新设计其断路开关箱，用 1275 个通用构建代替了 28000 个独立零件，可以形成 40000 种不同的配置组合，从而满足顾客的个性化需求。

技术模块化推动了企业组织结构的模块化，随着电子通信、计算机等信息技术的不断发展和模块化生产方式的日益流行，迫切需要企业组织适应这种变化的趋势。模块化在手表制造、飞机制造、汽车制造等制造行业以及金融、快餐信息服务等行业被广泛应用，并日益显示出强大的威力的趋势，1997 年，美国哈佛大学商学院院长吉姆·B. 克拉克（Kim B. Clark）和卡利斯·Y. 鲍德温（Carliss Y. Baldwin）联合在《哈佛商业评论》上发表了《模块化管理》的论文，现代社会已经进入了模块化大发展时期，模块化将对产业结构调整产生革命性的意义。2000 年，这两位学者又合作出版了专著《设计规则：模块化的力量（第一卷)》，首次对模块化理论进行系统论证。他们运用期权理论论证了模块化的价值，从 IBM 首创的模块化设计到计算机产业结构的飞速升级和持续创新，详细分析了模块化的设计规则如何培育模块簇群、推动产业升级的。该著作提到，模块化的设计不仅可以创造选择权，还可以进行系统的演进。日本学者青木昌彦（2003）在《模块化时代：新产业结构的本质》中综合了日本和美国关于模块化理论的前沿研究成果，标志着模块化理论研究进入组织形态阶段。

总体来看，模块化理论的产生背景主要有两个方面：一是外生性要求，即产品设计、生产、技术的分工变革以及高效合作要求进行模块化操作，同时使得企业组织结构对外部环境产生反应，形成组织模块化；二是内生性要求，即分工经济、大规模定制所要求的“持续创新+敏捷制造”的特征，使企业纵向一体化的层级组织结构无法对市场的多样化需求做出快速反应，最终不得不实施“归核化”战略，组织模式的发展方向为模块化结构，体现为内生自然演化的结果。具体来看，外生性动因来自于信息技术革命的背景和知识经济时代的到来，使得产业结构发生根本性变革的要求。模块化不仅成为产品设计层面的主导潮流，还进一步影响到组织设计层面。模块化的严谨遵循“技术模块化→产品模块化→产业模块化→组织模块化”的发展道路，组织也在这一演化过程中逐渐显现出组织模块化的雏形。Sanchez 和 Mahoney（1996）在著作《生产和组织设计的模块性、柔性与知识管理》中指出，“模块化的产品设计需要企业组织设计的模块化”，模块化的产品设计思想和方法直接促进了组织模块化的产生。内生性动因则体现为四个方面。首先，分工经济在社会化大生产时代进入全球性分工阶段，要求企业进行更为有效率、更为系统的分工。技术的发展使得分工出现可模块化特征，企业从相对独立的业务结构单元中更容易被分解出来，形成一个个独立的组织模块化。其次，信息技术推动组织变革的演进。信息技术发展使得原有分工组织之间的沟通更为顺畅、更具有弹性、更具备经济性。产品价值链中所蕴含的信息由原来的一元化向多元化发展，迫切需要组织模块化对信息进行系统化处理。因此，信息强度的大小，往往决定了模块化程度的强弱。再次，职能科层制自身存在的问题是组织模块化出现的主要内因。传统纵向一体化的结构无法圆满完成信息顺畅沟通、迅速适应市场的需要，当松散的企业联系方式代替层级式的结构时，组织系统逐渐趋向模块化。最后，价值链形态演变以及价值链的放松，使得企业之间界限日益模糊。随着模块化技术的广泛采用，一方面是协调生产的市场和组织不断模块化，另一方面是垂直一体化企业的组织结构也在不断松散，并且以知识和交易等意识能力要素所决定的价值生产方式越来越成为经济发展的主导。

二、国内外关于模块化的研究成果

目前关于模块化理论的研究主要集中在三个领域：

（一）侧重于产品设计领域的模块化

Parnas（1972）认为模块化是复杂系统组织在软件设计上的必然要求。Henderson 和 Clark（1995）、Baldwin 和 Clark（2000）、Ulrich（1995）认为产品设计的模块化是社会化大生产的自然结果。吉姆·B. 克拉克（Kim B. Clark）和卡利斯·Y. 鲍德温（Carliss Y. Baldwin）认为，“模块化”是指通过每个可以独立设计的，并且能够发挥整体作用的更小的子系统来构筑更加复杂的产品和业务的过程。模块是复杂系统分解和整合的基础单元，而模块化是在劳动分工和知识分工的基础上，通过模块分解和整合，把复杂系统分解为相互独立的组成部分。他们把模块化看作是设计复杂的产品或者过程的有效战略之一。在可以实行模块化的生产中，存在“看得见的信息”与“隐藏信息”两种不同的信息。其中，联系规则属于“看得见的信息”，分散在全球不同地区的设计队伍必须完全服从这些规则。设计规则又可以分为结构、界面与标准三种。同时，联系规则一旦确定，每个模块的设计和改进都独立于其他模块的设计和改进，即设计每个模块所必需的信息处理过程能够包含在模块内部，被“隐藏”起来。各个设计部门对模块里“隐藏”的信息具有完全的处理权。通过模块化，可以把设计、制造任务分配给不同的团队，让他们独立完成任务。在模块化的过程中，既有同一模块间的水平竞争，也有系统内不同模块间的垂直互补。技术差异构成水平替代的关键，联系规则决定了模块垂直互补的效率。模块的选择，由专业化的系统集成企业来做，一般只有具备最优市场价值的模块才得以选中。

目前关于产品模块化的研究成果如表 5-1 所示。

表 5-1　产品模块化理论研究成果

作者	时间	主要观点	评论
石井	1995 年	模块化产品设计就是一种“努力适应顾客广泛偏好，同时满足这种偏好的整个产品生命周期的成本最小化”。模块化帮助企业设计出相似性很高的产品，同时在产品生命周期的后期尽可能地保持产品的变化	将模块化理论与产品生命周期相结合，提出模块化可以减少成本，但对模块化产品设计的优势没有进一步深入
童时中	1995 年	模块化就是为了取得最佳效益，从系统观点出发，研究产品（或者系统）的构成形式，用分解或组合的方法，建立模块化体系，运用模块组合成系统的过程	强调模块化的物理特性和系统性，但是没有深入解释规则、联系与界面的作用
Sanche 和 Mahoney	1996 年	模块化是一种特殊的产品设计形式，这种设计在不同的物理部件之间采用标准化的界面，以尽可能地保持产品结构的特性	强调模块化的物理性质，对界面进行了解释
Aoki 和 Takizawa	2000 年	模块化过程是一个复杂的系统分解为近似自治的子系统的过程。通过将复杂系统划分模块，可以节省信息处理和信息传递的成本	强调模块化过程中信息的功能
Berlassi	2002 年	模块化是一个将复杂系统进行分解和整合的动态过程	
Langlois	2000 年	模块化是管理复杂事物的一整套规则，可以将复杂的系统分成彼此独立的部分，即模块。虽然各个模块是独立设计的，但是可以发挥作用，并且各个模块在结构内部可以通过标准界面进行交流	强调模块系统内部的交流
Huang 和 Kusiak		在模块化产品和系统设计的通用理论的指导下，通过按照特定的规则变换，最终能够实现产品模块的最佳方案。因此，“模块化理论尤其适合新产品或者产品模块的集成化开发”	将模块化理论和神经网络开发相结合，开创了模块化复杂化研究的开端

续表

作者	时间	主要观点	评论
钱平凡、黄川川	2003 年	模块化是从系统分解与集成角度所提出的一个概念，是将自律性和半自律性的系统按照一定的规则进行分解进而相互集成成为更加复杂的系统或者过程	提出模块化与系统集成之间的关系
浅沼万里	1997 年	以丰田公司为代表的日本汽车企业在确定了产业内部共同的技术界面后，将汽车相关零部件的设计交与供应商，舵手企业只负责规则制定和技术核定工作。在这样的协议网络框架体系下，设计过程在供应商那里被“浓缩化”，生产系统各个不同模块的设计可以同步进行，进而大大缩短了产品设计的时间，提供了技术革新的速度。同时，这种舵手企业与重要零部件供应商之间存在的设计上的模块化正是日本汽车产业保持竞争力的源泉	将“丰田模式”的舵手的作用明确化，说明日本企业模块化进程对其竞争力的贡献
Lapp 和 Golay	1997 年	在以核电站为研究对象的实证研究中，在产品模块化设计和生产制造中引入成本惩罚指数，建立了一套独特的模块化设计理论。研究结论表明，模块化设计不仅提高了核电站的设计质量，而且大大节省了成本	提出模块化设计对于大型企业的作用
青木昌彦、安腾晴彦	2003 年	模块化操作符的任何变化都可以引起产品创新，按照从渐进到突变的顺序可以划分为组合创新、界面创新和标准创新。结果是，在所有的产业中，产品本身的模块性都会提高国际竞争力	模块化的经典之作，对模块化从原理、运作规律到发展历程进行比较全面的描述

（二）侧重于企业和组织层面的模块化研究

表 5–2 组织模块化理论研究成果

作者	时间	主要观点	评论
尹建华、王兆华	2008 年	企业模块化战略的实施过程及其对企业绩效的影响	
童时中	2000 年	狭义模块化指产品模块化，内涵包括系统具有清晰的多级的模块层次结构和模块具有功能互换性或者尺寸互换性两个方面；外延指由模块组合成的模块化产品。广义的模块化指的是事物的构成具有清晰的层次性，“构成单元”的功能具有典型性和通用性，其外延是指一切具有典型通用单元组成的事物	认为产品模块化是组织模块化的必然阶段，对产品模块化的内涵和外延进行论述，用单元来表述模块的功能，具有一定局限性
青木昌彦、安腾晴彦	2003 年	认为模块化包括模块分解化和模块集中化两个过程：模块分解化是将一个复杂的系统或者过程按照一定的联系规则分解为可以进行独立设计的半自律性的子系统的行为；模块集中化是指按照某种联系规则将可进行独立设计的子模块统一起来，构成更为复杂的系统或者过程的行为	系统阐述组织模块化运行机理

续表

作者	时间	主要观点	评论
Sanchez 和 Mahoney	1999 年	从企业竞争战略和竞争优势角度出发深入分析了模块化产品和企业组织架构的影响，认为企业在产品和市场竞争中取得的优势地位的关键在于对产品、组织和知识架构的有效管理	阐述的角度很有意义，但是对产品、组织和知识架构的有效管理没有做具体说明
Fine	1998 年	模块化将改变行业竞争格局，生产、流程和供应链结构的完善将促进产业竞争格局的改变，并将促进供应链管理能力在企业竞争中的作用	强调模块化对供应链的作用，但缺乏具体案例
Schilling 和 Steensma	2001 年	企业采用三种组织模块化模式：外包合同、替代性工作安排和联盟，并在此基础上构建一个分析企业组织模块化模式的理论框架	对组织模块化结构的设计原理进行说明，对组织模块化理论做出贡献
Langlois	2002 年	从组织层面来看，企业的外购行为使模块化的产品设计和生产模式变成了柔性组织的同义词，如果生产流程需要小组生产或者较高的专用资产，那么非模块化结构就会出现；否则模块化的机构对企业更有利	说明外包等组织形式与组织模块化形式的不同，说明组织模块化的适用性
Sturgeon	2002 年	美国范式的高效率的企业生产组织形式在其本质上就是一种组织模块化结构	
Baldwin 和 Clark	2002 年	由于研究开发的高度不确定性，让几个单位（小企业）对个别模块的革新同时展开竞争，虽然出现资源的重复投入，但在整体上对社会来说是有效的	组织模块化的经典之作，系统阐述组织模块化的分解与重构过程。强调竞争与合作对于组织模块化的重要性
李海舰	2004 年	组织模块化是各个高度自律性的分部，相当于一个个“内部市场”，在不违反界面联系规则的前提下可以自主创新，而不是传统意义上完全依附于总部的科层单位	强调组织模块化创新的本质是在联系规则前提下的自主创新
徐宏玲	2006 年	价值链形态演变以及价值链边界的放松是组织模块化形成的主要原因之一。企业能力要素的模块化是组织模块化的基础和前提，另外，与产品模块化密切相关的模块化技术在企业演进层面表现出的渐进性、连续性，和在产业演进层面表现出的突变性和非连续性，也进一步诱发了组织模块化的产生	对组织模块化的价值创新机理进行全面阐述
Brusoni 和 Prencipe	2001 年	从外生性动因的思考出发，认为知识经济的到来使产业结构发生根本性的变化，信息技术的发展使组织模块化变革的出现成为可能。模块化不仅成为在产品设计层面的主导潮流，并且进一步影响到企业组织设计层面。那些信息量越大，信息强度越高的产品价值链中，需要越来越有可能形成模块化。因此在知识密集型行业的企业中最容易形成组织模块化	系统阐述组织模块化的信息化、知识化特征。但是对其他特征没有深入
Gangnes 和 Assche	2001 年	分析了产业模块化对生产组织的作用，并研究了促使生产组织形式改变的基本要素	
Magnussion 和 Lindstorm	2003 年	从创新角度出发，对组织模块化架构与模块化创新进行了研究，研究结论表明，模块创新是一种新技术的革命性创新，而架构创新则是对产品模块化配置的改变	强调模块化是一项技术性的创新，组织模块化是对模块化产品的延续

续表

作者	时间	主要观点	评论
芮明杰、刘明宇	2006年	从模块化的发展过程来看，模块化最初起源于产品设计，后来扩展到产品生产，最后发展成为产业链组织方式。模块化生产是对传统生产方式的革命，是从生产工艺分工及组织到产品功能分工及组织的巨大变化，这种变化会导致产品链、价值链和知识链呈现网状结构	强调组织模块化是生产工艺分工的产物，对其可能的结构进行了描述

（三）网络层面的模块化研究

随着模块化技术逐渐成为产品创新的主导技术，组织模块化日益为企业所采用，基于模块化设计规则、面向外部合同制造商的外包子系统的不断成熟，新的生产组织形式——模块化生产和制造网络出现了。目前，研究焦点集中于大型垂直一体化企业如何利用模块化企业的资源实现协同效应，完成复杂产品的设计、生产和整合，进而提升模块化企业乃至网络的创新能力和竞争力，如表5-3所示。

表5-3 模块化网络理论研究成果

作者	时间	主要观点	评论
Benassi	2002年	模块化生产网络是以模块化为基础的企业生产网络，打破了包揽企业生产的模式，产业模式的变革	比较正式地提出模块化生产网络。但是没有说明这种网络和市场组织方式有什么不同
李平、吴建四	2004年	模块化生产网络是由许多生产模块化加工单元的企业组成。网络的每个企业都是标准零部件制造或者软件设计的专业化企业，网络企业之间密切合作，并且与网络用户企业之间建立起互相依存的生产关系	强调模块化生产网络的依赖性
Somaya和Linden	2000年	模块化生产网络包括由舵手企业协调的辐射型网络组织和由中小企业组成的模块集群化网络组织。前者是在舵手企业的协调下，各个模块制造商负责设计、制造各个产品模块，最后由舵手企业统一整合成最终产品；后者是大量的中小企业集聚于某一特定的地理空间，共同从事模块化产品的设计和生产而形成的网络状产业组织	对模块化生产网络的两种分类，是模块化生产网络研究的基础
Sturgeon	2004年	模块化生产网络是价值链的模块化，它由默认行为的节点组成，这些节点通过交换的规范化信息连接，创造出全球规模的制造系统	提出模块化网络组织的“节点”概念

续表

作者	时间	主要观点	评论
雷如桥	2004年	提出适应当前模块化生产和消费趋势的三种组织模式：一体化的企业组织模式、舵手企业协调下的网络组织模式和模块集群化的网络组织模式。模块集群化的网络组织是指大量的模块制造商和模块整合商集聚于某一特定的地理空间，共同从事模块化产品或者服务的设计、制造和整合。并比较分析了模块集群化的网络组织模式在信息处理机制、模块协调成本以及模块整合效率等方面与其他两种组织模式的区别与联系	提出模块化生产和消费的三种组织形式，对这三种组织形式的组织效率进行分析，为组织模块化创新研究定下基调
Clark 和 Fujimoto	1991年	强调企业经营是以组织模块化为基础，以整个合作生产网络为单位，而不只是局限于单一企业内部，要以整个组织协作生产网络为基础来构建企业的知识流的互换和知识连接体系	强调模块化网络组织的协调性
领二郎、池田信夫	1995年	知识（设计）与产品的模块化是信息交换与交易的网络化相辅相成、共同发展的。模块化对于产业结构升级具有重要的战略意义。他们还以互联网产业为例指出，与企业依靠自身力量单独发展一整套技术相比，企业在遵循共同技术的前提下，把技术的相关要素进行模块化分解，其他部分通过与外部其他企业开展合作，充分灵活地运用其他企业的核心能力，这种企业战略既能对市场变化做出迅速反应，又能适应模块化产品的升级换代，生产出满足市场需求的不同产品，因此将更具有优势	系统阐述模块化分解的过程和技术分解在其中的作用
Schiling 和 Steensma	2001年	模块化生产网络形成的动力机制包括三种力量：拉动力（需求的多样性、投入的多样性）、推动力（技术变革、技术选择的多样性和公司能力的差异性）和催化力（技术标准的获得性、技术变化的速度和竞争强度）	系统分析模块化生产网络形成的三种力量，提出对这三种力量有影响的要素
Sturgeon	2002年 2004年	通过对美国电子产业中合作制造例子的研究，分析了模块化生产网络的形成过程，提出了出现在美国的一种新型产业组织模式——生产网络范式，并进一步对比分析了美国的模块化生产网络与日本的外包生产网络、意大利的合作生产网络以及钱德勒意义上的现代公司在结构、治理和效率上的差异，并指出近年来美国产业竞争力的回升、模块化生成网络的形成和发展功不可没	强调模块化生产网络对美国产业竞争力提升的意义
苟昂、廖飞	2005年	随着价值链的延伸、分解和网络化，企业的内部网络和外部网络联结起来，形成一个开放的价值网，价值的创造、交换和共享分布在整个网络中，企业通过加入这个网络能够充分整合并利用其他企业的优势资源，获取新的竞争优势，加速实现整体的市场目标	将组织模块化的内外部网络系统，通过价值链的方式进行融合
徐宏玲	2006年	模块化生产网络是以产品的可模块化为前提，用关系将生产和组装模块的企业连接起来形成的开放式网络组织，是适应模块化技术而兴起的新型组织形式	强调组织模块化的连接功能

通过对模块化产品、组织模块化、模块化网络的文献梳理，可以发现，模块化理论的研究有四个特点：一是遵循模块化产品、组织模块化到模块化市场的研究脉络，对模块化理论的发展过程进行总结，重点是对产业模块化过程中的分解和重构做出系统阐述；二是对模块化涉及的产业进行的研究，主要涉及模块化程度较高的美国和日本的产业，既包括计算机、飞机、汽车、船舶等制造业，也包括服务性行业比如IT、金融业等；三是针对模块化产业内部运行规律的研究，包括运行规则、界面设定、公开信息和隐藏信息、竞争机制等；四是对组织模块化性质和功能的研究，包括组织模块化的前提、具体属性、适用产业，功能方面主要包括模块化对技术、组织架构的创新作用。

总的来看，国内关于模块化的研究起步比较晚，主要还是总结美国、日本具有影响力的模块化理论的成果，对国内计算机、汽车行业等产业的模块化发展做出了贡献。但是综观国内外关于模块化产品、组织模块化和模块化网络的文献，对制造业的研究较多，对服务业的研究也仅局限于信息化程度较高的产业。面对目前迅猛发展的新兴产业如创意产业、时尚产业，研究成果寥寥无几。说明这方面的研究有待深入。

第二节　时尚与时尚产业相关研究述评

一、时尚相关理论研究

时尚，英语为“fashion”，意为时髦、时新、流行、新潮、风尚、摩登。对时尚进行科学的描述和研究，最早由社会学家进行，之后拓展到心理学、文化学、历史学等领域。总结来看，主要有以下四个方面。

（一）时尚的社会群体研究

18世纪中后期，欧美社会学者提出社会程序（Social Process）的概念，并以此为依据对时尚进行界定。其中，凡勃伦（Thorstein Veblen）和齐美尔（Simmel）的研究是典型代表。凡勃伦提出，时尚是为了满足特定群体炫耀性消费才产生的。齐美尔对时尚的研究具有标志性的意义，其所著《时尚的哲学》最早对时尚阶层进行研究，提出时尚一旦被上层阶级采用，低一级的阶层就会模仿，直到时尚下行到最低的阶层，即“由上至下”的顺流理论（Trickle-down Theory）。奠定了时尚社会学研究的理论基础。Katz 和 Lazarsfeld（1955）、King（1963）都提出大众市场理论（The Mass Market Theory），认为大规模生产和大众传播的结合，使得新样式能够同时提供给所有的社会经济阶层，因此时尚可以在每一个阶层之间同时扩散。时蓉华（1989）认为，流行亦称时尚、风尚，平时讲的“热”、“时髦”、“时狂”等都是流行的不同表现形式。它是一种群体性的社会心理现象，是指社会上许多人都去追求某种生活方式，使这种生活方式在短时期内到处可见，从而导致人们彼此之间发生连锁性感染，即所谓“一窝蜂”现象。周晓虹（1994）结合中国古代时尚现象，描述了古代富裕阶层如何用炫耀性消费使自己区别于大众，系统论述了时尚群体的社会特性，她认为树异于人和求同于人，这是人们追求时尚的心理学动机。

图 5-1 凡勃伦及其作品《有闲阶级论》

（二）时尚的行为主义研究

H. Spencer（1957）认为，时尚是“一种特有的社会的现象，它由我们的社会性在一定条件下的行为表现组成”。南博（1957）认为，时尚是一定社会群体中一定数量的人们，在一定的期间和意图下，具有心理诱导性的、不约而同的群体行为。包括“物的流行、行为的流行和思想的流行”。孙本文（1946）提出，“所谓时尚即一时崇尚的式样。式样就是任何事物所表现的格式……只要社会上一时崇尚，任何有式样可讲的事物都可称为时尚”。

（三）时尚的社会价值观研究

H. Blummer（1969）认为，时尚是一种“流行的或被认可的风格”，常常被认为是“高级的做法”，以及“在某些领域具有比较高等的价值”。进一步，他提出时尚的集体选择理论（The Theory of Collective Selection），认为时尚的驱动力量不是来自于对上层社会的模仿，人们追随时尚是因为他们希望自己成为时尚的代表。同时，他总结了时尚扩散的五个特点：创新者的引领；权威中心的领导力量；历史文化的持续性；时代精神；集体品位。藤竹晓（1995）则认为，“时尚不仅是某种思潮、行为方式渗透于社会的过程，而且通过这种渗透过程，时尚的延展还包括人们的价值判断的不断改换”。

（四）时尚的社会文化研究

Bourdieu（1993）提出时尚是文化发展特有的创造力引擎。Jean Baudrillard（1983）认为时尚总是向后的，但总是在废除过去的基础之上的，灵魂的消失和形式的再生。它的恰当的现实性不是对存在物的参照，而是一种直接而总体的循环。充满矛盾的问题是，时尚是非现实性的，它总是预设了形式消失的时间，预设了一种抽象的状况。正因为如此，时尚避开了时间而成为有代表力的符号。King 和 Summers（1967）研究了时尚的风格与符号特性，提出符号沟通模型（Symbolic Communication Model），提出时尚风格具有符号的意思，用以表示阶层差别和声望，使得时尚风格的研究进入可视语言阶段。Blumberg（1974）、Field（1970）、Gibson（2006）从亚文化角度解读时尚现象，提出了亚文化领导理论（The Subcultural Leadership Theory），认为许多新的时尚是由亚文化群体如黑人、年轻人、蓝领工人和少数民族创造的。时尚从亚文化群体中出现并最终扩散到大众中。这种扩散过程可能是从亚文化创新者跳跃到上层阶级，然后再下行。

综上所述，无论是从社会学的角度还是从心理学的角度对时尚进行定义，都是围绕“时尚”现象的特点进行总结。两者从各自角度出发对时尚行为和时尚现象进行解释，无疑都是有借鉴意义的。但是其片面性也十分明显，“时尚”作为一种特定的社会、心理和历史现象，其发展规律不仅涵盖了社会学、心理学和历史学，还应包含哲学、经济学、管理学的内涵。总之，本书所论述的时尚主要包含以下几个要素：首先，时尚是以一定社会心理趋势为基础的行为和现象；其次，时尚依赖于某种权威推行并广为接受和普遍追随的行为原则、方式和规范；最后，时尚是依托一定经济学和管理学基础的文化行为和现象。

二、时尚产业相关理论研究

（一）对于时尚产业的认识

（1）时尚产业的概念。根据已发表的学术论文和著作，针对时尚产业的概念尚无定论。赵磊（2007）从审美价值的角度来定义时尚产业，高骞（2009）则从时尚消费的角度来考察时尚产业，中欧国际商学院《中欧商业评论》时尚企业研究中心所做报告《中国时尚企业蓝皮书 2008》则从行业层次的角度去研究时尚产业的内容。

（2）时尚产业的范围。时尚产业的范围有狭义和广义之分。狭义的时尚产业仅仅指对人体进行装饰和美化的行业，这也是时尚产业的核心内容。而广义的时尚产业不仅包括对人生活和工作小环境进行的装饰美化，还包括对人生存和发展中相关事物和情状进行的装饰和美化。广义的时尚产业范围如表 5–4 所示。

表 5–4 时尚产业的范围（广义与狭义）

	内涵	内容
广义时尚产业范围	对人体进行装饰和美化	时装与服饰（核心）、鞋帽衬衫、箱包伞杖、美容美发，乃至珠宝首饰、眼镜表具等
	对人在生活和工作中所处的小环境进行装饰美化	家纺用品、家饰装潢、家居用具等
	对人生存和发展中相关的事物和情状进行装饰和美化	手机、MP3/MP4、数码相机、动漫、电玩等

也有学者从时尚产业所属行业的角度来确定时尚产业的范围。《中国时尚企业蓝皮书 2008》对时尚产业进行了界定，如表 5–5 所示。

表 5–5 时尚产业的范围（行业角度）

所属行业	具体内容
时尚产品制造业	时尚休闲服装鞋帽、皮草皮具、各种饰品、名表、珠宝、香水、护发护肤化妆品、美食和消费类电子
时尚服务业	美容美发；健身旅游；流行音乐、影视摄影、动画漫画、时尚书籍杂志、餐馆酒吧等休闲娱乐产业

（3）时尚产业界定的原则。无论是从审美角度还是从消费角度来定义时尚产业，以及从范围或是行业角度来界定时尚产业的范围，都是围绕“时尚”现象，

对时尚产业做出的总结。这些研究从各自角度出发，对时尚产业的各种行为和现象进行解释，无疑都是具有借鉴意义的。但是其片面性也十分明显。因此，对时尚产业进行科学界定，必须遵循以下三个原则：

第一，时尚产业的艺术性本质。服装和装饰的审美表达是对时尚的经典解读（King C. W.，1963；Summers，1970；Grindereng，1967；Reynolds 和 Darden，1972）。尽管时尚产业的审美标准、价值判断是以一定的经济文化背景为依托的，在不同的国家和地区，同一种时尚趋势显示出了它的国际化和本土化的特色，但是，时尚产业的根本特质是其艺术性。

第二，时尚产业"以人为本"的特征。时尚产业最终的服务对象是人。对时尚产业中人的研究目前集中在社会群体、行为主义、社会价值观、社会文化四个方面。这些研究为基于心理学和社会学的时尚消费行为的探讨，提供了良好的理论基础。

第三，时尚产业的结构性与层次性特征。时尚产业并不是新兴产业，它是在对传统产业进行整合的基础上发展起来的，兼具现代制造业和现代服务业的特点，是沟通这两个行业的桥梁。服装产业实际上是时尚产业的主要组成部分。普里斯特·A.（Priest A.，2005）认为，"时尚产业的核心产品范围不仅包括传统的服装，还包括珠宝首饰、香水、手表、箱包、帽子、眼镜、鞋子和腰带"。由于服装业是时尚产业中具有优势性的行业，时尚产业应该以服装业为核心和龙头，家居和消费类电子为外围，根据不同层次进行资源配置，实现产业效率最大化。

（4）本书关于时尚产业的界定。尽管目前对于时尚产业内涵的界定莫衷一是，但是对于时尚产业界定时所遵循的原则确是有共识的，即时尚产业具有艺术性、人本性、结构层次性的特征。本书致力于探讨时尚产业产生发展的规律以及其在典型城市所呈现的共性和个性，因此在研究对象的选取上，主要是围绕最能代表时尚产业发展主流的四大行业，即服饰类、珠宝类、化妆品类和箱包类，也即狭义的时尚产业所包括的内容。根据时尚产业目前发展的情况，从这四大行业的产值来看，服饰类仍旧居于主导地位，因此本书将主要针对服饰行业并兼顾其他三个行业展开。将研究对象限定为这四个行业，出于以下考虑：首先，时尚产业的主体构成中是围绕服饰为中心的产业体系，围绕这个体系，可以帮助本书理清思路，从纷繁复杂的时尚产业表象中找到规律；其次，对于有些学者或者研究将动漫、消费类电子等行业归入时尚产业的范畴，本书对此持保留意见。相对于服饰、珠宝、化妆品和箱包这四个行业紧紧围绕对人的外表所体现的修饰性特征，动漫行业和消费类电子行业相对欠缺，并且由于动漫行业和消费类电子行业具有的其他特质（如动漫行业更多依赖设计，属于创意产业范畴），如果将这两个行业的内容列入本书的内容，会影响研究对象的共性研究，因此暂时不把这两者列入本书的研究范畴，但可以将这两者作为时尚产业的延伸性内容，作为下一步研究的对象。

综合这些学者的观点，本书认为，时尚产业是围绕一定审美价值，为满足人们的时尚消费，通过对各类传统产业进行资源整合、提升和组合后形成的，以服装业为核心，对生活环境进行装饰和美化的产业。

（二）关于时尚产品分类的研究

为了方便对时尚产业特质进行分析，许多研究将时尚产业的结构与层次按照一定的特征进行分类。除了从内容和行业进行的划分之外，时尚产业根据产品的不同还有以下几种分类。

（1）根据时尚产品的市场定位进行分类。根据 Jain N.和 Paul A.（2001）的研究，市场定位是时尚产品设计之初首要考虑的因素之一。时尚消费者在追求设计、品牌、稀缺性、品质方面，会呈现出不同倾向（郭姵君、苏勇，2007）。苏葆燕（2011）将时尚产品总结成金字塔形状（见图 5-2），其中顶级奢华针对的是高端消费群体，大众快速时尚则针对青年人，介于这两者之间的消费群体则是中档产品的目标对象。

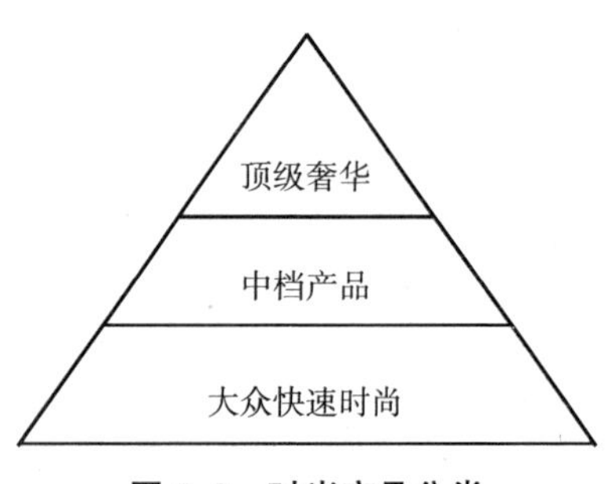

图 5-2 时尚产品分类

目前，关于顶级奢华时尚产品（Luxury Goods）的定义，主要有三类：一是从其无形价值入手所做的定义，如 Nueno 和 Quelch（1998）认为，奢侈品是产品价格中包含的功能性效用比率较低而无形的情境效用较高的产品；二是从品牌声望角度进行定义，如 Vignron 和 Johnson（2004）认为奢侈品是具有最高水平声望的品牌，包含若干项有形价值和心理价值，如可感知的炫耀性价值、可感知的独特价值、可感知的社会价值、可感知的享乐价值和可感知的品质价值；三是从奢侈品的独特性进行定义，如 Phau 和 Prendergast（2000）认为奢侈品是那些引发独占性、拥有知名的品牌身份、享有高品牌知名度和高品质，并且能够保持销售水平和顾客忠诚度的产品。顶级奢华的品牌将目标客户瞄准了富裕阶层，根据美国波士顿咨询公司 2011 年的统计，全球奢侈品市场有五大品牌，分别为 LVMH、Richemont、Gucci、BVLGARI 和 HERMES。这五大家族贡献了全球 22%的销售额，总计 1121 亿美元。

图 5-3 时尚奢侈品牌爱马仕 LOGO

图 5-4 2011 年 BVLGARI 在中国国家博物馆活动宣传图片

快时尚源自20世纪欧洲，是最近10年在服装零售行业快速崛起的新潮流，欧洲称为"Fast Fashion"，美国称为"Speed to Market"。代表性的服装零售业有瑞典的H&M，西班牙的ZARA、Mango、Bershka，法国的Promod、Etam，德国的C&A以及英国的Topshop、丹麦的Vero Moda，等等。快时尚的迅速兴起，是最近几年时尚产业得以快速发展的主要动力之一。上货时间快、平价和紧跟时尚潮流是快时尚的三大特征（张美玲，2012）。目前快时尚大多采用SPA（Speciality Store of Private Label Apparel）即自有品牌零售模式，将生产与零售直接连接，使产品直接面对顾客，节约时间与成本，确保其竞争地位（杨以雄，2003）。因此，快速时尚在供应链上要求零售商和生产商之间的无缝对接（Birtwistle，2003）；也要求时尚产业是一个信息技术为驱动的系统，从而达到原材料到零售商店的供应链的有效性（Fernie和Azuma，2004）。

图5-5 快时尚品牌Promod门店

中档时尚产品是介于顶级奢华和快时尚之间的商品形态。目前对中档时尚产品学界尚无明确定义。但是，中档时尚产品所针对的目标消费者，往往具备三个特点：第一是收入水平较高，但不属于富裕阶层；第二是对消费对象质量有较高的要求，追求价格和质量的高度统一；第三是具有一定的品牌忠诚度。

（2）根据时尚文化在时尚产品营销中传播的速度进行分类。这种分类方法源于BCG波士顿咨询公司对于新奢侈品的分析，BCG将奢侈品分为三类，即现成的超优质产品、传统奢侈品延伸和大众品牌。这种分类方法的基础是时尚文化在时尚产品营销中传播的速度，认为时尚文化的传播是基于时尚信息传播和整合的过程。有学者将这种分类方法用于时尚产品的分类，认为时尚产品可以分为新时尚产品、传统中档产品和传统奢侈品。由于时尚文化在信息层级和符号植入上存在重大区别，因此不同层次的时尚产品在价格、生产方式、社会基础等方面呈现出不同的特征，如表5-6所示。

表5-6 时尚产品的分类（根据时尚文化传播速度的不同）

产品类型 / 特征	新时尚产品	传统中档产品	传统奢侈品
对消费者的影响方式	情感介入	平平淡淡	炫耀性消费
支付能力	支付得起	比比皆是	寥寥无几
价格	质优价高	成本低廉	售价昂贵
生产方式	大众工艺	批量生产	手工制作
社会基础	受价值驱动者	守旧保守者	高高在上者

资料来源：作者整理。

（三）对时尚产业生产的研究

（1）时尚产品生产的本质的研究。乔治·P. M.（Gregory P. M., 1948）最早对时尚产品生产的本质进行研究。他认为“时尚产品的生产是一个垄断性生产过程：时尚产品垄断竞争特性通过其示差性得以实现”，这种示差性来自与其他品牌的横向比较，也可来自本品牌与上一季品牌的纵向比较。通过品牌、标识、与众不同的风格等方式的强化，时尚产品的销售往往可以获得较高的回报。此回报，一方面来自其产品稀缺性，即边际收益递增的特点；另一方面来自其垄断性、创新性和风险性。罗宾森·D. E.（Robinson D. E., 1961）考察了时尚产品的稀缺性，认为时尚产品短期需求函数缺乏弹性（弹性小于等于1），为实现利润最大化，生产商往往控制产量，使其产品呈现稀缺特性，进而获得较高的利润。奥孔渥（Okonkwo, 2007）认为，“不能仅就产品特性来考察时尚的跨产业本质。过去的几个世纪里，服装（还有其他产业）仅仅被看作一种生活必需品，而服装制造业也仅仅是出于功能性的目的。然而这并没有揭示时尚作为这些行业功能组成的重要作用，实际上，由于材质、款式设计、配饰和原材料的不同，服装往往被作为某一社会阶层特定的标志”。总的来看，时尚产业的生产本质是围绕示差性和垄断性，通过跨行业的生产方式得以展开。因此，时尚产品的生产必须遵循这一本质要求，否则将无法适应市场变化。

（2）时尚产业生产过程所面临风险的研究。时尚产业易变性往往导致其收益出现较大波动，因此相应的市场风险、经营风险都成为研究的重点。简恩·N. 和保罗·A.（Jain N.和 Paul A.，2001）提出“由于时尚产品的生产充满变化，可以设计一种通用模式减少和制造过程中由于消费的不确定性带来的生产环节的逆效应”，进一步，他们还设计了基于顾客异质性和顾客偏好不可预测性的时尚产品市场模型，用于解决此类问题。国内学者张华初、刘欣（2009）认为，服装纺织行业是最容易受到金融风险影响的产业之一。高秀明（2005）提出了通过一系列供应链控制策略来规避库存风险给服装行业带来的不确定性。这些研究都只针对时尚行业面临的某一类风险，总体上缺乏系统性，对这些风险研究的理论深度不足，实证研究更是十分缺乏。

（3）时尚产业生产过程中知识产权保护的研究。这方面研究的代表人物是罗杰斯·D. S. 和加门斯（Rogers D. S 和 Gamans，1983），他们认为“时尚企业生产商在全球化市场当中面临的一个重大问题是仿冒问题”，通过对不同类型的仿冒产品的研究，他们 分析了“时尚产业中的仿冒现状及其带来的道德问题”，认为“本土的模仿往往比较容易得到宽容，这造成了政府在判断仿冒问题上面临道德和经济的双重困境。但是知识产权保护法案也许有帮助”。赫姆菲儿和苏克（Hemphill C. Scott 和 Suk Jeannie，2009）考察了美国时尚设计知识产权保护的状况，认为与欧洲相比，美国这方面的法律法规必须得到强化，同时他提出解决这个问题唯一有效的途径就是反盗版。国内现有关于知识产权的研究比较分散，服装行业主要是针对服装外观设计（孙淮滨、周毅灵，1995）、外观设计与专利保护（王秀丽、郭燕，2006）、服装商标侵权问题（张晓霞，2009）。动漫行业则针对动漫设计的版权（张慧，2009）、商标保护（黄大赛，2007）等问题。总体来讲，对于时尚产业生产过程中的知识产权问题，主要有两个研究方向：一是在《专利法》、《著作权法》和《商标法》的框架下提出意见和建议；二是对国际化大生产过程中本国自主产品的保护提出适合我国发展路径的看法。

（四）对时尚产品消费的研究

（1）时尚产品消费研究。已有的时尚产品消费的研究主要关注消费心理、消费符号、消费者类型三个方面。

第一，时尚产品消费心理的研究。斯普罗尔斯·G. B. 和金·C. W.（Sproles G. B.，1981；King C. W.，1973）认为，时尚消费心理受时尚革新程度和购买时机、时尚人际沟通水平、时尚兴趣度、时尚认可度、时尚意识和时尚的变化趋势五个因素的影响。普里斯特·A.（Priest A.，2005）从消费者心理角度解释时尚产品的销售，认为“时尚销售必须考察消费者的购买心理，而购买心理受到长期的外部因素的影响”。这些外部因素包括消费者所处的消费环境、文化环境和即时环境。汪新建、吕小康（2005）提出，消费者通过自己的解构和重构积极地进行着意义和自我的建构，时尚消费就这样以其独特的方式成为意义表达和自我建构的工具。进一步，有学者提出时尚消费不仅具有促进社会进步的“正功能”，还有造成社会浪费的“负功能”（王岩，2009）。

第二，时尚消费符号的研究。最早对消费符号进行研究的是法国哲学家鲍德里亚，他最先提出了消费符号理论和“符号意义解读法”。莫雷·J. B.（Murray J. B.，2002）在其研究的基础上，用时尚消费的符号性质来解释消费行为，认为“这种解释有两个相反的角度，一方面消费者可以自由驾驭时尚符号，另一方面消费者会被特定时候的符号所俘获，成为这种符号的表现者”。不仅如此，时尚消费过程中，消费者并不处于完全被动接受的过程中，而是可以通过对既有符号的重新排列组合或者创造新的符号来显示自己的创造性和主动性（汪新建、吕晓康，2005）。作为时尚产品示差性的表现手段，消费符号的研究是区分时尚消费过程中个性消费与模仿消费、理性消费和非理性消费、储蓄消费和超前消费的重要指标，而其意义转移模式的研究，对引导时尚消费的走向则具有实践上的指导意义。

第三，时尚消费者类型的研究。金·C. W.（King C. W.，1965）提出时尚消费市场中占据主导的是“时尚革新者”和“时尚概念的领导者”，而他们正是时尚市场消费的目标群体。同时，他提出的时尚消费的下行理论（Trickle-down Theory）模型在女帽行业得到证实。萨姆斯（Summers，1970）研究时尚接受过程中领导者或者人际沟通者的识别与塑造，其基本结论是革新者和时尚概念领导者在时尚接受过程中发挥直接的影响作用，并在社会领域中占据一定的细分市场。鲍姆加顿（Baumgarten，1975）进一步指出，时尚革新者和时尚概念领导者之间的沟通桥梁：革新沟通者，这个人（革新沟通者）将早期购买者和新时尚联系在一起，发挥具有影响的作用。沃克曼·J. E.和约翰逊·K.（Workman J. E. 和 Johnson K.，1993）则从需求多样化视角考察消费者类型，认为“时尚产品的消费可以通过考察需求多样化和四类消费人群的关系获得，这四类人群是时尚观点领导者、时尚创新者、创新交流者和时尚追随者。前三者比追随者具有更多的多样性需求”。国内对这方面的研究较多，限于篇幅，不做赘述。

(2) 时尚产业供应链研究。金·R. E. 和霍吉森·T. J. 等（King R. E. 和 Hodgson T. J. 等，1998）提出“快速反应供应系统”（Quick Response Replenishment System）的概念，利用布料量化供应系统控制体系来实现最优生产计划和控制的问题。随后，克里斯多夫·M. 和罗森·R.（Christopher M. 和 Lowson R.，2004）在合作的文章《时尚产业弹性供应链的创造》中，进一步提出“弹性供应链”概念，认为时尚市场应适应市场的变化，“传统的组织架构和前瞻性的供应链已经难以满足典型时尚市场多变的需求。相反，此时弹性组织的产生反映了弹性的供应链，适应了这一需求”。这里的“弹性供应链”，不仅表现在零售商能够及时地根据市场信息调整销售库存，还表现在零售商与生产商之间的有效合作。国内关于时尚产业供应链的研究主要有两条路径：一是力求通过库存管理来提升零售效率（高秀明，2004）；二是走信息化的道路来解决生产者、零售商和消费者之间的信息沟通问题（祝煜明，2003）。

（五）对时尚品牌的研究

(1) 对时尚品牌管理的研究。

第一，时尚品牌管理的理论研究。约兹姆斯戴乐·E. 和阿艾克·D.（Joachimsthaler E. 和 Aaker D.，1997）将品牌价值的作用归纳为，时尚市场中的品牌相关性，至少在五个层面上体现了制造商价值的增值：①帮助顾客获得和处理信息；②提供产品差异化和定位的基础；③包含了产品的特性和顾客通过购买和使用品牌可以获得的好处；④生成精神上的联系使得顾客对产品具有积极的态度；⑤为产品的延展提供基础。纽曼·A. J. 和帕蒂尔·D.（Newman A. J. 和 Patel D.，2004）则从零售商与业绩的视角提出品牌价值管理的作用，认为“围绕品牌的零售商形象对于时尚企业的业绩尤为重要”，因此“可以从战略和整体的角度看待零售商形象，从而考察对其业绩产生影响的变量”。戴维斯·F.（Davis F.，1994）在其著作《时尚、文化与身份认同》中，将时尚品牌与“溢价”联系在一起，认为“时尚商标，根据其声誉和给顾客带来的心理满足的程度可以获得一定的溢价”，进一步明确了时尚品牌与消费者评价之间的关系。值得注意的是，布里德森·K. 和伊万斯·J.（Bridson K. 和 Evans J.，2004）将品牌价值管理具体化，提出“有四个维度可以用于评价品牌导向：特殊性、功能性、增值性和符号性”，“时尚零售商的品牌导向越强烈，其获得的竞争优势就越多”。国内学者杨大筠（2010）分析了服装行业的 SPA（Speciality Store Retailer of Private Label Apparel）化趋势，认为 SPA 的本质是速度与利润，商品企划决定商品设计的方向，通过品类管理来决定陈列的方式。这些研究为时尚品牌价值的评价提供了理论和实践的管理方案。

第二，时尚品牌管理的案例研究。摩尔·C. M.和波特维斯特·G.（Moore C. M.和 Birtwistle G.，2004，2005）对时尚品牌巴宝莉（BURBERRY）和古奇（GUCCI）进行了考察，“从巴宝莉 IPO 招股说明书入手，评价巴宝莉对企业战略的重新定位，说明其新总裁在维护品牌方面所做的努力”，“通过对古奇这个时尚品牌管理战略、投入资源和业务发展活动的考察，认为时尚产业品牌的融合可以为企业带来协同利益”。国内学者吴珊（2008）构建时尚品牌拉力模型，对世界范围内的服装产业和服装品牌发展进行考察，认为对于各自的定位建立品类级品牌，采取正确的品牌策略，是一个品牌获得成功的重要途径。

图 5-6　时尚品牌 BURBERRY 门店

图 5-7　时尚品牌 GUCCI 的 LOGO

（2）时尚品牌与时尚品牌资本的研究。其理论基础来自科勒·K. L.（Keller K. L.，1993），他最先提出了“以顾客为基础的品牌资本”的概念，认为它是“顾客对于品牌营销做出的反应的差异效应，如果顾客对这个品牌表现出积极的态度，说明其效应为正，反之则为负”，“如果顾客对品牌十分熟悉，并对其伴有强烈、独特和喜好的联想，那么品牌资本就产生了”。在科勒·K. L. 的基础上，一些学者将这个概念延伸到时尚企业，伯恩·C. 和马伦卡·D.（Le Bon C. 和 Merunka D.，1998）扩展了科勒·K. L. 以顾客为基础的品牌资本的概念，认为以顾客为基础的时尚资本可以更好地说明时尚对于顾客态度和行为的影响。品牌资本具备无形性和高附加值的特点，服装行业的品牌建设应该注意品牌资本的延伸性内涵（彭芳，2005）。品牌的资本特性使得包括服装在内的行业通过品牌资本运营实现增值，其中利用品牌资本进行信用型融资、惠利型融资、引资型融资和质押贷款是企业筹资的新途径（何娟，2005）。

（六）对时尚产业组织特性的研究

（1）时尚产业组织具有垄断竞争性。这种垄断竞争性首先来自时尚产品的生产特性。如前述，Gregory P. M.（1948）指出“时尚产品的生产是一个垄断性生产过程：时尚产品垄断竞争特性通过其示差性得以实现”。这种示差性来自与其他品牌的横向比较，也可来自本品牌与上一季品牌的纵向比较。通过品牌、标识、与众不同的风格等方式的强化，时尚产品的销售往往可以获得较高的回报。这一回报，一方面来自其产品稀缺性，即边际收益递增的特点，另一方面来自其垄断性、创新性和风险性。同时，这种垄断竞争性也来自于时尚产品的资产专用性。时尚产品强调设计的重要性，通过设计的新颖与独特，营销的强化与渲染，使时尚概念根植于产品的生产和销售过程。因此，时尚产品设计上的独有性，使其具有一定的资产专用性，而销售过程中的不确定性，则使其也具备一定风险性。时尚产业组织前端所具备的资产专用性，生产所具备的示差性，销售所具备的不确定性，使得其组织类型的要求上，必须满足垄断竞争性的特征。

（2）时尚产业组织结构的网络化。Okonkwo（2007）认为，时尚产业生产的本质是跨行业。其所认为的跨行业，是指时尚产业是制造业与服务业之间沟通的桥梁。赵磊（2006）和高骞（2009）则强调时尚产业是传统产业与新兴产业融合之后发展的新产业。无论如何，时尚产业的跨行业本质，使得其产业组织结构必然呈现网络化的特征，以满足时尚求新求变的特性。这种网络化体现在，第一，时尚产业组织内部的企业之间关系日益开放。传统的设计、生产、销售一条龙的产业链被瓦解，取而代之的是更为有效的网络化分工合作。由于时尚产业市场的需求的不确定性，这种分工合作的透明度日益增加，开放度也日益加强。第二，时尚产业组织内部企业之间关系更为紧密。为应对不确定性，时尚企业之间往往结成一定联盟，依据一定的规则完成设计、生产和销售。

（3）知识流与信息流在时尚产业组织内部的流动。时尚产品生产具有垄断竞争性，而这种垄断竞争性最终表现在消费过程中的示差性（Gregory P. M.，1948；Murray J. B.，2002）。因此，时尚产业组织内部成员之间的知识流与信息流是垄断竞争性和示差性能否实现的关键。一方面，时尚产品生产者必须将大量故事、符号与象征元素（如品牌等）运用在产品的生产与消费过程中，让产品成为文化意义的承载者（赵君丽，2011），这一过程体现在时尚产业内部通过一系列时尚节事活动来实现各种信息的传播和交换；另一方面，时尚产业内部的信息化交流呈现了多向的趋势，体现在消费者和设计师之间的距离日益缩小，时尚消费者可以通过体验式的消费反馈自己对时尚产品的体验，甚至可以通过 DIY 的过程实现个性化的时尚设计。

通过对时尚和时尚产业的研究的梳理可以发现，第一，对时尚产业发展背后的社会、文化、心理现象的研究体系较为成熟，这为时尚产业的研究打下了良好的理论基础；第二，对时尚产业的生产、消费和品牌的研究较多，说明这些研究是时尚产业发展过程中较为重要的部分，是下一步研究的重点；第三，有研究涉及时尚产业组织的特性问题，但是研究的深入程度以及系统性尚欠，对于时尚产业源源不断的创新动力，目前仍旧缺乏强有力的解释，需要一个强大的理论来支持时尚产业组织的进一步研究。

第三节　模块化理论对时尚产业的适用性研究

一、模块化理论的应用特性

目前对模块化产品特性的研究较多，因篇幅关系，不做赘述。产品模块化是产业模块化的必要但非充分条件（巫景飞、芮明杰，2007）。本书认为组织模块化有两个层面：一是企业内部组织模块化，是指在企业内部按照产品模块化的分解来协调分工、组织生产，分工发生在企业内部，如根据产品模块化而划分团队、共用一个产品平台的多产品事业部等；二是产业模块化，指从产业层面来看，企业间按照产品模块化的分解原则来协调分工，组织生产。对于某个产业是否能进行组织模块化分解与重构，现有研究认为产业应该具备以下特性：

第一，组织结构网络化。从企业之间的关系来看，将生产和组装模块的企业连接起来形成开放式网络组织，是建立在模块化技术基础之上的新型组织形式。Golgman 等（1995）认为组织模块化是将原来孤立交易的公司共同贡献资源而形成企业联合同盟，也即动态联合组织，从而使单个企业进入动态的互联世界。根据青木昌彦（2003）的观点，组织模块化是由系统集成商和模块供应商组成的结构系统。组织中的每一个子模块企业相当于一个独立的节点，他们具有自主的决策权，这与大规模生产方式下供应商对生产商存在的从属关系不同，子模块企业对系统集成商不再是单纯的依附关系，而是为了达成整个网络的价值最优，彼此之间展开的是互利互惠的新型竞争合作关系。

第二，生产要素知识化。在知识经济时代，最重要的要素是技术和信息。模块化技术造就生产方式的变革，形成了建立在组织模块化基础上的模块化生产方式。在模块化生产中，知识和信息成为最重要的生产要素。模块设计信息在系统集成商和模块供应商之间的传递和交换，主导着设计的模块化、产品的模块化和采购的模块化；用户的需求信息驱动供应商进行模块化生产，以满足用户的多元化、个性化需求。因此，模块是知识和信息的凝结。

第三，创新方式多样化。模块化产业组织中的企业具有核心能力和创新能力，他们因为提供价值模块不同而形成模块化生产网络。模块化是基于模块分解基础上的分工整合，各个模块的创新活动并不会因为某个模块出现问题而中止。创新的方式从突变式创新演变成渐变式创新，并且更加灵活多样。组织模块化结构中的企业可以独立地展开单个模块的创新或者模块集成创新，也可以展开与其他企业之间的协同创新，共同开发新的产品或者模块；也可以进行组合创新，通过灵活配置不同的功能模块实现创新，从而丰富模块化产品的种类，以满足个性化时代的消费需求。Daft 和 Lewin（1993）认为，组织模块化是“通过内部互相联系的协调和组织的过程，以达到满足组织型和学习曲线效应的一种新型的组织范式”。

第四，生产网络全球化。组织模块化通过突破企业边界和空间的有形边界来延伸组织的无形边界。通过充分利用企业之间的结构联合来减少单一企业的投资风险，缓冲不确定性，保证和加速实现整体的市场目标，使组织成为高度柔性的生产网络。它不受空间地域的限制，系统集成商和模块供应商既可以在某一地理位置上集中，形成模块企业集聚地，也可以分布在世界范围，形成跨地区、跨国界的全球生产网络。组织模块化中的每个企业都是标准零部件制造或设计的专业化企业，企业之间形成密切的合作网络。

二、模块化理论对时尚产业的适用性研究

较早研究时尚产业模块化运作的是美国北卡罗来纳州立大学纺织学院的学者 Carol G. Carrere 和 Trevor J.（1989），他们认为在反应型顾客参与、时尚预测决定市场份额的体系下，尽管服装行业并未处于新科技发展的前沿，却可以通过模块化的运作为自己带来创新价值。国内学者徐宏玲（2006）总结了组织模块化形成及运行机理，认为时尚产业中的服装业可以进行产品模块化、组织模块化和市场模块化的运作。时尚产业组织具备模块化分解的可行性，多重驱动力促进了时尚产业的模块化分解；时尚产业所要求的开放式的创新体系，促进了时尚产业组织模块化重构，最终促进时尚产业模块化创新体系的形成（具体论述过程见第八章）。

本章对模块化理论、时尚和时尚产业相关理论的研究成果进行了梳理和述评。目前模块化理论研究主要针对三个层次，即产品模块化、组织模块化和网络模块化，这些研究对模块化理论的发展历史、涉及的产业、运行规律、组织性质和功能进行了系统阐述，但对诸如时尚产业、创意产业发展的关注不够；有关时尚的理论研究涉及社会群体、行为主义、社会价值和社会文化四个方面，说明时尚产业的研究必须根基于文化和心理学的积淀；有关时尚产业的研究则在时尚产业的内涵、时尚产品的分类、时尚产业的生产、消费、品牌和组织五个方面展开。这些研究各有侧重，但是针对时尚产业设计和研发部分的研究较少，对于时尚产业不断创新发展的动力，缺乏强有力的理论解释。本章就模块化理论对于时尚产业的适用性进行了简单探讨，目前有一些文献认为时尚产业可以采用模块化理论进行分析，尤其是针对组织价值创新层面的研究，值得深入。下一章将对时尚产业整体的横向体系进行研究，依照模块化原则进行分解和重构，力求将模块化理论运用于时尚产业，为对时尚产业组织的价值创新机制的探讨打下基础。

第六章

时尚产业组织模块化分解与重构

组织模块化形成的过程是产业组织依据模块化原则进行分解和重构的过程。模块化是从复杂性中分解出简化部分，从扰动中发现有序，从混乱中分离出标准。模块化的基本前提是功能分割，也就是模块化分解。因此，将一个复杂系统或者过程按照一定的联系规则分解为可进行独立设计的半自律系统（模块）的行为被称为模块化分解（Buenstorf G.，2009）。在进行系统分解过程中，基本的原则是：使模块内的内聚度最大而模块之间的耦合度最小。由于模块内各个构成要素都是为实现模块功能服务的，只有内聚度强，才有可能形成一个模块。综观五大时尚之都的时尚产业组织，之所以形成现在的规模，大都经过了分解和重构两个阶段。

第一节　时尚产业组织模块化分解

一、时尚产业组织模块化分解可行性

时尚产业跨制造业与服务业的特征，使其具备了知识、技术和资本密集型的特性，而内涵广泛、产品多元与交叉、产业前端极强的创新驱动，都为产业模块

化创造了条件。

第一，时尚产业是个复杂的动态系统。时尚产业构成要素众多，依据波特（1997）的价值链理论，时尚产业可分为三段，前端为设计与研发机构，中端为制造机构，后端为营销机构。这三个部分都有极强的内聚度，相互之间也有极强的耦合性。而横向来看，时尚产业跨行业的本质，体现在其文化性、艺术性、服务性与制造行业高标准的结合。时尚是一种文化体验和群体心理现象。如何将时尚文化的内涵进行有效包装，形成时尚产品，构成时尚故事，要求时尚产业组织绞尽脑汁围绕一定的核心企业进行生产经营活动。其复杂性，表现在机构众多，功能各异；其动态性，表现在无论哪一个环节都可以进行时尚文化注入，并且这种注入一旦具有示范性，便会产生联动效应，带动系统内部其他要素的变革和发展。

第二，时尚产业具备极强的知识性，信息化程度较高。在模块化生产中，知识和信息成为最重要的生产要素。时尚产业的知识性是时尚产品实现示差性的重要条件。时尚产业的知识性体现在时尚产品对于时尚文化、时尚心理、时尚概念的诠释与解读。时尚产品的设计与研发阶段，时尚设计的理念必须根植于本土文化，通过一些科技手段将时尚产品以新颖、环保的形式表现出来，而强有力的营销宣传是时尚理念得以实现的保障。时尚产业的信息化有两方面表现：一是时尚人才交流日益频繁，时尚信息交流通过会展、节事等方式得以实现；二是时尚产业组织模块化所依赖的信息化条件逐渐具备，时尚信息依据一定的模块化原则形成隐藏的信息和公开的信息，CAD、ERP 等应用趋向普及，时尚行业协会、工会组织等逐渐成为公开信息操作的核心机构。

第三，时尚产业内部组织结构逐渐扁平化，机构之间独立性强，易于进行模块化。传统的服装、饰品、鞋帽、箱包生产行业已经完成了一体化生产向非核心业务外包模式的转变，旧有的生产流程被打破，随之产生的是相对独立的不同业务组件（即时尚模块），时尚生产、时尚服务的时空得以分离式实现，通过松散耦合进行模块化耦合，即这些不同的模块可以交给不同的部门（企业）连贯地进行操作。同时，设计上的独特性、生产上的垄断竞争性、营销上的不确定性赋予时尚产品一定的资产专用性。这种产品类型的产业组织适合采用组织模块化（张伟，2010），从而提高组织运作效率。

第四，时尚产业的网络外部性。Okonkwo（2007）认为时尚产业生产的本质是跨行业。其所认为的跨行业是指时尚产业是制造业与服务业之间沟通的桥梁。

赵磊（2006）和高骞（2009）则强调时尚产业是传统产业与新兴产业融合之后发展的新产业。无论如何，时尚产业的跨行业本质，使得其产业组织结构必然呈现网络化的特征，以满足时尚求新求变的特性。这种网络化体现在：首先，时尚产业组织内部的企业之间关系日益开放。传统的设计、生产、销售一条龙的产业链被瓦解，取而代之的是更为有效的网络化分工合作。这种分工合作日益发展为有效的协和机制，在美国时尚产业表现最为突出。由于时尚产业市场需求的不确定性，这种分工合作的透明度日益增加，开放度也日益加强。其次，时尚产业组织内部企业之间关系更为紧密。为应对不确定性，时尚企业①之间往往结成一定联盟，依据一定的规则来完成设计、生产和销售。时尚产业集群是时尚产业组织网络化的最突出表现。

二、时尚产业组织模块化分解的驱动力

（一）需求多样化

个性化与奢侈化，是时尚产业发展的两大方向。在时尚产业组织模块化程度最高的美国，时尚文化体现在人们对个性化产品的追逐。时尚可以是纽约时装周上光彩照人的模特所穿戴的华服美钻，也可以是街头姑娘漂亮的头饰。具有悠久时尚历史的英国和法国，对时尚追逐的最主要表现是对奢侈品的偏好。时尚产品的多样性需求是时尚产业组织得以发展的动力之一。这种多样性需求越强烈，投入品的可选择性越多，通过这些产品的模块化配置就会获得更多的多样化产品。快时尚的代表优衣库（UNIQLO）、ZARA、H&M 等品牌，会根据时装周的展示捕捉最新一季的流行趋势，迅速地将全新时尚理念植入服装、饰品、鞋帽、箱包等产品，以完美地诠释时尚文化求新求变的主题。然而万变不离其宗，奢侈品的代表 LV、GUCCI 等则坚守其固有的文化品位，以不变应万变，体现了时尚产业的高端消费群体——时尚阶层消费的需要。时尚消费需求的多样性和投入品的多样性共同创造了产业模块化的价值，因为这两者也有效地促进了模块化分解和整合。

（二）时尚产业组织形式的多样化

这种多样化体现在：时尚企业内部经营多渠道趋势和外部的集群化趋势。由

① 本书中所提到的“时尚企业”，如非特别说明，即指时尚产业中负责生产制造环节的企业，包括专用模块供应商、通用模块供应商和品牌集成商。

图 6-1　时尚品牌 LOUIS VUITTON 的产品及其 LOGO

于时尚产品资产专用性总体居中，时尚企业可以用低成本和快速度渗透到其他时尚行业，例如服装行业对珠宝首饰业的渗透。而时尚产品的创新通过信息化平台和通信技术的发展日益模糊原有时尚企业生产部门分工的界限，从而有助于时尚企业利用多重渠道提供有效的时尚产品和时尚服务。时尚产业信息沟通、规模经济和范围经济的需要又催生了时尚产业集群组织。这些集群组织分布于时尚之都周边，依据一定的规则完成产业内部分工，体现了高效率的时尚生产协作与竞争。

（三）时尚企业的集团化和跨国化趋势

一方面，时尚企业之间的横向与纵向并购使时尚产业组织的个体日益以集团化的面貌出现，时尚产品市场份额的集中度不断提高；另一方面，时尚产品生产工艺创新、设计领域的创新、时尚产品市场的发展、时尚文化交流的频繁等因素又进一步推动时尚企业跨国性扩张和全球化趋势的增强。

（四）技术变化的速度日益加快

时尚产业生产的基本原则是适应市场需求的不断变化，而生产技术变化则催化了这种变化的广度和深度。时尚产业生产技术的变化体现在两个方面：

一是在时尚设计与研发环节，时尚元素的注入日益与新技术、新材料结合，使得时尚产品呈现出多元化的发展态势。例如，莱卡面料正广泛地在服装产品中得到应用；新的染色技术，使得人们的衣着颜色更艳丽、更持久；新的切割技术提高了钻石饰品的欣赏性，提升了人们对珠宝产品审美的尺度；不同金属材料的混合使用产生不同效果的K金饰品，实现了人们对时尚与价值追求的高度统一。

二是生产制造环节，标准化程度的提高。以往的服装饰品、箱包衣帽的生产，往往是各个厂家各自为政，全套的生产流程使得生产商疲于应付主料和辅料的协调，很难专心自己的核心业务。而随着外包体系和快速反应系统的日益成熟，时尚产品的主料和辅料的结合逐渐形成一套标准化的体系（如尺码、规格等），时尚生产商将其精力放在时尚产品的设计和推陈出新上，而辅料则只要按照标准化要求进行组接就可以完成时尚产品的生产。辅料生产环节的企业也在模块化分工的过程中集中精力完成自己的优势项目，分享组织模块化带来的多种好处。

三、时尚产业组织分解过程与机制

根据Baldwin和Clark的理论，组织模块化形成之前必须完成三部曲，即一个可模块化系统是在两套规则作用下，通过三个核心要素形成。一个可模块化的系统，是指系统本身是可以拆分的，否则无法实现模块化。两套规则：一是明确规定的规则，又称为“看得见的设计规则”，是界定模块之间关系的规则；二是隐性的设计规则，又叫“看不见的设计规则”，是一种仅限于模块之内而对其他模块的设计没有影响的规则，它允许和孤立设计人员在遵循第一类设计规则的前提下自由发挥对模块内的设计。三个核心要素：一是结构，确定哪些模块是系统的构成要素，它们之间怎样发挥作用；二是界面，详细规定模块如何相互作用，模块之间的相互位置如何安排、联系和如何交换信息；三是标准，检验模块是否符合设计规则，衡量模块的性能。三个核心要素构成了“看得见的设计规则”的主要内容。根据这些理论，可以将时尚产业组织模块化分解过程从微观、中观和宏观三个角度去解读。

（一）时尚产业组织模块化分解微观机制

产业组织模块化分解的前提是知识分工。模块化可以减少技术创新对隐性知识的依赖，降低隐性知识的学习成本，使企业具备创新优势。从微观来看，产业组织模块化分解包括六个步骤：分割（Split）、替代（Substitute）、扩展（Augment）、排除（Exclude）、归纳（Inversion）与移植（Baldwin和Clark，2000）。

（1）分割与替代。分割是指将系统中的现有模块进一步划分为更小的子模块。时尚产业是以服装业为核心，对人们生活环境进行美化和装饰的行业。从时尚产品产生的过程来看，一般包括四个阶段，即时尚产品设计与研发—时尚产品生产与制造—时尚产品包装与营销—时尚产品消费反馈与再体验。这四个阶段相对独立，知识性特征明显，具备模块化分割的基本条件。在遵循设计规则的前提下，时尚产业组织按照模块化的要求被分割成若干个子模块，这样，系统结构由原先的两层变成三层，对于模块层面来说，原先是具有相互依赖关系的单层设计，分割后变成具有一组对子模块的层级设计。这些模块之间没有相互依赖关系，可以进行各自的独特设计，并有可能在适当条件下进行再次分割。具体如图6-2所示。

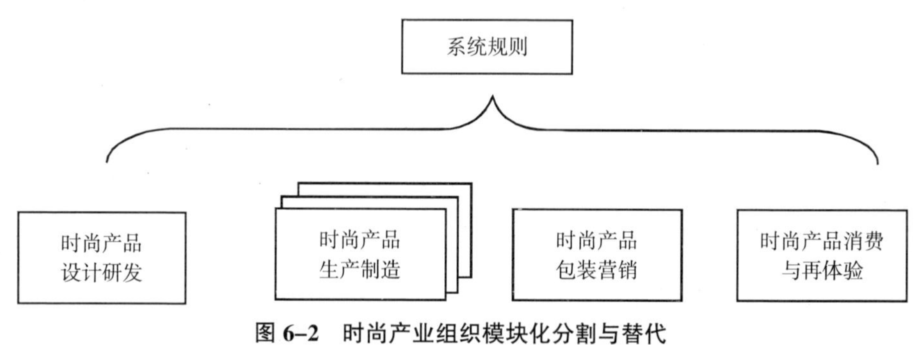

图 6-2　时尚产业组织模块化分割与替代

替代是指用一种新的模块设计取代原先的模块设计。在图 6-2 中，"时尚产品生产制造"模块由多个可以相互替代的元素组成。比如时尚产品生产过程中可以采用全部自制，部分外包，除核心业务外全部外包、众包。一般来说，系统方案不止一种，在很难预知各个方案的实际运行效果的情况下，可以对这些可行的备选方案进行对比测试，以决出较优方案。由于时尚产业内部具有一定的系统依赖性，任意一个阶段参数的变化都会导致整个模块化系统的重新设计，这会大大增加设计成本。模块化替代的好处在于，参数变化可以与模块的可替代元素相对应，不必对系统进行重新设计，而只需更换某一个模块的设计。时尚产业组织分割与替代是互补操作，替代发生在模块层面，分割为替代提供了更多机会。每一次替代都更新了模块设计，也为新的分割提供了机会。

（2）排除与扩展。排除与扩展对时尚产业而言也是互补操作。排除是指去掉现有系统中的某一个模块；扩展指增加迄今为止没有的模块。时尚产业组织模块化分解过程中，有些模块会被排除，原因可能有两个：一是时尚产业内部不再需要这些模块，这种情形发生在个性化程度较高的时尚产品当中，时尚消费者对自己需要的时尚产品进行自定义或者 DIY 操作时，将不想要的模块除掉。比如，某些时装品牌生产商会根据客户反馈，取消休闲装的生产线，从而使其消费群体更加明确。二是时尚产业内部模块众多，设计者难以将所有模块的设计做到尽善尽美，只能设计出一个包含若干核心模块的精简系统投放到市场并观测市场反应。目前大部分时尚生产商都专注于核心业务的生产，外包系统的采用非常普遍，这都是事先进行模块排除的必然结果。

时尚产业组织的扩展伴随着时尚理念的推广和时尚消费者要求参与时尚设计的需要。传统的设计研发、生产、营销的模式，已经无法跟随日新月异的时尚需求的步伐。历史积淀与现代文化的融合，使时尚阶层的需求趋向多元化。彰显个性与标榜地位的心理需求，要求时尚产品的生产必须时刻做出调整，否则很快将被市场淘汰。在这一过程中,造就了时尚产业组织更大的灵活性和组织柔性。具体如图 6-3 所示。

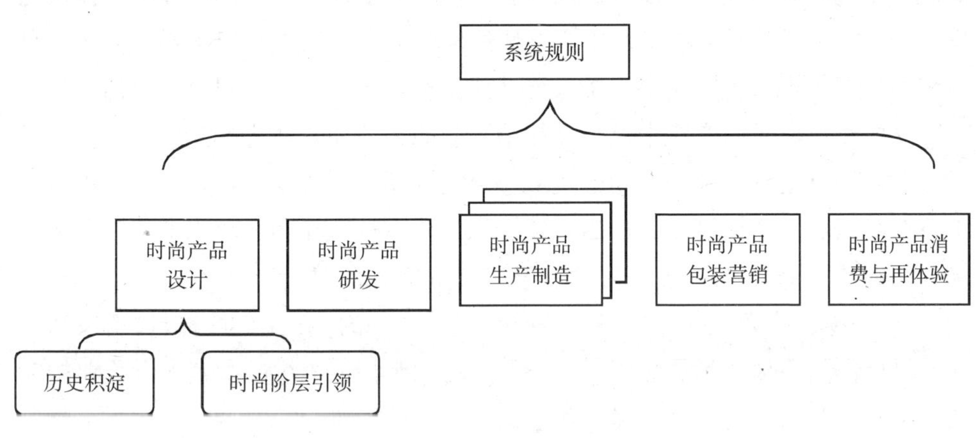

图 6-3　时尚产业组织模块化排除与扩展

(3) 归纳与移植。归纳是指从多个模块中提取共同要素，然后将这种共同要素形成为模块化结构中的一个新层次，并使该层次对模块组公开。归纳后形成的新模块对系统和其他模块是可见的。移植与归纳类似，也是共同要素形成的新层次，但是对其他模块是不可见的，往往成为新模块中的隐性信息。

许多模块化要素对时尚产业组织分解起到至关重要的作用。在时尚产业兴起的初期，时尚消费针对的是社会上层群体，时尚产品的设计、生产和销售往往由一家企业完成，即一体化的企业组织模式。在这种模式下，一家企业必须分散精力于时尚创意人才的培养、品牌的形成与维护、时尚产品生产与制造、时尚产品的展示与销售等。企业与企业之间信息沟通较少，产业内部存在比较严重的资源重置与浪费，在与顾客的沟通方面存在两个极端：一是完全按照设计师自身的时尚理念进行的生产，如法国的一些高级服装定制业务，英国的男装生产作坊；二是对高级时装等的跟风模仿，完全不考虑顾客自身的个性特点，如一些快时尚性质的企业。这种产业组织模块化程度低，创新能力极弱。

时尚产业组织模块化发展的过程中，一些共同要素被归纳出来并得以独立，有些则移植如某一模块，成为该模块内部的隐性信息。例如，原先在一体化企业内部负责设计研发的机构，通过组织模块化过程，从多个企业内部逐渐分离，以独立的设计机构或者研发机构形式出现，其成果可以在时尚产业内部实现共享。而在企业内部负责品牌生成和维护的品牌资产管理机构，原先处于产业链的后端，在组织模块化过程中，其职能不再局限于品牌的生成和维护，而进一步移植到产业链的前端，即创新价值产生的模块。时尚产业组织模块化发展的最终结果，是形成了由十个主体组成的七大子系统，如图 6-4 所示。具体来看，模块化移植，使得系统设计功能从产业组织的第一层次分离出来，成为独立模块。在时尚产业中负责“舵手”职能的往往是具有产业领导地位的时尚企业，可以是设计商、专用模块供应商或者品牌集成商，在产业集群中往往由行业组织负责系统设计。产品研发设计模块也从原先的企业内部部门分解出来，由高校、科研机构或者第三方组织负责完成。时尚产业的核心产品的生产，往往由专用模块制造商完成，而非核心产品的生产由通用模块制造商完成，最后由品牌集成商负责组装。营销模块的工作大多由品牌资产运作机构完成，他们负责完成时尚产品时尚概念的完结，使得时尚消费者消费的无形价值最大化，以保证其消费忠诚度。最后，在各种零售终端的作用下，顾客对时尚产品进行消费和再体验，第三方组织再次出现，将消费体验的结果反馈给前面几个模块。时尚产业组织模块化子系统各司其职，周而复始，实现产业价值创新最大化。

（二）时尚产业组织模块化分解的中观机制

时尚产业组织模块化分解的中观机制来自于模块与模块之间沟通和模块内部沟通的加快。这种加快的过程以标准创新和模块创新的方式体现出来。

（1）标准创新。产业标准的创新，即界面标准和技术标准的创新。界面标准是模块之间的共同协议，对模块之间如何联系和互动进行了设定，并将协议条款在系统内予以公布，系统内的所有模块必须遵守界面标准，否则就会导致模块之

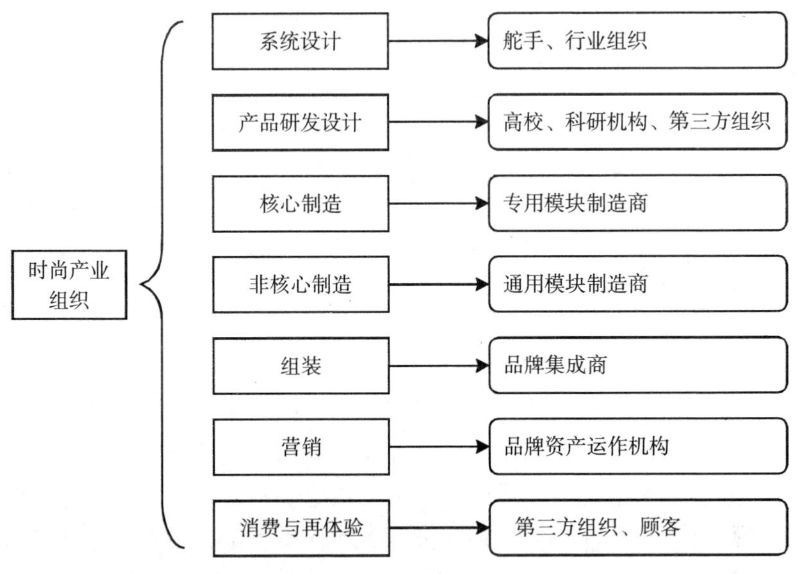

图 6–4　时尚产业组织模块化归纳与移植

间的冲突。技术标准是指为了使产品或者服务的质量、规格、安全等指标达到进入市场的要求，是一种得到行业内大多数企业和用户认可的技术规范。在模块化生产网络中，模块化产品的技术标准是原先系统开发者对系统规则的设计，模块生产商必须按照系统规则进行模块的设计和生产。系统规则演进的必然结果是产生技术标准。

时尚产业的标准创新体现在两个方面：一是由行业协会、工会组织等机构制定并颁布法定标准，或者将某时尚生产商的技术标准规定为行业正式标准，这是“自上而下”的标准创新；二是时尚生产商通过开拓市场、提供产品市场占有率，直至占有大部分市场份额，使自身的技术标准成为行业的事实标准，这是“自下而上”的标准创新。

对于时尚生产商来说，标准创新至关重要，因为标准创新可以带来市场份额的增长，并通过标准竞争确立企业标准的主导地位。

（2）模块创新。时尚产业组织的模块创新体现在其成员利用各自核心优势在资源和能力互补的基础上进行的合作创新，即协同创新。这一创新的源泉是内部积累和外部学习。内外部学习的结合是模块整合知识的过程。作为外部学习方式，模块在协同创新的过程中不断吸收和消化外部隐性知识，将外部隐性知识转化为内部隐性知识，再对内部知识进行进一步学习和深化，形成创新的知识基础。时尚创意形成的知识产权是时尚产业领域可编码的、最具有价值的显性知识，受到法律保护，可以通过市场交易实现外溢。显性知识的外溢效应往往表现为模块化市场的形成，因此，时尚产业的设计权以及最终时尚产品知识产权的法律保障，对模块化市场的形成，具有重大的决定意义。

而时尚产业中难以编码和传递的隐性知识则主要表现为时尚文化、思维以及管理方式。例如，英国的时尚文化的特征是保守与现代并存，因此其时尚企业管理模式多为家族式，而美国时尚文化趋于多元化，强调运动与变化，因此其时尚企业管理模式多为职业经理制。这些隐性知识，受到历史、文化、经济发展状况的影响，是很难编码和传递的。时尚创新知识的应用具有规模效应，使包括技术、产品式样以及市场信息和管理方式等隐性知识，通过企业交流、公共服务网络提供的交流平台等方式外溢出去，逐渐为更多的企业共享，进而成为整个时尚产业组织的公共知识。此时，隐性知识外溢往往表现为组织模块化的形成。随着网络技术的发展，时尚组织模块化在创新来源要素和生产要素的驱动下，为了追求更低的成本和更快的发展，越来越趋向于向时尚模块化市场的组织方式演变，因此，隐性知识向显性知识转变的过程，也是时尚产业组织向模块化市场发展的过程。

（三）时尚产业组织模块化分解的宏观机制

时尚产业组织模块化分解的宏观机制来自于开放式创新战略的推进。相对于组织模块化程度较低的封闭式组织，开放式创新战略的推进，瓦解了时尚产业组织内部赖以生存的垂直一体化体系，原有的自我创新、内部资源利用最大化和利润导向的生产模式被专业创新与顾客创新、内外部资源协同利用最大化和突破性创新导向的商业模式所替代。

开放式创新对时尚产业组织的模块化分解，是通过“背靠背”的竞争机制实现的。在时尚产业产生初期，老牌时尚企业 LV、GUCCI、BUBERRY 等都是进行封闭式系统运作，独立设计和生产产品，在垂直一体化组织模式下，各家公司的辅料和配件生产是互不相容的。这种生产模式下，技术和工艺更新频率不高，产品更新换代慢。为了应对时尚需求千变万化的趋势，许多时尚企业都对其原有的封闭式创新系统进行改革。一些老牌时尚将生产业务部分外包，将创新重点放在设计研发与营销策划上，而一些快时尚的代表，如 H&M、C&A 等则将生产制造外包，专注于时尚产品的设计研发，通过加快时尚产品周转获取利润。

随着产业组织模块化程度逐渐加深，各个子产业内的企业之间竞争日益激烈。例如，在高端箱包市场，LV、GUCCI、爱马仕、香奈儿等多足鼎立；在化妆品市场，欧莱雅、美宝莲、资生堂、兰蔻等品牌长期处于竞争状态；快时尚服饰市场 H&M、ZARA、C&A 竞争日益激烈，运动服饰市场 ADIDAS 与 NIKE 平分秋色。以五大时尚之都为代表的时尚产业组织，将开放式创新机制纳入自己的生产网络，每一个模块生产商专注于自己的核心业务，从而获得规模经济效应；模块生产商之间又有分工协作，极少数的模块集成商在模块化架构的基础上形成了跨地域的产业价值链，从而获取范围经济效应。开放式创新系统还大大缩短了时尚产品的生命周期。以往的生产性创新来自外包带来的高效率，现在逐渐被顾客参与性的“众包”与外包相结合的模式所替代。图 6–5 表明，传统的时尚企业创新主要来自时尚设计与研发层面，创新模块的动力来自内部。图 6–6 表明，组织模块化的实现过程中，开放式创新体系表现为内部创新和外部创新共同作用的结果。外部创新表现在，通过外包，来自设计与研发的创新源泉逐渐独立，非核心业务也通过外包使得企业将更多的精力投入到核心业务中。顾客参与甚至主导时尚创意（时尚理念）的众包模式，借助互联网等媒体的力量，依托一些中介机构，使越来越多的人参与到时尚阶层中来，分享时尚创意带来的便利和好处。

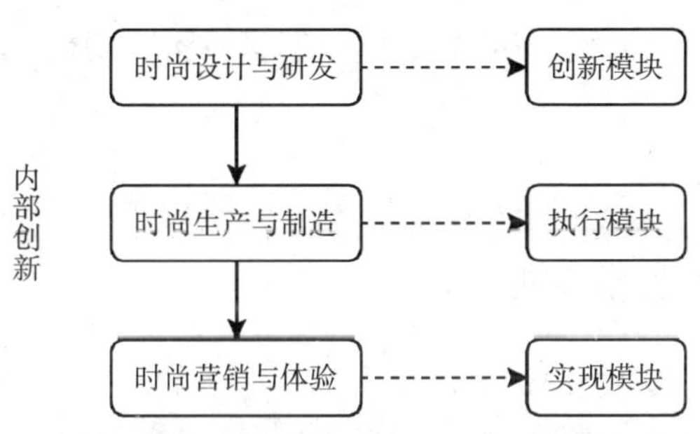

图 6–5　时尚产业组织封闭式创新体系

时尚产业组织模块化过程要求其创新系统必须是开放性的，否则时尚产业就会失去不断求新、求变的动力，时尚也就无所谓时尚。时尚产业发展初期，引领时尚的人是社会名流、高消费群体，设计师只是依附于这些群体，依照这些群体的意图进行时尚设计。随着时代的发展，时尚理念不再是较小受众面的个体概念，而是一种引领大众消费潮流的观念和看法。时尚行业组织、时尚工会、时装周、珠宝周等形式的出现，大大促进了时尚产业的发展。然而，随着时尚设计与研发机构逐渐成为时尚产业创新的主要来源之一，隐性信息的保护与公开信息的

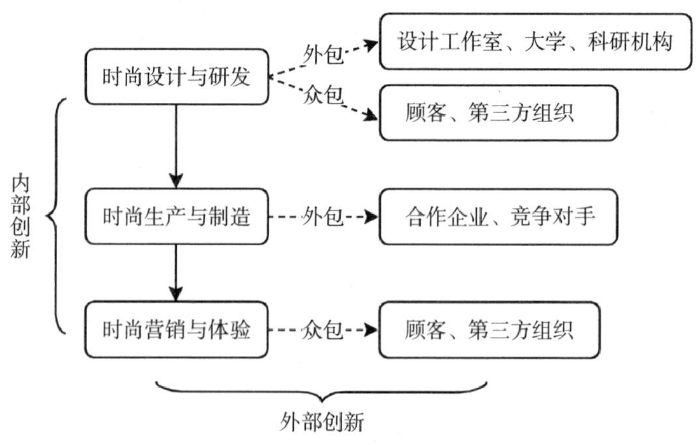

图 6-6　时尚产业组织开放式创新体系

沟通，越来越受到研究界的重视。隐性信息即时尚企业内部知识产权的研究，公开信息即技术标准、界面的沟通和衔接，成为影响时尚产业组织模块化进程的重要因素。

第二节　时尚产业组织模块化重构

一、时尚产业组织模块化结构

（一）时尚产业组织模块化整合

时尚产业组织模块化整合是在生产要素自由流动的前提下，由需求、技术、制度等多种因素驱动，经过模块化价值分解过程，使功能得到整合，产业内部不断加强横向联系，逐渐形成具有自身特色的复杂性产业网络的过程。时尚产业垂直一体化产业链条的分解和具有界面标准的功能模块形成仅仅完成了产业整合的第一步，“分”是为了更好的“合”，因此在这个阶段，时尚产业组织经过模块化的进一步整合后，一方面形成了以专用模块供应商为核心，时尚设计研发、消费体验为主体，有效融合时尚购物、娱乐、餐饮于一体的大业态，即时尚休闲综合体；另一方面又形成了跨产业的新业态，如时尚节事、时尚会展、时尚旅游等，进一步，模块化作用下的时尚产业还整合了产业外的资本，逐渐形成具有新产业属性的新兴行业，如时尚创意地产、时尚创意投资等。

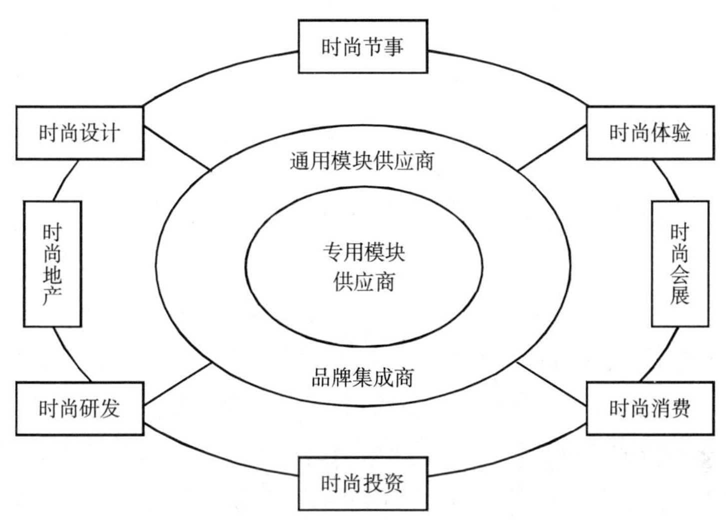

图 6–7　时尚产业组织模块化整合

如图 6–7 所示，时尚产业组织模块化整合过程，使时尚产业以新的组织形态出现，其产业结构各个单位之间已经不再是简单的线性关系，而是纵横交错的立体网络结构，具有第二产业和第三产业双重性质。更进一步，随着现代社会由“生产”为中心的经济模式向以“消费”为中心的服务经济过渡，单纯以供给视角的分析越来越面临挑战。模块化作用下的时尚产业组织分解和整合，不仅造就了时尚产业模块的重新划分，也使得企业边界趋于无穷。此时，时尚产品的资产专用性决定了时尚企业之间的耦合程度，而企业核心能力的强弱，不再由企业规模或者垄断能力决定，而是由其知识资本为主的模块化能力，即设计能力、整合能力、关系能力和升级能力（郝斌、戴新民、任浩，2010）决定。

时尚产品具有垄断竞争性和示差性（Gregory P. M.，1948），其能否被市场接受，也具有不确定性（Jain N.和 Paul A.，2001）。组织模块化整合的过程中，那些具有创新优势、品牌优势和化解内生性风险能力的模块化程度较高的企业，通常会在市场上具备垄断地位。这种垄断地位与以往的垄断厂商不同，它不妨碍企业之间的有效竞争，也不损害时尚产品的工艺创新效率。原因在于，这种垄断地位确立的同时，模块化作用下“背靠背”竞争机制使得原有的“纯粹竞争”机制被瓦解，进而转向“竞争合作”的共同演进机制。因此，时尚产业组织模块化整合的过程，也是竞合机制确立的过程。

（二）时尚产业组织模块化结构类型

组织模块化机构类型中，具备一定垄断优势的企业，被称为核心企业（Kim B. Clark 和 Carliss Y. Baldwin，1997）或者“舵手”（青木昌彦，2003）。这些核心企业的重要任务是对组织模块化结构依据一定信息沟通的需要进行设计。根据青木昌彦（2003）的理论，模块化系统中要处理的信息有两种：一种为“看得见的信息”，即系统信息；另一种为“看不见的信息”，即个别信息。前者为整个系统所共知，并包含了所有模块所必须遵守的共同设计规则；后者是各模块自有的信息，可以相互保密。当然，系统信息也不是一成不变的，否则系统就会陷于僵化，因此青木昌彦将处理系统信息的单位称为“舵手”。“舵手”的任务就是接受外来市场信息以及各模块反馈的信息，并据此处理系统信息乃至创造“看得见的信息”。产业地位的不同决定了信息处理的途径不同，青木昌彦据此模块化将其划分成三种基本类型，即 IBM 型、丰田型和硅谷型。刘万丽（2009）则在此基础上将核心企业划分为“强势”核心企业和“弱势”核心企业。综合时尚产业组织中模块化规则的设计主导，结合以上三者的研究，时尚产业组织结构也可以划分为三类。

（1）强势舵手。在这一模式中，“舵手”在设计、生产各模块之前，事先处理系统信息并确定模块之间的联系规则。各模块在这些标准信息界面约束下独立开展各自的活动，没有信息反馈给“舵手”。系统环境改变后，只有“舵手”有权根据需要改变系统信息，各模块在此过程中不具任何影响力，如图 6-8 所示。

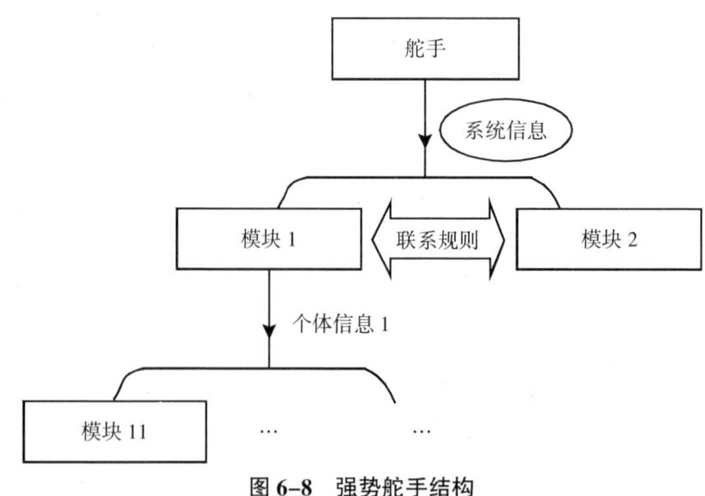

图 6-8　强势舵手结构

（2）半强势舵手。与强势舵手相比，“舵手”在设计模块之前，事先处理系统信息并确定模块之间的联系规则，各模块在这些标准信息界面约束下独立开展各自的活动。不同之处在于，这一类型的显著特点是“舵手”和模块之间频繁交换不断变化的系统信息，各模块对“舵手”决定联系规则的活动具有一定的影响力。在各模块的具体设计中，联系规则也会不断地根据需要进行调整。信息在“舵手”与模块之间来回流动，不断被双方利用，如图 6–9 所示。

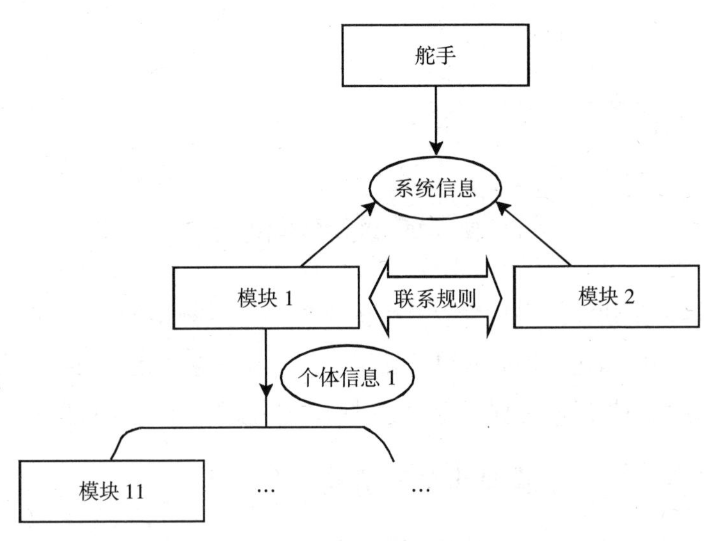

图 6–9　半强势舵手结构

（3）弱势舵手。与以上两种结构不同，弱势舵手结构的特点是多个模块主体同时反复地活动，存在多个“舵手”。由于各模块从一开始就根据已确定的有限的系统信息，独立处理各自信息，因而各模块发出的“看得见的信息”不一定是相同的。这些信息由“舵手”从它所处的系统环境角度加以解释后，再反馈到整个系统。各子系统对这些反馈过来的异化信息进行比较、筛选。通过这些活动，模块之间的联系规则不断被筛选，从而进化发展。“舵手”通过事后对整体规则的整合，找到最合适的模块组合，形成生产系统。信息的异化和筛选整合过程是这一类型的显著特征，如图 6–10 所示。

这三种组织模块化结构往往在时尚产业集群中得以体现。时尚产业集群中，“舵手”往往是创新价值的承载者和实施者，“舵手”所具备的知识密集程度和信息沟通能力直接决定了组织模块化结构的状况。而随着时尚产业内部个体信息和

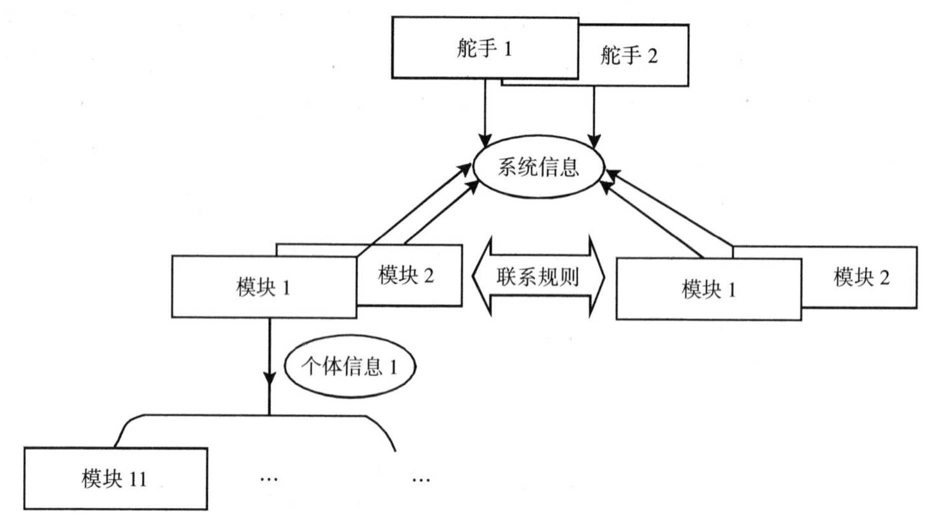

图 6-10　弱势舵手结构

公共信息沟通的加快，越来越多的模块化要素产生并影响模块化进程，时尚产业集群也逐渐走向网络化，最终使得“舵手”的职能逐渐弱化，网络化模块集群形成。与这一组织结构形成过程同步的是时尚产业组织生产方式的变化。

二、时尚产业组织模块化生产方式

产业组织模块化结构生成的同时，居于主导地位的核心企业往往负责组织的内部制度设计，以保证企业纳入组织模块化系统，组织流程实现模块化。这一过程中包括两项内容：一是对模块化契约关系进行设计；二是对组织价值创新系统进行设计。

（一）时尚产业组织模块化契约关系

契约关系的设计是核心企业信息处理能力的延伸。组织模块化的中间组织性质（张伟，2010）决定了其在资源配置方式、治理主体、治理对象、治理手段、控制程度、激励程度、信任程度、交易频率、合作稳定性、竞争性等方面与企业和市场存在许多不同。从根本上说，组织模块化结构的建立，最终目的是为了确保组织契约的有效履行，使组织模块化松散的耦合关系进一步紧密化、系统化。特定的契约设计应该包括以下内容：组织结构所能囊括的成员模块及其数量、组织横向的职能关系、组织纵向成员模块及其细分模块之间的紧密程度和架构关系等。在将这些要素组织起来的过程中，保证组织契约关系的核心内容包括信任机制和分配机制（李想、芮明杰，2008）。

（1）信任机制。时尚产品从设计研发到生产制造，进入市场，最终得到消费者的认可是充满不确定性的过程。因此时尚产业组织之间的信任与合作十分重要。模块化契约关系要求成员之间既有竞争又有合作。

首先，“背靠背”的竞争机制，是信任机制的具体表现。在要素的投入阶段，时尚企业的竞争行为表现为吸引和保留设计人才上的竞争、获取金融资源从而启动时尚创意活动、获取专利使用权以及签署排他性技术许可协议等方面的竞争；在研发实验阶段，主要表现为研发投入、技术设备和创新速度方面的竞争；在市场进入阶段，表现为对目标客户的竞争。在这一竞争过程中，核心企业往往凭借自己强大的市场优势，在产品质量和产品差异化上增加技术优势，通过持续创新不断提高工艺水平，不断满足消费者个性化、多样化的产品需求，从而保证其竞争优势。

其次，信任机制还表现在组织模块化成员之间的网络协同合作。在时尚产业组织模块化内部，各个模块企业往往通过正式或者非正式的契约，在设计、技术开发、生产和市场营销等创造价值的活动中选择性地与其他模块企业建立长期稳定的合作关系。合作的方式多种多样，包括专业化分工合作、基于资源共享的合作、基于知识关系的合作以及基于市场需求的合作。这种合作形式，使得模块企业可以利用地理位置的毗邻和产业的关联性，通过知识共享、资源共用、资源互补、共同投入、风险共担等方式进行合作创新，信任程度进一步强化。

最后，信任机制还表现在时尚产业的知识共享系统。时尚产业模块化生产网络是一个以动态分工和知识共享为特征的开放生产系统。知识在组织体内部的流动过程是一个价值交换和学习的长期动态过程。时尚企业在组织外部环境和获取的市场需求信息的作用下，不断创造和挖掘出新的知识（包括显性知识和隐性知识），这些新知识通过时尚产业成员之间的正式（工作室、合作团队、师徒制等方式）和非正式的交流渠道（基于某种爱好而结成的群体等），在网络组织和成员间传播和扩散，实现时尚企业知识共享。这种知识共享系统将时尚企业紧密团结在一起，形成多向持续传播、吸收和整合的过程，构成模块化产业集群网状知识创新系统，使得时尚企业可以以低成本获取合作伙伴的知识和技能，并将获取的知识与自身能力的核心相结合，进行独立模块的知识创新，提高模块生产效率和创新水平。

（2）分配机制。如果说时尚产业内部的信任机制促进了组织的创新系统，使时尚产业的价值创造得以实现，那么有效的利益分配模式是组织模块化的契约关系得以确定的有力保障。从逻辑上看，信任机制决定了分配机制。产业链分配的影响要素包括参与者、附加值、规则、策略、合作范围等（G. Gereffi，2005）。时尚产业的分配机制在这些方面也呈现出与其他产业分配机制不同的特征。

首先，附加值的大小决定了时尚产业主导企业的类型，主导企业往往是分配机制的执行者，也即系统信息的制定者。如图 6–11 所示，时尚产业和创意产业类似，在各个价值链环节的附加值呈现一个微笑曲线的状态（曹如中、高长春等，2010）。在模块化程度较高的纽约、米兰、东京、伦敦、巴黎等时尚之都，时尚产业的利益分配往往与其在价值链环节所创造的附加值成正比。时尚创意是推动时尚产业发展的引擎，在整个时尚产业中居于主导地位。因此，时尚设计与研发模块，不仅是时尚产业界面标准的制定者、隐性知识的主要拥有者，也是利益分配的主导者。

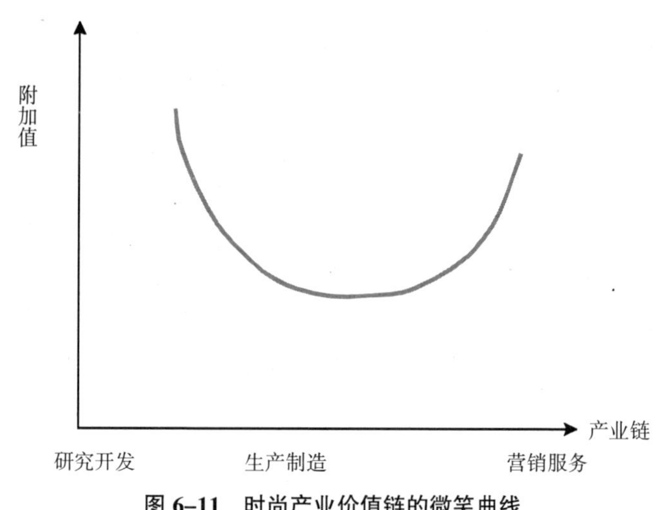

图 6–11　时尚产业价值链的微笑曲线

其次，时尚产业的分配规则受到市场集中度的影响。规模经济越明显的行业，企业数量往往较少，极端情况下产生自然垄断。时尚产业中的奢侈品行业，市场集中度较高，卖方往往掌握市场主动，市场可容纳的最佳时尚企业较少，竞争程度较低，比较容易获得垄断利润。而竞争较为激烈的快时尚生产市场，规模经济相对较小，市场集中度低，企业的利润也比较低。

再次，要素稀缺性不同决定了时尚产业的分配方向。时尚产业的生产环节，往往是劳动密集型的，主要以产品生产为主，而营销环节需要大规模的广告投入，呈现资本密集型的特征，而设计研发环节则是技术密集型的。现实生活当中，技术比资本稀缺、资本比劳动稀缺，越稀缺，成本越高。在时尚产业中，研发设计环节获取要素成本相对较高，而营销环节次之，生产环节排在最后。因此，时尚产业的利润分配趋势是越来越倾向于两端。

最后，行业进入壁垒是时尚产业分配机制的主要决定因素。品牌优势是所有时尚企业追逐的目标，因为品牌优势不仅意味着较高的市场份额和较高的利润，更意味着存在一定的市场进入壁垒，对潜在进入者提出了更高的进入要求。因此，时尚产业内部各个环节都致力于形成自己的品牌优势，从而在分配体系中占据主导地位。

（二）时尚产业组织模块化价值创新系统

价值对于企业来说，是利润、效用、效益、财富、收入等。传统的价值创造是在经济结构既定的框架下，包括规模扩张等边际增量改变的一种企业战略。其不足之处是缺乏在过剩经济下对以知识为价值创新来源的报酬递增、市场新空间的探索，是一种被动的竞争战略。为此，美国哈佛商学院 W. Kim 和 Mauborgne 在 1997 年提出价值创新（Value Innovation）理论，C. K. Prahalad 和 Ramaswamy（2004）进一步将这种价值归纳为与顾客一起创造的价值。他们都认为，这是一种超竞争（Hyper-competition）环境的增长方式，将顾客作为战略选择和实施的出发点、归宿点，从而对不同市场的卖方价值元素进行筛选和重新排序，通过增加、创造现有产业尚未提供的某些价值元素，剔除产业现有的某些价值元素，开创新的市场空间和产业边界。Bladwin 和 Clark（2000）所提出的网络化生产网络，证明了模块化的价值反应。组织模块化充分显示了对现有企业价值链和产业价值链分拆和整合的优越性（徐宏玲，2006）。

组织模块化形态对时尚产业而言，不仅可以帮助其原有产业形态进行拆分整合，还可以在此基础上构建全新的价值创新系统。时尚产业组织模块化价值创新系统产生的基本原理在于：

（1）时尚产业的设计和研发环节具有极高的不确定性，模块化设计隐含的期权性质（Bladwin 和 Clark，2000）可以帮助时尚产业降低这种不确定性。时尚产业中的核心企业，往往是系统信息的决策者和执行者，它在追逐全新时尚产品生产的同时，会随着技术的不断革新，要求独立的、隐含的模块在不同的时间内创造新的经济价值，并要求系统的结构和界面做出变化。这样，高风险的时尚产业组织所生产的生命周期较短的时尚产品极其模块设计具备了演进的一致性。时尚产业组织可以根据客户需求的变化做出及时调整。

(2) 组织模块化帮助时尚产业利用组织结构获得知识创新的各种收益，即基于知识创新的熊彼特租金。同时，需求导向下的协调生产加快了知识创新的速度。组织价值创新往往表现为规模经济、替代经济（孙晓峰，2005）和知识系统的协同效率（苟昂、廖飞，2005）。

(3) 时尚产业组织通过对创新要素的模块化整合，实现时尚产业创新过程中的信息传递效应、结构优化效应和知识溢出效应，进而实行创新体系新发展，催生新要素，实现创新的不断循环（颜莉、高长春，2012）。

三、时尚产业组织模块化重构过程

时尚产业组织模块化重构过程，实际上是产业组织的创新驱动过程。从重构的过程看，大致经历了三个阶段。

（一）时尚产业组织线性创新阶段

该阶段最大的特征是需求拉动和技术推进。早期的时尚产业组织变革是渐进的，其基本点在于对现有的时尚产品的改良性突破和用户关注的服务性能方面的改进。例如早期的时尚老牌 LV，强调其品牌是“旅行的艺术”，具有怀旧意义的皮箱是 LV 的经典产品，是其旅行的起点。1994 年开始，LV 陆续出版了各种旅行图书，从《一起旅行》、《旅行手册》到《路易威登欧洲国家城市指南》，使其品牌故事深入人心。该阶段的技术时尚工艺进步缓慢，需求拉动是主导时尚产业发展的主要力量，如图 6–12 所示。

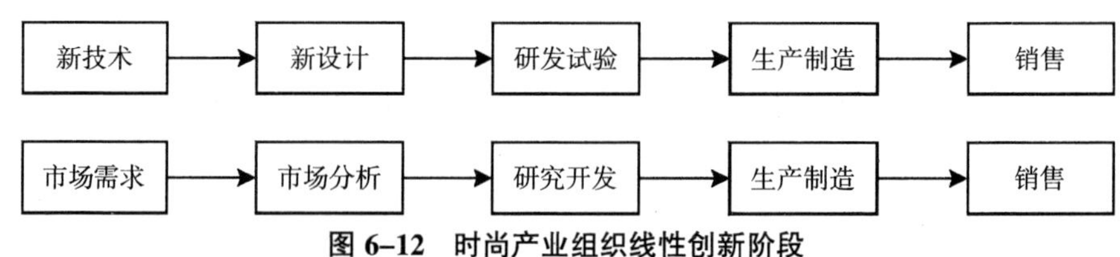

图 6–12　时尚产业组织线性创新阶段

（二）时尚产业组织互动创新阶段

时尚产业组织在这个阶段实现了市场与研发的有效联结，市场与研发的分割局面得到改变，“背靠背”的竞争方式开始大量涌现。与以往的时尚产业组织结构单线沟通，研发不受重视的状况不同，这个阶段的时尚产业组织呈现三大特点：一是研发参与到时尚产业组织的各个模块，时尚产品的市场体验与再设计得到重视，并成为时尚产业组织的重要部分；二是各个模块的独立性逐渐显现，独立性意味着这些模块具备了拥有隐性知识的能力，并在控制本模块活动能力方面占据主导地位，独立性创新成为可能；三是这些模块之间的沟通加强了，模块之间的界面和标准出现并以行业规定的形式存在，时尚工会组织开始发挥重要作用。"背靠背"竞争机制运行的结果，是时尚产业混合模块化雏形的出现，即横向模块化和纵向模块化同时进行，如图 6-13 所示。

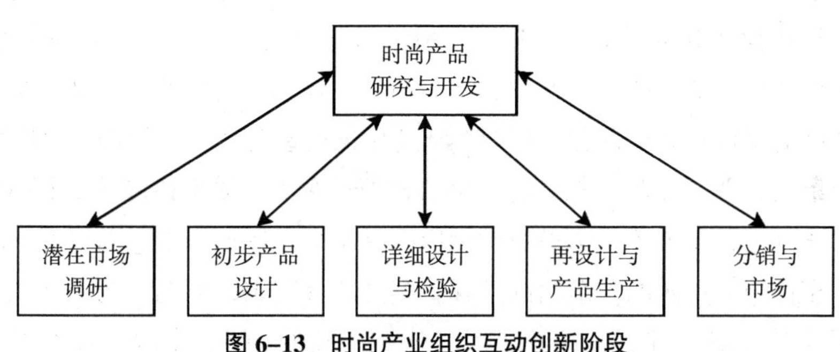

图 6-13 时尚产业组织互动创新阶段

（三）时尚产业组织网状模块化创新阶段

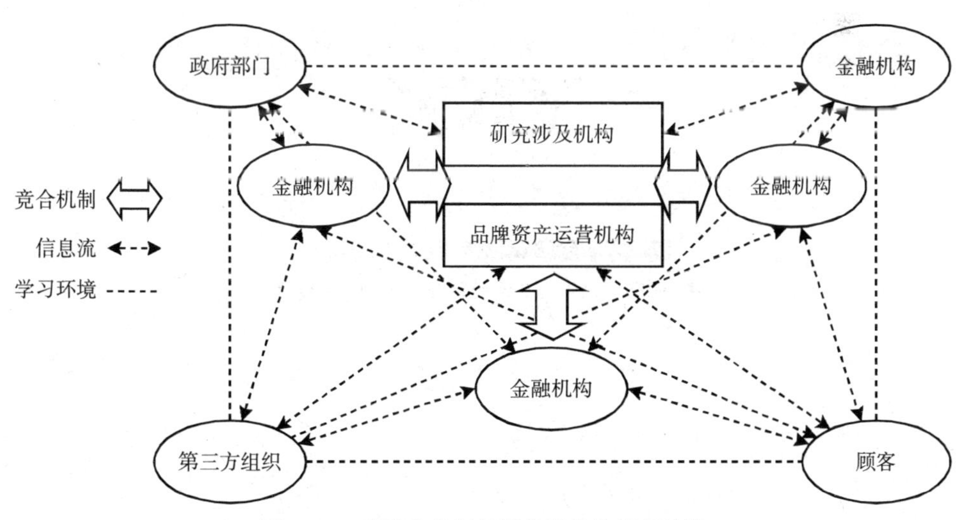

图 6-14 时尚产业组织网状模块化创新阶段

如图 6-14 所示，该阶段的时尚企业被包裹在网络状的组织架构中。时尚企业的创新过程变成了一种组织参与知识积累及创造的集体学习过程。这种知识不仅存在于组织内部，更存在于企业与其他机构、组织的互动网络中。该阶段，时尚产业涌现出许多模块化要素，跨国合资、研究机构成为研发合作的新趋势，合作 R&D 成为研究形式的主要类型，分包、众包在生产分工和供应者网络中得到应用。独立研发与组织研发并进，时尚产业整体组织创新呈现出模块内部独立创新、模块成员之间协同创新并深化、标准演进下的产业升级演进的特征。

通过模块化的生产方式，时尚产品不再是由新的部件和辅料直接构成，而是由许多的通用模块和少量的专用模块组成，这些模块按照不同的顺序排列组合，可以迅速提高众多的功能相似的同类产品的生产效率，这种效率提高的结果，就是时尚产品的多样化和个性化。以时尚产业中的时装为例，从纵向看，时装的生产可以分解为线头、布料、扣子、拉链、裁剪、车工、质量检测等 j 个环节，实现了模块化分工，而上述每个模块的供应商有 k 个，例如，生产面料的国际品牌有日本的东洋纺、可乐丽，美国的杜邦，英国的考陶尔，奥地利的兰精；生产拉链的有日本的 YKK、中国上海的 CPC、中国福建的 SBS、中国浙江的 YQQ 等。由于模块化分工降低了彼此之间的知识关联，市场上有 j×k 个模块供应商可以同时展开知识创新，使得组织模块化下的时尚产业呈现多维创新可能。

图 6-15 日本 YKK 拉链生产企业 LOGO

第三节　时尚产业模块化重构的案例分析——快时尚

一、快时尚的代表——优衣库（UNIQLO）、H&M 和 ZARA

优衣库（UNIQLO）是日本快时尚品牌的代表，全名是 Unique Clothing Warehouse，意为通过简化的仓库型店铺，采用超市型的自助购物方式，以合理可信的价格提供顾客希望的商品。这个品牌建立于 1963 年，从一家销售西装的小服装店起步，1984 年开始尝试仓储式服饰专卖店，1998 年开始“休闲服直接面向消费者”的商业模式，全面修正了策划、生产、流通、销售等商业流程。优衣库目前是日本服装行业零售领军企业，2013 年 8 月其海外的净销售收入达到 2160 亿日元，在日本门店总数达到 854 家，海外门店则多达 438 家。

图 6-16　优衣库门店

H&M 是来自瑞典的时尚品牌，全名是 Hennes & Mauritz，成立于 1947 年，最初只是一家经营女装的小型时装公司。1972 年，Hennes 与 Mauritz 合并后，开始实施欧洲和北美的全球化经营战略。2007 年，H&M 中国首家旗舰店在上海开业。截至 2012 年 1 月，在 43 个国家和地区拥有 2500 多家门店和 87000 多名员工，其“最优价格，提供时尚与品质”（Offer Fashion and Quality at the Best

Price）的经营理念，实际上就是快时尚“平价、少量、多款”的最好诠释，逐渐得到消费者的认可。

图 6-17　H&M 门店

ZARA 是西班牙 Inditex 集团旗下的一个子公司，它既是服装品牌，也是专营 ZARA 品牌服装的连锁经营零售品牌。1975 年设立于西班牙的 ZARA，是全球排名第三、西班牙排名第一的时尚企业，在世界 56 个国家和地区设立有超过 2000 多家的服装连锁店。ZARA 是快时尚企业中产品更新速度最快的企业。它每周都会有一定产品上新，商品下架的替换率非常快，每隔 3 周，其服装店内所有商品一定要全部换新。ZARA 的设计师数量众多，每年推出的新产品达到 120000 款，是同行业中的翘楚。

图 6-18　ZARA 门店

二、快时尚企业的组织模块化系统要素

快时尚企业的特点：第一，迅速掌握市场潮流资讯，将市场需求快速融合到时尚产品的设计之中；第二，时尚产品从设计到生产再到营销，时间非常短，上市品牌为一周到三个月，能满足消费者求新求变的要求；第三，平价产品居多，可以契合大部分消费者的承受能力。

位于时尚产品体系第三个层次，满足大众时尚消费水平的快时尚企业，是集创新与平价于一体的时尚产业的典型代表。这类企业一般都采用 SPA（Specialty Store Retailer of Private Label Apparel）即自有品牌零售模式。该模式的实现，有赖于各个模块和环节的高效沟通协作，使得产品从设计到生产再到销售的时间大大缩短，时尚买手制、研发中心、外包体系、供应链管理、信息系统等多种因素的有效结合，保证了快时尚企业的市场竞争地位和组织创新优势。

以优衣库为例，优衣库在 1991 年之前，只是家普通的服装生产企业。传统的设计、生产、销售三大模块的组织模式，使得其在日本本土的发展遭遇瓶颈。1991 年，公司在 CEO 柳井正的带领下，逐步开展连锁业务，销售模块实现了分解，1998 年“休闲服直接面向消费者”的商业模式，标志着在销售模块其品牌集成商的角色已经完成。2001 年，优衣库首家海外店铺在英国开业，2002 年优衣库研究院成立，标志着其模块化设计研发能力、品牌资产管理能力的形成。具体来看，这三大块时尚品牌在组织模块化过程中，以下要素起到关键作用。

（1）时尚买手制。优衣库在东京和纽约有 100 多名买手，ZARA 在全球的时尚买手则多达 400 名。他们专注于全世界时尚潮流咨询以及人们不同生活方式和新型材料的运用。时尚买手制是专注自有品牌与谋求市场需求高度结合的产物。买手们会与设计师以及图案设计人员一起合作，为每一季的产品提供设计理念和线索，由他们决定开发和生产计划，决定用什么样的材料，采用什么样的设计。同时他们会结合市场部反馈的数据和市场策略。当一切前期工作准备就绪后，他们还要参与生产流程的规范。时尚买手是沟通市场和设计乃至生产模块的最活跃因素之一。

（2）品牌研发中心。该中心是产业组织价值创新的主要来源。一方面，中心的研究人员致力于寻找价格适中的优质面料，比如克什米尔、皮马棉、美丽奴羊毛、Premiun Down 等系列都是优衣库的代表产品，H&M 则主打环保面料；另一方面，它的研究人员致力于研发新型材料。如优衣库 1999 年冬季销售的 Fleece

达到800万件，在日本深受消费者喜爱，也为优衣库获得了高额的利润回报。优衣库与东丽（TORAY）共同研发的HEATECH和超细聚酯，使得服装比同类商品重量减轻30%以上，保暖性比羽绒高两倍。

（3）生产外包体系。优衣库的生产外包体系堪称典范。优衣库有70多家合资生产企业，其有70%以上的产品都产自中国。目前这些外包体系的成员还包括中国香港、中国台湾、越南、孟加拉、韩国、新加坡、马来西亚、泰国和菲律宾等。生产外包体系是优衣库模块化生产的关键内容。一方面，优衣库产品类型众多，将生产外包，可以使其专注于设计、研发和品牌维护工作；另一方面，为了保证产品质量，优衣库定期派出专家团，向这些合作企业提供技术指导，所以尽管是较低成本的大批量生产，优衣库追求的规模经济仍然是有质量保证的。ZARA在西班牙拥有22家工厂，50%的产品都是由这些工厂来生产的。剩余的50%产品则由位于葡萄牙、中国、印度、摩洛哥和柬埔寨的供应商以OEM（Original Equipment Manufacture，代工生产）方式实现。

（4）供应链管理。为了使生产更具灵活性，管理更具柔性，2003年优衣库提高了合作企业的挑选门槛，将生产灵活性作为挑选合作企业的关键指标。在销售终端，优衣库则采用实体店面和直销结合的模式。这两种模式除了具备一般销售终端的功能，还具有一项创新技术：即VDM（Visual Merchandising & Display）视觉信息系统的采用，这个系统首先对客户进行视觉识别（Visual Presentation）；其次是引导客户购买的重点提案（Point Presentation），帮助顾客了解主推货品；最后是方便顾客购买的单品提案（Individual Presentation），提供完整的款式颜色和尺码信息，方便顾客购买。这一系统的采用，通过解答顾客消费常规障碍，大大方便了顾客选购优衣库的产品。H&M则设计了两条供应链，分别来自亚洲和欧洲。H&M在瑞典本土并没有生产基地，其在世界各地有22个采购中心，700多家供货商采购货品。H&M为了实现供应链的优化，会根据需求量的不同，将时尚产品分为三类：第一类是客户需求量最大的商品，这类商品基于常年销售资料预测，往往需要提前设计和订购；第二类是当季正在流行的服饰，H&M具有快速识别系统，能做出预测，降低库存风险；第三类是最新的时尚产品，往往是与大牌设计师或者明星合作，高调推出的引领时代潮流的产品。这三类产品采用分类的供应链管理方式，大大提高了供应链管理的效率。

（5）信息系统。ZARA的信息化体系涵盖了物料编码系统、配码管理系统、款色码管理系统、订单处理系统、零售终端数据采集系统。物料编码主导服装的材质、颜色和规格的管理，提供色卡生成器、自动生成编码等功能。配码管理系统着重解决混箱包装问题，系统支持配码和单码之间的转换以及在仓库中实现按箱拆分为单码，或者将零码按照配码组合成箱的拆装箱管理功能。款色码管理系统针对时尚产品款式变化快、结构和物料耗量要求众多的问题，按照款式、批量生成款色码。订单处理系统配合企业的订货会销售模式，自动汇总订单，并将大的销售订单自动拆解为符合生产要求的生产订单。零售终端处理系统则着重于对零售终端信息的采集和分析问题。H&M 在内部采用的是 OFS（Offer Follow up System）信息系统跟踪供应链的生产计划，负责与欧洲供应商的沟通。H&M 对外的沟通依赖于 ICT（Information and Communication Technologies）作为信息交流平台，使得销售、库存、采购计划和生产能力等信息可以在全公司共享。信息化效率进一步提高了快时尚企业的生产和销售效率。

三、快时尚企业组织的模块化重构与价值创新

与奢侈品和中档时尚产品所倡导的时尚概念、时尚故事需要较为长时间的积淀不同，快时尚企业的价值模块中并未强调时尚概念产生这部分，因为与前者相比，迅速地以较为大众的价格获取市场份额，满足大部分追求时尚但消费能力居中的人群的要求，是快时尚产业主要的目标。

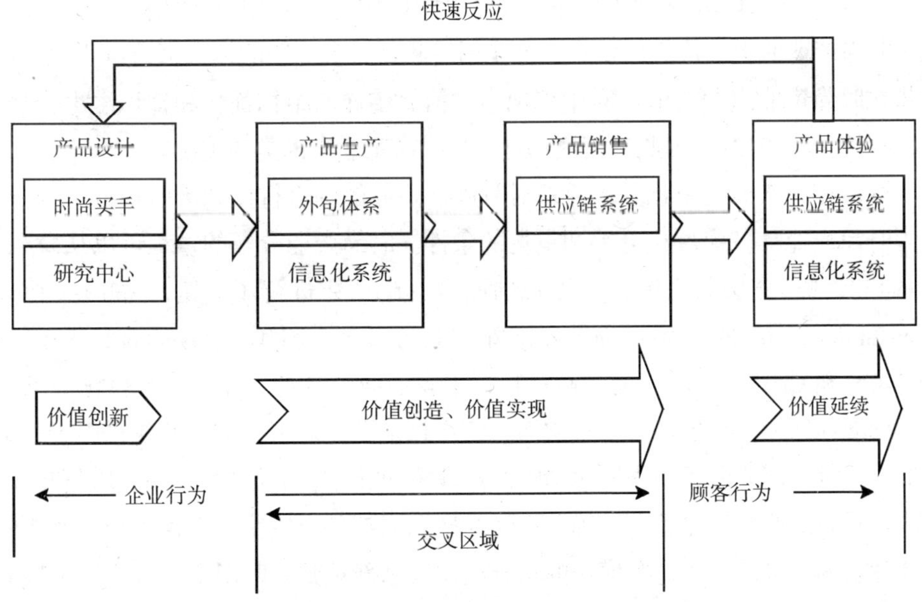

图 6-19　快时尚企业组织模块化重构与价值创新

与奢侈品和中档时尚产品在模块化过程中类似，快时尚企业基本遵循了“模块化要素累积—知识创新—顾客价值最大化—组织价值创新”的发展路径。图6-19对快时尚企业组织模块化重构与价值创新进行了描述。这个过程也体现了时尚产业组织模块化价值创新与以往的创新有诸多不同之处：

首先，模块化要素的累积是产业创新的基础。从产业源头的时尚买手制和研发中心到产业末端的供应链系统和信息化系统，模块化要素既是各个环节创新的来源或者实现手段，又为这些模块耦合提供界面支持，即模块化要素是制定系统规则的首要参考因素。

其次，企业知识创新与顾客价值最大化，通过模块化重构，实现有机结合。时尚产业的特殊性在于时尚创意与顾客需求的高度统一，要求企业时刻关注顾客的时尚需求，获取时尚知识，实现自我创新。模块化之后的时尚产业，价值创新表面上看是企业的个体行为，实际上是顾客参与价值创造、价值实现之后的共同结果。顾客不再是单纯的消费者，其体验时尚产品的职能日益职业化，例如，各种各样的“试穿”、“试戴”、“时尚用品体验”，使消费环节产生大量的职业体验者，他们对时尚产品的体验和评价，对产品后续营销具有重大影响。这种体验和评价，以及通过第三方组织进行的“众包”，使原先到消费终端便终结的时尚产业价值实现得以延续，并为产业前段的价值创新提供源源不断的灵感和动力。

最后，时尚体验所得到的反馈通过快时尚的信息传递机制迅速传递到产业前端，时尚产业的组织价值创新在“企业创新和顾客参与”的模式下得以实现。模块化在时尚产业组织价值创新中表现为“信息传递、结构优化和知识溢出”（颜莉、高长春，2012）。因此，模块化对于快时尚企业来说至关重要。

本章首先依据模块化基本原理对时尚产业分解的可行性和动力进行了分析，认为时尚产业具备模块化分解和重构的条件。时尚产业分解的过程可以从微观、中观和宏观三个层面去解析。微观层面，时尚产业进行了分割（Split）、替代（Substitute）、扩展（Augment）、排除（Exclude）、归纳（Inversion）与移植（Baldwin 和 Clark，2000）的分解过程；中观层面，时尚产业依据模块化要求实现了标准创新和模块创新；宏观层面，模块化帮助产业组织实现开放式创新战略的推进。时尚产业的重构内容包括时尚产业模块化整合的结构、重构过程和生产方式。时尚产业模块化整合，确立了时尚产业内部各个模块的角色和相关产业的功能性结构，也确定了这些模块的竞合机制和创新规则；时尚产业模块化重构的过程经历了线性创新、互动创新和模块化创新三个阶段；时尚产业的生产方式则从模块化角度对时尚产业组织的契约关系和价值创新机制说明时尚产业创新的动力与源泉。最后本章以快时尚企业为例对时尚产业组织模块化分级和重构过程进行了分析，说明模块化要素作用于快时尚企业帮助其实现价值创新的过程。下一章，本书将针对时尚产业较为发达的五大典型城市进行分析，提取其产业组织模块化发展特征，对时尚产业价值创新做进一步分析。

第七章

时尚产业组织价值创新要素及其提取

本章将对价值创新这个概念进一步深化。在此基础上，本章将围绕时尚产业组织价值生成的机理，对影响时尚产业创新价值的要素进行调研和分析，说明这些要素可能对产业组织产生的效应，进一步明确时尚产业组织价值创新机制，并说明这一机制对时尚之都的意义。

第一节　从价值创造到价值创新

一、价值创造与价值创新

价值内涵的争论是经济学理论的基础及其发展进步的源泉。围绕价值的性质、缘由和内涵等问题，从威廉·配第、亚当·斯密到边际学派、剑桥学派等，形成了若干价值理论学派。依据价值尺度的判定方向，大致可以分为三类：劳动价值论、效用价值论和均衡价值论。

劳动价值论始于威廉·配第所著《赋税论》（1662），之后经过亚当·斯密、大卫·李嘉图、马克思等的发展与完善，形成了现在的劳动价值论体系。亚当·斯密

(1997) 认为:“价值有两个不同的意义。它有时表示特定物品的效用，有时又表示由于占有某物而取得的对他种货物的购买力。前者叫作使用价值，后者叫作交换价值。”大卫·李嘉图则认为，使用价值是交换价值的前提，商品价值量取决于最不利的条件下进行生产的人所必需投入的较大量劳动。马克思更进一步认为，交换价值是价值的量的表现，价值的本质是劳动，价值凝结在商品中无差别的人的劳动。劳动价值论在其产生和发展的历史时期成功地解释了社会中的劳资关系问题。但是将劳动作为价值来源的界定方案，使得价值成为一个纯粹、抽象的关系范畴，随着社会经济发展，对于其他要素参与价值创造等问题，劳动价值论无法进行有力的解释。

效用价值论始于萨伊（J. B. Say）所著的《政治经济学概论》。他提出了生产要素价值论，认为价值是个人对商品使用价值的主观评价即效用，而效用的创造不仅有劳动，还有资本和土地，即三种生产要素共同创造价值。在此基础上，边际学派倡导的效用价值论提出，以人们对商品效用的主观评价大小作为衡量商品价值的唯一标准。价值的源泉是效用，但是效用必须与稀缺相结合才能构成价值形成的充分条件，所以边际效用能够显示价值由稀缺性带来的变动，即边际效用是衡量价值量的尺度。效用价值论认为商品的功能是价值的基础，但是强调价值取决于对功能的主观心理评价。该理论认为价值的源泉是生产要素，将顾客对商品的评价作为衡量价值大小的主要依据，可以说是顾客价值论的基础。因此要提升顾客价值，必须要提高商品的边际效用。但是由于主体认知的局限性以及信息的不完全性，使其对客体稀缺性往往不能确切认识，从而使得此理论显得有失偏颇。

均衡价值论由剑桥学派代表马歇尔提出。该理论认为，价格是衡量商品或者服务稀缺程度、效用或者满足欲望程度的标准。在均衡价格论中存在需求价格，需求价格决定于需求量，需求量决定于消费者对商品或者服务效用的主观评价，需求价格是买方愿意支付的最高价格。同时，均衡价格理论中存在价格供给。价格供给决定于生产成本，是生产者愿意接受的最低价格。因此，效用和生产成本是决定市场价格的两个变量。很明显，均衡价值论将价格与价值等同，价值的概念只能表征可替代物品的价值，对于没有替代品或者尚未找到替代品的物品，其价值无法表达。

通过对价值理论的回顾，虽然对于价值本源的争论莫衷一是，但是还是将其分为效用和使用价值两种。事实上，效用和使用价值均是描述商品的自然属性，效用强调主观的一面，即满足人们主观需要的能力；使用价值强调客观的一面，解释物品本身的客观属性。综合上述理论，在不严格区分使用价值、效用等概念使用的基础上，可以认为价值的形成机制有两个，一是通过效用或者使用价值的变动实现二是通过稀缺状况的变动实现（于庆东，2008）。

从管理学的角度看，目前对价值创造的定义有三套体系：一是公司战略角度，迈克尔·波特（1997）认为，为了获取竞争优势，企业的根本任务就是不断创造价值，并提出了三种可供企业选择的价值创造模式：成本领先模式、差异化模式和目标集聚模式。这三种价值创造模式的实施需要不同的资源和技能，并且在组织安排、程序控制和体制创新等方面有差异。二是合作角度，Normann 和 Ramirez（1993）将价值创造的概念应用于企业所处的关系网中，认为价值创造是一个体系，这个体系以核心企业为中心，由供应商、商业伙伴、同盟者、顾客等成员组合的协调关系方式进行的价值再创造。这一定义体系，强调了核心企业对于信息和资源的统筹调度能力，并将顾客纳入价值创造的成员角色，使其不再游离于价值创造活动之外。三是财务角度，由美国咨询顾问斯特恩和斯图尔特于 20 世纪 60 年代发明的一种全新的价值评估体系 EVA（Economic-Valuve Added，经济附加值）法认为在企业获取的利润大于或者等于其投入资本的全部成本时，该企业才有真实利润的产生，并为企业创造出新的价值，反之则是在毁灭价值。

无论是哪一个角度的价值创造，都是在经济结构既定的框架下，通过规模扩张等边际增量的改变来实现企业利润最大化的战略。毋庸置疑，波特的价值链理论是上述价值创造理论的基础。从本质上讲，价值创造是一种被动的竞争战略。这种战略以波特的价值链理论为基础，产业价值链的类型、运行机制、纵向关系和优化整合等内容，都呈现出相对被动的特征。因此，价值创造理论面临着越来越多的挑战。首先，被动型竞争战略面临以下问题：企业模仿竞争对手的做法，并尽力做到更好，而不是展开创新活动；企业会集中精力对竞争对手的竞争措施做出消极反应，而不是尽力创造发展机会；企业无法深入了解新兴市场与顾客需求的变化。许多产业在经历金融危机后发展缓慢，产业内部企业增长乏力，但有一些企业却保持了长期的持续增长，其增长动力值得关注。其次，以产业条件为给定外生变量，通过比较竞争者与自身的强项和弱点，然后构建自己的竞争优势，击败竞争对手，扩大自己的市场份额，这是一种产业内现存企业和潜在竞争者之间的零和博弈游戏，企业的适应性与自组织性很难体现。最后，随着网络经济的出现，价值创造的组织形态和价值创造的机制发生了变化（罗珉，2005），组织边界日益变得模糊，传统的价值创造理论无法对以知识为价值创造来源的报酬递增、市场新空间探索做出有力解释。随着产业组织边界日益模糊，柔性契约网络逐渐成为主导，对于顾客价值最大化的要求越来越得到重视，如何动员顾客参与价值创造，使得顾客甚至合作伙伴、竞争对手都参与到价值创造中来，成为传统价值理论面临的挑战。

价值创新理论在这种挑战下应运而生。美国哈佛商学院 W. Kim 和 Mauborgne 于 1997 年在《哈佛商业评论》上发表了“价值创新：高速增长的战略逻辑”一文。文章的基本观点是，市场边界和产业结构并非既定，任何一名参与者的观念和行为都可以重构产业边界及改变结构性条件，因此，企业要把视线从市场的供给方转移到需求方，实现从关注竞争对手的所作所为转向为买方提供价值的飞跃。

价值创新是以满足顾客需求为目的，不断改进其产品或者服务，开创一片新的市场空间，全力为顾客和企业自身创造飞跃的价值。价值创新不是简单的产品质量的改进，而是设计并实施一项崭新的价值创造战略，其实质是对关键资源、专用性资产、特殊知识和技能的再次开发、积累和提升（朱瑞博，2006）。传统的价值创造理论假定价值和成本之间只能取其一，波特（1996）运用生产率曲线阐明了这种关系，即企业要么以较高的成本为顾客创造更高的价值，要么以较低成本创造合理的价值。W. Kim 和 Mauborgne（2005）进一步指出，技术、市场进入时机的选择等都不是价值创新的关键要素，只有把创新、价格和成本整合为一体，才有价值创新。这一逻辑打破了波特理论的逻辑，以价值创新为指引，通过剔除、减少、增加、创造的模块化操作，可以同时实现差异化和低成本的目标。

可见，价值创新理论是一种基于新经济的超竞争（Hyper-competition）环境的增长理论，即内生的增长理论（徐宏玲，2006）。在超竞争环境中，企业不能满足、停留于原有的资源、能力和竞争优势之上，必须不断寻找发展新的竞争优势资源。在超竞争环境下，企业的经营挑战可能来自外部环境的各个层面，其赖以竞争的核心能力不仅仅局限于内部资源活动所创造的价值，还拓展至产业外部的价值网络。这使得企业必须将自己的竞争从产业内部跨越至竞争以外，从对竞争者的关注转移到对顾客的关注，将顾客作为战略选择和实施的出发点和归宿，从而对不同市场的买方价值元素进行筛选和重新排序，通过增加、创造现有产业尚未提供的某些价值元素，剔除产业现有的某些价值元素，开创新的市场空间和产业边界。图 7-1 对价值创造到价值创新的转变从逻辑起点到竞争空间再到逻辑终点进行了描述。尽管价值创造与价值创新的最终目的都是为了获得竞争优势，但是以顾客价值最大化为逻辑终点的价值创新理论，在过剩经济制约经济增长的今天，具有更强的实践意义。Prahalad 和 Ramaswamy（2004）对制造业竞争力与顾客关系的研究及 Hamm（2004）对美国零售业的顾客价值研究都证明了这一点。

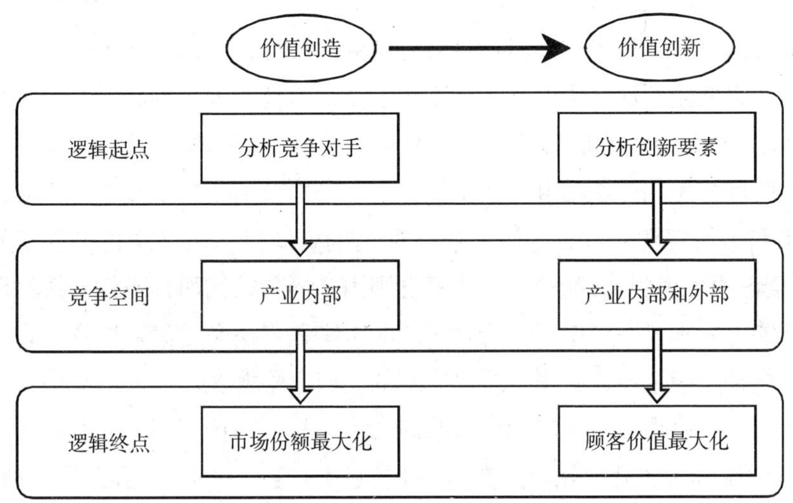

图 7-1 从价值创造到价值创新的转变

二、产业组织价值创新方式

（一）产业组织线性价值创新

在传统的市场分割、生产要素流动缓慢的年代，价值创新由单一要素推动。罗斯威尔（1992，1994）将这些要素总结为技术推动（Technology Push）和需求拉动（Demand Pull）。技术推动和需求拉动的价值创新，在本质上均是线性的创新方式。唯一的区别是技术推动型创新把创新看作是由研究开发而产生的技术机会的产物，而市场只是被动接受技术变革的一种承载工具。在需求拉动模式中，市场是指导研发的思想源泉，创新不是从研发开始的，而是强调市场营销。后来许多学者将过程改进如工艺创新列入线性价值创新方式。在新兴市场，产业价值创新活动在一定程度上呈现线性特征。

（二）产业组织网状价值创新

社会学家很早就用网络（Network）将社会解构为相互交织的社会关系。由于网络的存在，交易和交换不仅发生在组织内部和组织之间，而且发生在个体行动者之中。随着互联网络、IT技术、全球化等重大社会现象的出现，产业组织价值创新活动也呈现出了网络特征。网络价值创新，大致包括了罗斯韦尔（1994）所指的耦合、集成和网络创新三个阶段。在网络价值创新活动中，产业组织被看作既有竞争又有合作的复杂网络，越来越多的企业的价值创新活动表现在与供应商、客户、科研机构、政府部门甚至是竞争对手的合作。这些活动可以有效克服单个企业在从事复杂技术创新时信息和资源的局限性，从而获取大量异质性的知识和资源，降低创新活动中的技术和市场的不确定性，提升创新成功的概率。进入21世纪，产业组织价值创新活动逐渐从线性模式转向网络模式。最主要的表现形式是跨国公司和产业集群。通常情况下，跨国公司垄断了其所在行业或者领域的技术和市场资源，并通过这种基于网络的资源培育出网络价值创新的模式（刘鹏、金占明、李庆，2008）。产业集群则因为网状结构而具备优于线性模式的价值创新能力。集群网络中，无论是知识的丰富程度还是密集程度均达到了空前的水平，这是一般企业创新平台难以实现的。产业集群在地域上的集中，有助于隐性知识的有效传播，企业之间形成共同文化，具备信任基础，也有利于企业发现对网络中现有机会和应用能力的新方法（Dyer等，1998）。从组织结构上看，产业集群作为一种介于市场和企业的中间组织，能有效克服单一企业资源有限、能力有限的缺陷，扩大企业创新资源集合的外延，有效应对创新过程的复杂性和不确定性，进而提高创新绩效。

但是，网状价值创新并非没有缺陷。网状的产业集群，很容易陷入产业横向价值链上的企业战略趋同的陷阱，纵向价值链对核心企业的依赖则阻碍了创新路径的多样化发展，相对封闭的集群环境，会削弱企业从集群外部获取新信息的动力。因此，对产业组织网状创新出现的问题，需要有更好的中间组织对其进行改良甚至替代。

三、产业组织模块化价值创新

20世纪末，随着产品或者产品体系设计、研发、生产、组织形式的模块化以及大量面向外部契约制造商的外包子系统的出现，使模块化制造网络成为一种新型的产业组织形式。大量模块供应商在总体上表现出生产能力池效应（Capacity Pooling Effect），即品牌厂商能够很容易地与所需要的模块生产、服务能力结合起来，迅速把自己的创意和设计转化为现实产品。品牌厂商有众多的模块供应商可以选择，而模块供应商也拥有可观数量的潜在客户，这样就在价值链整合模式中占主流，由单一的主导厂商与零部件供应商之间形成的二元结构转变为多个品牌厂商与多个模块供应商之间的网络关系。由此降低了专业分工深化所导致的资产专用性提高而带来的违约风险和交易成本。产品的设计也出现分工，一部分设计任务从品牌厂商转向模块供应商，后者向前者提供“交钥匙”(Turn-key）式的全套服务，包括设计开发、生产测试、包装以及售后服务等。

产业组织模块化价值创新的主体有四类：系统设计师、品牌集成商、通用模块供应商和专用模块供应商。系统设计师负责确定模块化产品的系统信息，即“明确规定”设计规则；专用模块供应商则在遵循系统设计师所确定的设计规则的前提下，自行设计某一具体模块，模块供应商可以隐藏本模块内部的设计规则，不必考虑其他模块的设计思路。这样每一个模块都具有信息异化的特征。专用模块供应商往往凭借自己的专用性资产、特殊知识和特殊技能等形成自己的独特优势；通用模块供应商则提供标准化的零部件、元器件等多层次的子模块；品牌集成商则根据消费者的需求组合不同的通用模块和专用模块设计、制造符合顾客价值的产品。这四个主体在界面与标准既定情况下的互动，使生产网络出现模块化特征：①通用模块供应商和品牌集成商之间的关系趋于松散，资产专用性低；②专用模块供应商和品牌集成商之间的关系仍然紧密，资产专用性程度较高；③品牌集成商允许顾客组装和拼装通用模块和专用模块得到适合自己偏好的最终产品，顾客价值被整合到模块生产网络的价值创新之中；④松耦合性使整个模块化价值创新具有极强的灵活性，即使子模块内部结构发生改变，其他模块仍然可以存在。

与以往产业组织价值创造追求市场份额和利润最大化相比，组织模块化更容易实现顾客价值最大化。组织模块化价值创新要求产业组织以需求为导向，最终成为一个能够在产品设计、品牌或者营销渠道的改变或者创新方面有广泛产品生产和信息的供应基地，以及有连接供应网络的旗舰企业。旗舰企业在根据顾客需求进行创新的同时，一方面遵循市场价格机制进行资源配置，另一方面用市场机制而非命令机制将这种价格信号传递给没有产权关系的各个模块供应商。这样，资源配置的主体不仅仅是旗舰企业本身，也包括了生产机制受到一定程度控制的模块供应商。旗舰企业的市场优势地位和对生产的控制，可以有效解决垂直一体化企业通过内部转移价格进行生产控制花费的大量考核、评估、监督费用，增加总成本和降低价值创新等问题。

四、产业组织模块化价值创新对时尚产业的意义

（1）模块化产业组织作为基于市场和企业的一种中间组织，可以有效地解决不同资产专用程度的模块供应商和品牌集成商之间的协同问题。时尚产业组织中专用模块供应商的产品，资产专用性较高；通用模块供应商的产品资产专用性较低。品牌集成商则负责将二者有效整合，或者集成高端时尚产品，或者集成个性化时尚产品，满足顾客多样化需求，进而实现价值创新。

（2）模块化产业组织可以帮助时尚产业有效化解市场不确定性带来的风险。时尚产业的设计和研发环节具有极高的不确定性，模块化设计隐含的期权性质（Bladwin 和 Clark，2000）可以帮助时尚产业降低这种不确定性。时尚产业中的核心企业，往往是系统信息的决策者和执行者，它在追逐全新时尚产品生产的同时，会随着技术的不断革新，要求独立的、隐含的模块在不同的时间内创造新的经济价值，并要求系统的结构和界面做出变化。这样，高风险的时尚产业组织所生产的生命周期较短的时尚产品与模块设计具备了演进的一致性。时尚产业组织可以根据顾客需求的变化及时做出调整。

（3）模块化产业组织帮助时尚产业利用组织结构获得知识创新的各种收益。一方面，旗舰企业能够在产品设计、品牌或者营销渠道的改变或者创新方面有广泛的产品生产和信息的供应基地，通过在供应商网络内组织协调使新产品或新产业外延扩大，增加产品的多样性和差异性，并凭借新技术、新工艺和新产品在经济垄断的市场中获取高额利润，即基于技术创新的"熊彼特租金"。专用模块供应商研发不具有统一行业标准的模块化技术，提供与制定系统相匹配的具有特定功能的模块，获得"熊彼特租金"。通用模块供应商依靠专业生产经验和规模经济的优势，凭借企业拥有经验和规模经济等特异条件或资源获得李嘉图租金。另一方面，需求导向下的协调生产加速了知识创新的速度。旗舰企业围绕需求创新所构建的信息沟通机制成为竞争的关键。由于引领产业内部高附加值的研发和营销环节的活动，将低附加值的活动外包给模块供应商，并不断对模块供应商能力的提高提供帮助，从而将模块供应商纳入到模块化价值链和价值网络中，实现价值的协同创造。而 DIY 式的顾客体验满足了顾客个性化的需求，降低了知识创新的失败风险。此外，组织价值创新往往表现为知识的规模经济（张林，2008）、替代经济（孙晓峰，2005）和知识系统的协同效率（苟昂、廖飞，2005）。

之所以把价值创新作为时尚产业组织研究的重点内容，是因为价值创新是时

尚产业赖以生存的根本。时尚之所以称为时尚，更多的是一种社会群体和心理现象，因此，时尚产业价值创新的本质，是顾客价值的创新。在顾客看来，时尚产业创造了观念价值，该产业通过创意去提高产品观念价值，从而占领市场并获得利润（赵君丽，2011）。

第二节 分析框架

米兰、伦敦、巴黎、纽约和东京是世界公认的五大时尚之都。从这些城市的发展历史来看，通过对时尚产业链的整合、塑造各具特色的时尚经济和时尚文化，五大时尚之都在时尚产业各自擅长的领域获得了竞争优势。时尚产业在五大时尚之都的发展，既有共性，又有个性，如何通过调研材料，对其进行合理的界定、分类，并且如何通过合理的理论演绎，明晰其组织价值创新的过程和机制？

图 7–2 米兰时尚购物区①

① 本章图片均来自百度，www.baidu.com。

图 7-3　伦敦邦德时尚购物街

图 7-4　巴黎老佛爷百货商场

图 7-5　美国纽约第五大道

图 7-6　日本东京银座商业街

毋庸置疑，从模块化理论的角度结合价值创新的相关理论，是研究时尚产业组织发展规律的一个全新视角。本书在第五章讨论了模块化理论对时尚产业的适用性，第六章剖析了时尚产业模块化分解和重构的过程，本章将对时尚产业组织运作规律进行深入分析。由于从模块化角度对时尚产业组织在五大时尚之都的发展的研究是个全新视角，根据 Yin（2003）研究方法的介绍，在现象以及背景的界限不清晰时，可以使用案例研究方法，利用多种资源对现象进行考察。本章将采取案例研究方法，具体分析框架如下：

一、案例研究的步骤

（一）准备阶段

（1）启动阶段：界定研究问题，找出可能的前导概念。

（2）研究设计：遵循模块化理论和价值创新理论，设计调查问卷。

（3）案例对象选择：向五大时尚之都的时尚企业、研发机构、时尚创意产业园区、时尚工会组织、高校（艺术和设计专业）、时尚消费者发放问卷。

（二）执行阶段

（1）对搜集到的资料进行分析与分类。

（2）资料分析：先对案例进行内部分析，再寻找跨案例的共同模式，完成初步的理论构建。

（三）对话阶段

（1）深度访谈。

（2）访谈资料整理。

（3）调查问卷整理。

二、案例研究的问卷设计

（一）案例研究设计的依据——模块化基本原理

根据 Baldwin 和 Clark 的理论，组织模块化形成之前必须完成三部曲，即一个可模块化系统是在两套规则作用下，通过三个核心要素形成。一个可模块化的系统是指系统本身是可以拆分的，否则无法实现模块化。两套规则：一是明确规定的规则，又称为"看得见的设计规则"，是界定模块之间关系的规则；二是隐性的设计规则，又称为"看不见的设计规则"，是一种仅限于模块之内而对其他模块的设计没有影响的规则，它允许和鼓励设计人员在遵循第一类设计规则的前提下自由发挥对模块内的设计。三个核心要素：一是结构，即确定哪些模块是系统的构成要素，它们之间怎么样发挥作用；二是界面，详细规定模块如何相互作用，模块之间的相互位置如何安排、联系和如何交换信息；三是标准，检验模块是否符合设计规则，衡量模块的性能。三个核心要素构成了设计规则的主要内容。组织模块化从结构上看，包括主导模块、职能模块、经营模块的设计以及各个模块之间的架构关系设计（芮明杰，2008）。随着模块化程度加深，组织结构、流程以及组织边界必须重新设计，以适应技术的不断演进。郝斌和任浩（2007）构建了组织模块化设计的价值创新原理，用"结构构建（Structure）→制度设计（System）→价值创新（Value）"的 SSV 范式概括组织模块化构建的路径。Ulrich（1995）提出了概念开发、系统设计、细节设计和测试改进四阶段模型，与时尚产业模块化发展路径最为吻合，其中的系统设计与 Henderson 和 Clark（1990）提出的架构设计和模块设计在内涵上是一致的，因此本书借鉴这些学者在案例研究上的成果，将访谈提纲分成"概念产生、模块化架构设计、模块设计、模块完善"四个阶段。具体来看，概念产生阶段，职能在于明确时尚产业组织价值创新来源——"时尚创意"是如何出现的以及最后确定。模块化架构设计阶段完成时尚产业组织各个模块的识别和界面确定的任务。模块设计阶段探讨新模块开发和模块之间的协调问题。模块完善阶段则是对已有的模块和界面规则进行补充。

（二）问卷设计

（1）"概念产生"阶段的问卷设计。时尚产业组织价值创新依赖于时尚创意，而时尚概念的产生是时尚产业组织最具活力的模块，是价值创新的来源。齐美尔（2001）认为时尚阶层的要求是时尚概念（Idea）出现的主要原因。熊彼特则认为，技术推动是产业组织创新的主要源泉。时尚产业组织价值创新概念的产生往往是需求拉动和技术推动同时作用的结果。首先，从顾客需求角度看，需要明确的是顾客基于怎样的现实问题提出时尚需求，进一步，还要明确这些需求以前是否遇到，顾客的需求与以前有什么异同，从而明确时尚创意的具体缘由。其次，从技术推动的角度看，需要了解什么样的技术促进了时尚产品的生产，这些新技术在应用时尚产品的过程中是否有问题。最后，时尚概念如何确定。时尚概念的确定由什么样的机构实现，如何对顾客需求进行整合，形成共同目标；如何对技术适应性进行调整，形成技术与产品的有效整合；是否有其他因素影响概念的形成与确定。

（2）“模块化架构设计”阶段的问卷设计。时尚产业组织模块化价值创新过程中，必须根据顾客需求的不同，对组织模块进行功能的匹配。这一过程的核心是对于组织中的“舵手”的筛选和确定。主导组织模块化的“舵手”是确定组织价值主张与价值趋向，确定组织战略性资源和价值网络界限的主体。同时，对于独立性较高的技术的识别，使得时尚产业组织各个模块得以确立，并在“舵手”的主导下完成时尚产业价值创新这个共同目标的各自任务。具体来看，设计的问题包括：顾客需求与模块之间的功能如何匹配，哪些主体负责模块的挑选，对于不确定的需求是否会召开专家会议或者小组讨论，这期间顾客起到什么样的作用，识别出哪些模块，各自对应什么顾客需求，有无专门定制的专用模块，专用与通用如何区分。

组织模块化架构设计还包括制度设计。组织模块化制度包括公开的信息和隐藏的信息。组织内部公开的界面联系规则可以将组织治理主体所希望的协调和运作嵌入到提供给各个模块单元的信息结构中，各个模块单元只须按照这一规则开展活动并提供产出就能实现组织整体协同和整体目标。时尚产业组织各个模块具有较高的独立性，同时又高度耦合。这些模块之间的互动规则，即界面的制定，是保证模块之间有效沟通、共同演进的关键。这部分问卷将涉及：对于识别的模块，其互动规则有哪些；哪些主体参与规则定义，顾客在这当中起到什么作用。

（3）“模块设计”阶段的问卷设计。Baldwin（2000）用设计结构矩阵说明产品的模块化设计过程，通过分立与替代、增加与移除、归纳与改变的模块化操作，创造系统价值。时尚产业组织的模块化过程也经过了这几个阶段（第六章对此有详细阐述）。时尚产业的模块设计包括模块开发和模块化协调两部分。模块开发部分旨在了解时尚产业模块化过程中是否有新模块产生，新模块开发都有哪些主体参与，每个人的角色是怎么样的，新模块会使用哪些新技术。模块化协调部分着重了解时尚“舵手”的模块化操作有哪些，哪些主体参与协调，其角色如何，是否存在模块之间协调不利的情况及怎样解决。

（4）“模块完善”阶段的问卷设计。组织模块化具有中间组织的性质，是科层组织与市场组织相互渗透（张伟，2010）。时尚产业组织所处的市场环境、制度环境是其模块化过程中提供各种必要条件的现实土壤。本部分内容关注对时尚产业组织模块化形成中具有一定影响的市场因素、制度因素和其他辅助因素，了解这些因素如何发挥作用，哪些主体从中受益。中英文问卷内容详见附录 3 和附录 4。

第三节　数据收集与初步结果

一、数据采集与样本描述

本书采用四种方式收集调研问卷，获取与时尚产业在五大时尚之都模块化发展状况的调研结果。四种发放问卷的方式分别为与时尚企业高层访谈、电子邮件、联系人发放和网站发放。与时尚企业高层访谈是指与时尚产业中的专用模块供应商、通用模块供应商和品牌集成商的高层进行深度访谈，完成问卷。电子邮件发放是指对于部分有意愿填写问卷，但是难以确定填写时间或者地点的被调查者，采用电子邮件发放回收的方式。联系人发放是指借助高校教师、企业经理、管理咨询机构等与时尚产业有广泛联系的群体，发放问卷。网站发放是指将问卷公布于网站 www.questionpro.com，把问卷设计成在线调研表，将链接提示给时尚产业的从业人员和时尚之都的普通消费者，让他们完成问卷。

本次调研从 2010 年 11 月开始，发放纸质版调查问卷 250 份，电子版与网站版调查问卷 350 份。截至 2011 年 5 月，整个流程历时半年，纸质、电子版、网站问卷共回收 292 份，经过剔除其中 22 份无效问卷，最终获得 270 份。回收率为 44.4%。样本大小基本满足需要。

本次调研的样本中调查对象所处城市及其职务如表 7–1 所示。

表 7–1 调查对象的地域与职位分布

城市 职位	伦敦	米兰	巴黎	纽约	东京	所占比例（%）
高层	17	10	15	19	13	27.4
中层	22	9	12	17	16	28.1
一般员工	9	8	10	11	8	17.0
普通消费者	19	12	9	16	18	27.4
所占比例（%）	24.8	14.4	17.0	23.3	20.4	100

我们对五大时尚之都的 74 位时尚企业高层进行调研，对其中 34 位进行深度访谈。每位高层的访谈时间 20~30 分钟，在征得被访问者同意的情况下，我们对访谈过程进行了全程录音，访谈结束后将音频文件转化成文字资料，最终形成了 20 万字的访谈记录。

同时，来自这些城市的时尚产业中层管理人员、一般员工和普通消费者，分别就时尚产业在其所在城市的发展状况的概念产生、模块化架构设计、模块设计、模块完善四个阶段进行了问卷回答。

二、初步调研结果

通过对时尚之都时尚产业组织发展现状的调研，发现这些产业组织在各自实现价值创新的发展过程中，具有许多相同或者类似的要素。经课题组对调研资料进行整理，按照时尚产业组织分解和重构的过程，将分析框架纳入"时尚概念产生"、"时尚产品设计与研发"、"时尚产品生产与制造"、"时尚产品包装与营销"和"时尚产品消费体验"五大模块，并将所综合的要素列入四个方面，即主体、市场环境、制度环境和辅助要素。这些要素之间相对独立，却又高度耦合，揭示了五大时尚之都时尚产业迅猛发展的内在动力。表 7–2 对这些要素进行了总结。

表 7–2 时尚产业组织模块化价值创新要素

模块 项目	时尚概念产生	时尚产品 设计与研发	时尚产品 生产制造	时尚产品 包装营销	时尚产品 消费体验
主体	人才培养机构	设计与研发机构	专用模块供应商、通用模块供应商	品牌集成商、品牌资产运作机构	顾客

续表

项目 模块	时尚概念产生	时尚产品 设计与研发	时尚产品 生产制造	时尚产品 包装营销	时尚产品 消费体验
市场环境	时尚创意产业园区、时尚公会组织				
制度环境	知识产权保护、生产外包体系、众包体系、快速反应系统、时尚买手制				
辅助要素	资金支持体系、会展业、流通业				

资料来源：作者整理。

时尚概念产生阶段的调研表明：

第一，时尚概念的发现与确定主要依赖时尚创意人才对市场时尚需求的挖掘和体会。挖掘和体会的过程是使时尚消费者与时尚产品发生情感关联的过程。时尚产品区别于一般产品的最大不同，是其观念价值在整体价值中所占比例较大。因为对时尚产品观念价值的追求，才是时尚消费者真正需要的东西。时尚文化是联结 时尚产品和时尚消费者之间的情感纽带。因此，时尚创意人才需要扎根于时尚文化，从时尚消费者的需求出发，最大限度地挖掘时尚产品的观念价值。

第二，顾客需求与新技术、新工艺的融合，使得对时尚文化的诠释呈现多样化的表现。主要有三类：一是追求个性与风格。时尚产品的价值通过时尚品牌进行传递，时尚消费者会细心地挑选特定品牌与自己的风格相匹配。时尚产品就像一个移动信号灯，服装、配饰、珠宝、香水都能帮助消费者显示其个性、身份和品位。二是探索与创新。高科技理念对时尚产品的注入，使得创新具有独特的创新价值，体现了消费者追求卓越、求新求变的心理需要。三是潮流与舒适感。时尚产品提供各种身份、各个阶层的人都能够接受的价格，或者提供某种超越传统阶级的观念，从而引发消费者的购物欲望。时尚产品带来的潮流不是标新立异，而是真正满足自尊和情感的舒适体验。

时尚产业模块化架构设计与模块设计的调研表明：

品牌资产运作机构会对时尚消费者的上述需求进行分析和识别，将时尚产业的隐性知识反馈给设计与研发机构，由专用模块供应商负责核心产品的生产，通用模块供应商则负责非核心产品的生产，最后由品牌集成商负责核心产品和非核心产品的整合拼接。时尚产业在各个模块会依赖不同的主体，完成模块化的分工和任务。表 7–3 对这些要素的作用进行了详细说明。

表 7–3　五大时尚之都组织模块化价值创新要素的主要作用

主体	主要作用
时尚创意人才培养机构	提供时尚设计的基础理论研究人才
设计与研发机构	设计机构提供时尚设计人才发现、成长、发展机会和资金支持，研发机构则为时尚产品的产品性能提高提供科研与实验基地
品牌资产运作机构	针对每一季流行趋势，对品牌的下一步市场定位做出判断；利用各种媒介和手段进行品牌宣传；利用时尚概念丰富品牌内涵；利用品牌进行筹融资
专用模块供应商	整合设计与研发机构的新工艺和技术，生产时尚产品的核心部件
通用模块供应商	在通用工艺和技术前提下，生产时尚产品的非核心部件
时尚创意产业园区	时尚产业新知识、新技术的交流场所，促进知识、信息和技术的扩散，为企业和科研院所的合作提供平台、为企业之间的竞合机制实现提供客观环境
时尚公会组织	对时尚产业进行管理，为成员提供信息咨询服务，利用高新技术为时尚产业各个环节间建立协作机制
品牌集成商	负责整合时尚产品的核心部件和非核心部件，满足时尚消费者多层次、个性化需要
生产外包体系	市政规划倾斜于时尚设计和时尚营销，时尚生产和制造转移到郊区或者卫星城
法律保障	与知识产权相关的法律体系健全，保证时尚产品创新价值的确认和实现的规范性
资金支持体系	时尚之都也是区域金融中心，全面的金融体系给时尚产业提供从设计到生产，再到消费全方位的金融支持
高度发达的会展业	时尚设计样品展示、时尚信息发布和交流的平台
高度发达的流通业	时尚产品交易实现的平台
快速反应系统	从时尚创意到时尚产品再到时尚营销的时间大大缩短，时尚产品信息迅速反馈平台
时尚买手制	处于时尚前沿，掌握流行咨询，是沟通市场需求和企业生产能力的桥梁

资料来源：作者整理。

在完成模块完善阶段的调研后，时尚产业组织遵循模块化原则所进行的价值创新过程，在各个时尚之都的表现不尽相同。但是其所具备的要素都有相似的表现。表 7–4 对五大时尚之都组织模块化价值创新要素的具体表现进行了总结。

表 7–4　五大时尚之都组织模块化价值创新要素具体表现

表现形式	伦敦	米兰	巴黎	纽约	东京
时尚创意人才培养机构	圣马丁学院、皇家艺术学院	米兰大学、布雷拉美术学院、马兰欧尼学院、多莫斯学院、欧洲设计学院	巴黎国立高等美术学院	纽约大学、纽约视觉艺术学院	日本东京艺术大学
设计与研发机构	伦敦时尚协会（BFC）	意大利国际时尚协会	法国高级时装工会	美国服装设计师协会（CFDA）	东京设计师协会

续表

表现形式	伦敦	米兰	巴黎	纽约	东京
品牌资产运作机构	Burberry, Alfred, Dunhill, Radley	GiorgioArmani、Versace、Prada	Chanel、Hermes、Kenzo	Coach、CK、DKNY、Mac Jacobs、Anna Sui	
时尚创意产业园区	伦敦创意产业园区	维罗纳时尚区		曼哈顿的SOHO区	日本杉并时尚产业中心
时尚公会组织	英国时尚与纺织协会（UKFT）、伦敦格林街珠宝协会（GSJA）、英国珠宝协会（BJA）	意大利国际时尚协会	法国高级时装公会	美国服装设计师协会	东京设计师协会
外包体系	伦敦制造业卫星城	普拉多纺织工业区	巴黎北部郊区制造基地		京滨叶工业区
法律保障	《著作权、产品设计和专利法》；英国知识产权局（UKIPO）	《版权法》；知识产权法庭	《知识产权法典》	《版权法》、《兰哈姆法》、《专利法》；国际知识产权联盟	《知识产权基本法》
高度发达的会展业（时装周、珠宝周、博览会）	伦敦时装周、伦敦珠宝周、英国伯明翰国际服装服饰博览会、伦敦成衣博览会	米兰时装周、米兰设计周、米兰家具设计展、米兰国际博览会	巴黎时装周	纽约时装周	日本时装周
高度发达的流通业（旗舰店、商业中心）	哈洛德百货公司、玛莎百货公司	维托伊曼纽二世拱廊、蒙提拿破仑街等	九月四日大道；春天百货公司、拉法叶百货公司	麦迪逊大道；珠江百货公司	松屋百货；银座商业区、涩谷商业区
快速反应系统	时尚买手制	时尚买手制	时尚买手制	由大规模生产向大规模定制和快时尚转变	快速反应系统（QRS）和丰田缝纫体系（TSS）

资料来源：作者整理。

那么，上述价值创新要素如何发挥作用呢？本书第八章将对这些要素进行整理归纳，分析其创新机制及互相之间的影响效应。

第八章 时尚产业组织价值创新要素影响机制

创新要素如何对时尚产业组织价值创新产生影响？根据组织模块化价值创新的特点，首先，可以从要素对信息传递的影响机制考察价值创新的产生、形成和发展；其次，可以从要素对时尚产业组织结构影响的角度考察组织的价值创新能力；最后，可以从要素对知识溢出的影响机制考察创新知识的传播与扩散问题。

第一节　信息传递效应

青木昌彦（2003）区分了模块系统内两类信息："系统信息"和"个体信息"，模块化价值链中的信息特性是"系统信息"和"个体信息"共存。这种信息特性决定了价值链中的各个模块之间是共生与独立的关系。具体过程如图 8-1 所示。

时尚产业组织价值创新的源头来自于"时尚概念的产生"和"时尚产品设计与研发"两个模块。这两个模块受时尚创意人才培养机构以及设计与研发机构的影响。这两个机构即 King W. C.（1963）所提出的"时尚革新者"和"时尚概念领导者"，他们根据对经济现象的观察，创造出时尚概念，将其实物化，并将时尚信息传递给下一个模块。以服装行业为例，服装设计师们通过他们对下一季流

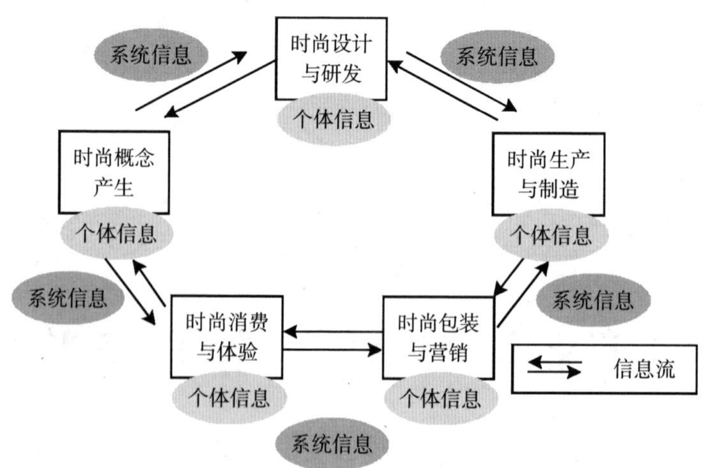

图 8-1 时尚产业组织模块化价值创新信息传递效应

行趋势的判断，设计出不同面料、颜色、款式的服装作为样品，时尚产业组织的创新价值基本形成。然而，时尚概念的推出和推广并非一帆风顺，设计师必须将大量的故事、符号与象征元素综合在时尚产品设计理念中，此时，品牌资产运作机构的作用尤为关键。一方面，负责时尚产品的推广和传播，使其成为文化意义的承载者；另一方面，致力于品牌市场定位和维护，通过各种营销组合保证品牌知晓度、感知质量和品牌联想度。

“时尚概念的产生”和“时尚产品设计与研发”模块与“时尚产品生产和制造”模块之间如何有效衔接呢？调研发现，模块化的信息传递起到关键作用。根据青木昌彦（2003）的理论，个体信息通过系统信息系统进行传递。系统信息的职能主要是制定界面、标准与规则。时尚产业实施这部分功能的实现主要通过创新的生产要素，即时尚产业园区、时尚公会组织和会展业。例如，意大利的维罗纳时尚产业园区拥有与时尚产业相关的科研院所、设计机构，总部在米兰的时尚公会组织，众多的服装、饰品和鞋帽加工生产企业。总部在米兰的时尚公会组织，对时尚设计和生产企业实施会员制的管理，其制定的产业生产标准是时尚产业系统信息的重要基础。设计师的样品必须达到产业生产标准的要求，其信息才能向下传递。米兰高度发达的会展业使米兰时装周、米兰设计周成为时尚界的两大盛事，成为时尚样品展示、时尚信息发布提供交流的平台。而《版权法》等知识产权相关法律，则保证了时尚产品在设计之初价格确定和交易的规范性。此时，时尚产业组织完成了第一阶段的信息传递。

生产体系逐渐向外包倾斜以及消费模式逐渐趋向快速反应系统的建立使得时尚生产企业专注于时尚产品的再设计和应对市场快速变化而做出调整。此时，时尚产业园区、时尚工会组织、会展业和法律体系四个要素再次发挥作用，保证了时尚信息传达到下一个模块。

在信息传递的末端，流通业和快速反应系统这两个要素，通过影响时尚产品宣传和消费体验模块个体信息的内部传递发挥作用。时尚之都流通业的共同特点是规模大、模式多样、发展迅速。百货、旗舰店与连锁店并存的业态，体现了生产者与消费者信息沟通多样化的需求，而快速反应系统，则保证了两者沟通的有效性。时尚买手制、大规模定制是时尚产业快速反应系统（快时尚）的主要表现。西班牙的ZARA、美国的GAP、ETAM、ONLY和VERO MODA、欧洲的C&A等品牌，都具有成熟的时尚买手体系。大规模定制加上消费者个性化设计的模式，使得组织模块化的价值创新发展到极致。消费者将需求反馈给生产者（设计师），生产者（设计师）对时尚产品进行再设计和改良，生产出更多、更具个性化的产品，最后由消费者根据自己的喜好进行时尚产品的搭配。因此，时尚产业“个体信息—系统信息—个体信息—系统信息—个体信息”的传递过程，实际上是将时尚信息沟通与交流，最终物化为时尚产品，实现时尚产业价值创新的过程。由于系统信息可以有效协调个体信息之间的交流，时尚产业的各个模块的个体信息流不仅是自上而下的，还是自下而上的。信息传递和信息反馈的有效性，可以保证时尚产业迅速适应市场的消费需求变化，同时，时尚产业组织还可以利用对时尚信息的引导和传播，保证其产品的垄断竞争地位。

第二节　结构优化效应

时尚产业组织模块化创新要素影响时尚产业模块信息传递过程的同时，还促进了时尚产业结构和产品的调整和变动，使产业创新能力进一步加强。

时尚产业模块化最初推动了产品创新，包括新产品的开发和现有产品的改进。模块化为时尚产品开发创建了一种内松外紧的产品设计构架，这种构架界定了时尚产品各个环节之间的连接关系，使得新产品开发过程能分解成许多独立模块。这一架构的核心原则是“看得见的规则”，用于保证独立模块组合起来的产品整体性能的完整。时尚产品在开发过程中，其核心部分具有较高的资产专用性，往往由专用模块供应商生产，而其他非核心部分则采用外包模式。2005~2010 年，爱马仕从供应商那里获得了近 2000 项技术创新，杜邦公司 90%的创意都是通过外包获得，从供应商那里获得的创新成本仅仅相当于其内部研发成本的 1/3。

时尚产业模块化促进了“背靠背”的竞争机制，使得时尚企业倾向于利用新产品开辟新市场、引导新的消费需求而不仅仅是对现有市场的分享。模块化的信息传递机制，帮助时尚企业之间不同模块的重新组合，形成产品组合创新，满足消费者多样化需求。以珠宝类企业的产品为例，有钻石、铂金托架这两个部件（模块）可供消费者选择，其中每个部件有三个款式，那么消费者可以组合的产品有 $3^2 = 9$ 种，也就是可以满足 9 种不同消费者的需求。可供选择的搭配和款式越多，能组合出来的产品结构越多，满足消费者需求种类也相应越多。

模块化还帮助时尚企业开拓缝隙市场（Niche Market），缝隙市场相对于主流市场，满足了一部分消费群体的特殊需求。这类缝隙市场较为典型的代表是通过文化产业拉动时尚消费。以美国时尚产业为例，其一部分时尚消费来自于文化产品的衍生产品。比如迪士尼公司，创建于 1992 年，以动画起家，先后出品了《米老鼠与唐老鸭》、《白雪公主和七个小矮人》、《阿拉丁》等经典系列作品，依靠形象授权，迪士尼公司旗下的卡通明星们进入了服装、鞋帽、饰品、玩具、文具、食品、日用品等多元市场，以大量衍生产品的形式与全世界“亲密接触”。如今，迪士尼公司集时尚、旅游、艺术、传媒、教育、休闲于一体，成为全新的依托于动漫文化的立体型经济载体。迪士尼公司的产品中，时尚产品占据半壁江山，印有迪士尼卡通动画形象的服装、鞋帽、饰品是迪士尼系列产品中最畅销的部分。迪士尼公司的产品模块化特征非常明显，其旗下的核心业务是影视娱乐，这部分属于资产专用性较高的产品，由专用模块供应商提供；而衍生业务包括特许生产（主要是时尚产品的生产）、迪士尼乐园、大众传媒网络和出版发行，这部分则属于通用模块供应商的产品。影音娱乐产品是维系其他衍生产品的纽带，也是迪士尼公司产品信息沟通的关键环节。通过文化产业拉动时尚消费，进而促进时尚产品的结构优化，推动时尚产业的层次化发展，是时尚产业发展的一个主要方向。

时尚产业模块化提高了组织效率，使产业组织具备组织柔性和灵活性。从时尚产业发展的历史阶段来看，主要经历了以下三个阶段：

第一个阶段：一体化的企业组织模式。凡勃伦（1964）认为，时尚是为了满足特定社会群体的炫耀性消费才产生的。因此，在时尚产业兴起的初期，时尚消费针对的是社会上层群体，时尚产品的设计、生产和销售往往是由一家企业完成，即一体化的企业组织模式。在这种模式下，系统信息和个体信息都置于企业内部，模块的职能由“部门”实现，各个部门和小组在遵循系统信息的前提下进行设计，独立开展各自的活动。这种发展模式在时尚产业发展初期对时尚产业的促进作用毋庸置疑，但是由于其生产目的主要围绕“制造时尚产品”而非时尚产品的模块化体系，因此其品牌资产专用性程度很低，模块化生产效率也不高，同一企业内部从事时尚设计和研发的人员在知识和技能上具有极大相似性，导致产品的创新效应低下。在信息单线流动的条件下，面对消费者日新月异的时尚需求，此类企业显得力不从心。目前仍有一些传统或者老牌的时尚生产企业采用此种结构的生产方式，如法国的一些高级的时尚生产作坊、英国的一些男装加工企业，但是总体数量只占时尚产业的极少份额。

第二个阶段：核心企业协调下的网络组织模式。一体化企业组织模式显然无法满足大众对于时尚产品的追求，随着经济水平的发展和人们生活水平的提高，市场需求多样化，要求时尚产业组织做出调整，时尚产业组织结构在模块化方向的指引下逐渐向核心企业协调下的网络组织转变。此时的时尚产业开始具备多个创新要素，如时尚产业园区和时尚公会组织逐渐形成，且时尚公会组织的作用日益凸显；会展业开始发展，时尚产品展示方式多样化；更重要的是，生产体系的外包方式逐渐成熟，时尚企业有更多精力从事自己的核心业务。此时，核心企业的地位日益突出，在其协调下，各个时尚产业的供应商进行独立的设计和制造，最后由核心企业完成产品的组合。目前，时尚产业中的珠宝、化妆品的生产制造，主要还是采用核心企业协调下的网络组织形式。这种组织结构下的时尚产业，往往具备组织模块化价值创新的多个要素，创新能力较强。东京的时尚产业是这种组织形式的典型。东京拥有一流的设计师和品牌，核心企业在时尚产业中地位突出，这些核心企业非常擅长利用“东西交融性”的时尚文化特点，使制造商和供应商围绕在其周围进行价值创造。东京的时尚产业园区日益发展成为高品质的时装加工的生产基地。

第三个阶段：模块集群化的网络组织模式。随着核心企业和时尚供应商逐渐集中，时尚企业的生产边界日益模糊。时尚产业内部重复创新竞争和技术快速市场化的趋势，使得核心企业不再集中于某一个或者某几个企业，而是在模块化的不断深入过程中，由这些企业通过竞争与合作取得“时尚集成商”的地位并取得竞争优势。但是这里的“时尚集成商”已经不参与设计标准，而是专注于产品和服务的组合。此时，模块集群化的网络组织结构逐渐形成。这种结构下的时尚产业具备绝大部分创新要素，并且这些要素经过多年发展逐渐成熟，不仅帮助这些国家的时尚产业实现组织价值创新，还通过模块化的信息选择权功能①，帮助时尚产业化解由于创新带来的风险问题。纽约的服装行业是目前模块集群化网络组织发展最为成熟的行业之一。美国于 20 世纪 80 年代开始逐渐将劳动密集型的生产环节转移至劳动力相对廉价的墨西哥和加勒比地区国家，而自身则专注于资本和技术密集型环节的生产，特别是一些高附加值的服装产品。经过近 30 多年的发展，美国的时尚产业组织结构已经形成以美国为主导的区域性生产网络，在这个网络中，以纽约设计师为代表的设计人才负责整体研发和设计、纱线和面料的供应，而墨西哥等国家则进行服装加工，最后由纽约的大型服装企业负责组装和整体营销策划，在美国国内销售或出口。现在，纽约已经成为高级成衣休闲装、运动品牌的大本营，拥有全世界最发达的服装服饰和商贸活动。其时尚产业具备了价值创新的绝大部分要素，因此创新能力最强。图 8–2 对时尚产业组织演化路径及结构优化效应进行了描述。

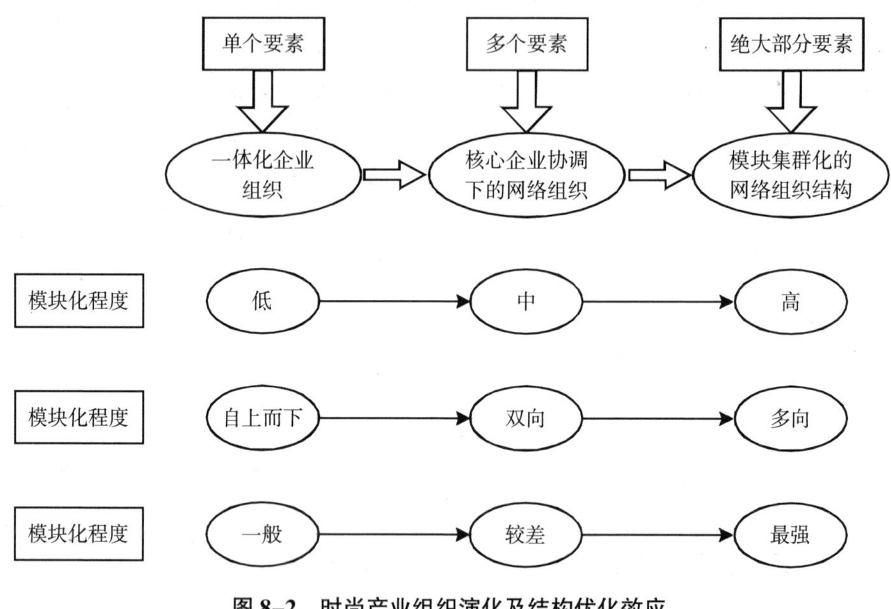

图 8–2　时尚产业组织演化及结构优化效应

① 模块化的信息选择权：指组织模块化形态下，系统信息（规则）的一个变化，往往促使单个模块的个体信息做出调整，出现多个方案以供选择的局面，模块化个体往往根据个体信息的要求，做出有利于自己的选择。

第三节 知识溢出效应

时尚产业组织形式往往表现出明显的知识密集型特性、模块化的组织方式，便于产业内外的知识溢出与共享，也进一步提高了组织的运行效率。

时尚产业的创新知识主要指产业中各个模块之间和模块内部流动和转换的知识，分为显性知识和隐性知识，按照青木昌彦（2003）的划分方法，也即“系统信息”和“个体信息”。两者的不同在于，信息作为一种客观存在，并未被组织主体所采用，而知识可能已经被采用，主体具有将其转化为生产力的能力。时尚创意形成的知识产权是时尚产业领域可编码的、最具有价值的显性知识，受到法律保护，可以通过市场交易实现外溢。因此，显性知识的外溢效应往往表现为模块化市场的形成，因此，时尚产业的设计权以及最终时尚产品知识产权的法律保障，对模块化市场的形成，具有重大的决定意义。

而时尚产业中难以编码和传递的隐性知识则主要表现为时尚文化、思维以及管理方式。例如，英国的时尚文化的特征是保守与现代并存，因此其时尚企业管理模式多为家族式，而美国时尚文化趋于多元化，强调运动与变化，因此其时尚企业管理模式多为职业经理制。这些隐性知识，受到历史、文化、经济发展状况的影响，是很难编码和传递的。时尚创新知识的应用具有规模效应，使包括技术、产品式样以及市场信息和管理方式等隐性知识，通过企业交流、公共服务网络提供的交流平台等方式外溢出去，逐渐为更多的企业共享，进而成为整个时尚产业组织的公共知识。此时，隐性知识外溢往往表现为组织模块化的形成。随着网络技术的发展，时尚组织模块化在创新来源要素和生产要素的驱动下，为了追求更低的成本和更快的发展，越来越趋向于向时尚模块化市场的组织方式演变，因此，隐性知识向显性知识转变的过程，也是时尚产业组织向模块化市场发展的过程。图 8-3 对该过程进行了详细描述。在知识溢出效应产生的过程中，人才培养机构、设计与研发机构是价值创新的来源要素，知识创新来源要素影响时尚创新的隐性知识到显性知识的转化过程。包括制造商和市场要素在内的生产要素使时尚创新知识的交易选择了两种路径，即“市场”或者“公共网络”，而品牌集成商、顾客、会展业和流通业等组成的消费要素则影响组织模块化到模块化市场的演变过程。

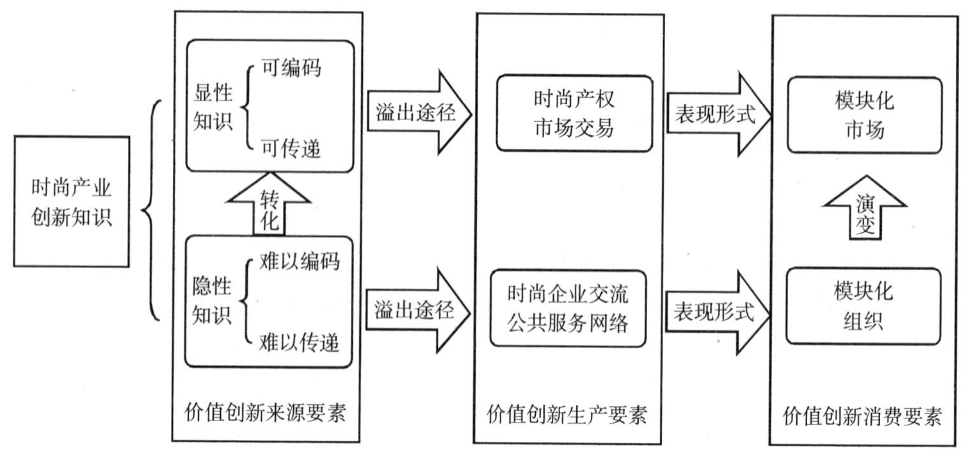

图 8-3 时尚产业组织模块化创新的知识溢出效应

时尚产业组织价值创新的知识溢出效应，必须归功于模块化过程中的知识分工协调体系和知识整合功能。本书第二章和本章都对时尚产业的系统可分解性进行了分析。时尚产业的系统可分解性体现在，该系统可以被分解成若干部件，又可以进行重新组合，在这一过程中不会失去原有的功能。根据陈向东（2004）对系统可分解性的要求，时尚产业可以分为七大子模块，包括系统设计、产品研发设计、核心制造、非核心制造、组装、营销、消费和再体验。模块化过程中的知识分工体系，可以帮助时尚产业通过功能的分解和知识的整合在模块层面上找到有效率的结合点。图 8-4 对时尚产业知识分工协调体系进行了说明。在时尚产业统一的设计规则之下，包含了三类创新：通用模块创新、专用模块创新和系统集成创新。时尚产业的设计规则来自“舵手”和行业组织，他们负责完成显性知识即时尚产业标准的制定和实施、知识产权相关法律的完善等。通用模块和专用模块是时尚产业组织中负责生产制造的部分，他们在遵循设计规则的前提下，进行独立创新，其知识是隐藏的。

如图 8-4 所示，时尚产业组织知识分工协调体系有三个层次。整体的设计规则，即时尚产业行业标准、知识产权法律等对专用模块 A 来说是间接可见的，A 并不参与这些法规的制定和法律的完善过程，对专用模块 B 和通用模块 C 以及系统集成模块是直接可见的。专用模块 A 只需要了解本组模块集成的界面，即行业标准和法律制度；模块 B 不仅需要了解本组模块集成的界面，还需要了解整体的设计规则。不同类型的模块实现价值创新的方式不同。时尚产业的通用模块，生产的产品技术较为成熟，资产专用化程度较低，已经形成了一定的行业标准，

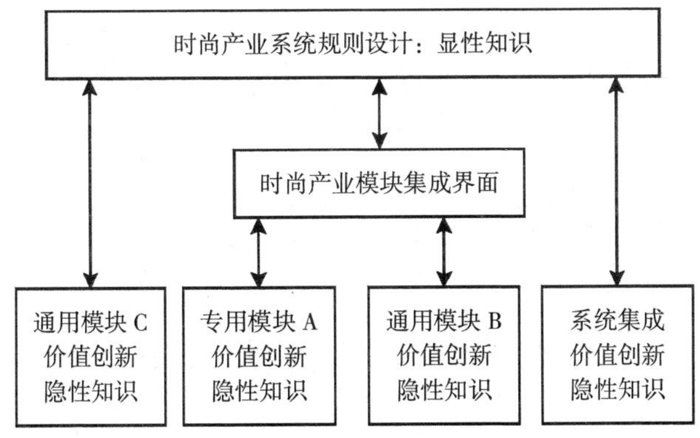

图 8-4 时尚产业知识分工协调体系

这一类模块供应商一般凭借企业拥有的经验和规模经济等条件获得李嘉图租金，这种知识如果被时尚企业隐藏得较好，外部难以模仿，通用模块也可以获得可持续的竞争优势。专用模块供应商则拥有更多的隐性知识，"背靠背"的竞争机制，使得模块创新的竞争非常激烈，这是推动整个产品创新升级的动力源泉。系统集成商也即前面提到过的品牌集成商，他们通过对专用模块、通用模块的整合获得组合创新优势，其租金主要产生于满足客户的个性化要求。

模块化过程中的知识整合功能进一步促进了时尚产业模块化价值创新。时尚产业模块化分解与重构过程中的分割、替代、整合过程，实际上是时尚产业显性知识和隐性知识不断整合的过程（见图 8-5）。熊彼特认为，创新就是"创造性的破坏旧的结合，实现新的结合"。知识整合的结果，使得时尚产业在模块化设计过程中充分地考虑了顾客价值最大化，通过利用效率高的模块替代效率低的模块，为原有地顾客或者新顾客提供更有效率的产品；可以通过模块的去除或者增加，实现产品创新，协助顾客完成以前没有完成的新任务；通过模块的操作和系统集成检测，可以实现产品和服务的大规模定制，满足顾客多样化需要。

时尚产业模块功能整合的关键在于创新价值的实现，只有通过知识的有效规划调整，使得模块的操作与顾客的需求衔接，从而创造顾客价值。形成技术联通和市场联通的过程，就是构建一系列知识联结，实现知识集成的过程。

模块化帮助时尚产业实现知识分工协调和知识整合，使得时尚产业的显性知识和隐性知识在价值创新生产要素的作用下实现知识溢出，最终在消费要素的作用下实现产业组织价值创新。模块化的知识分工协调体系是时尚产业显性知识和隐性知识确立的基础，知识整合过程则是时尚产业知识溢出的内在动力。在这些

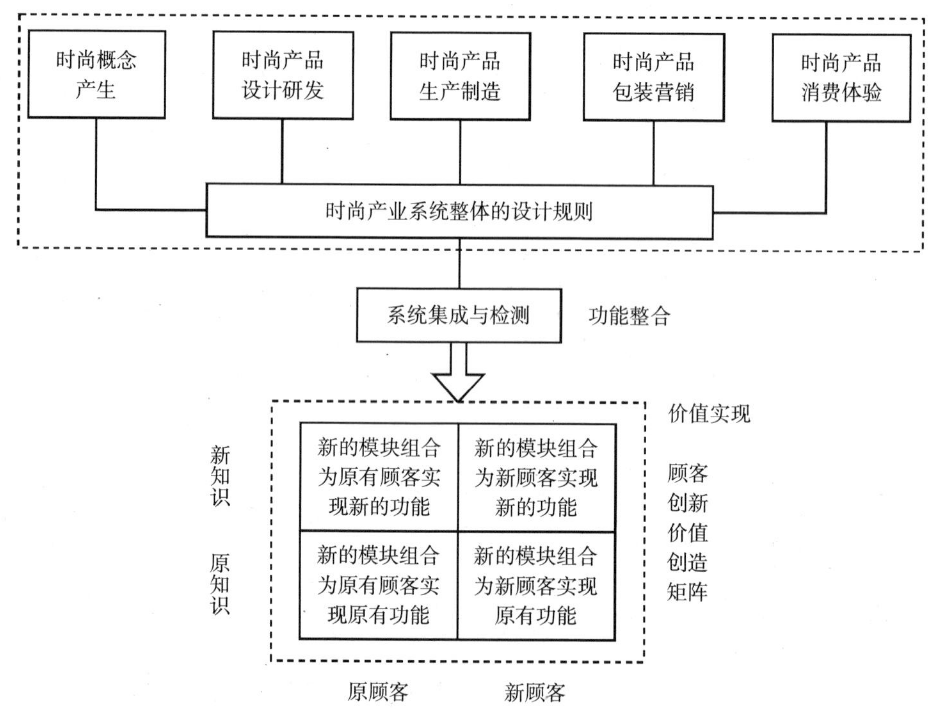

图 8–5　时尚产业模块化顾客价值创新的知识整合

机制和要素的共同作用下，时尚产业才能够保证隐性知识和显性知识遵循各自的知识溢出实现溢出，进而成为时尚产业组织不断创新的源泉。

时尚产业模块化发展的本质是创新。从五大时尚之都时尚产业的发展现状的分析可以看出，时尚产业主要是通过知识创新的主体要素、市场环境要素、制度环境要素和辅助要素获得组织模块化的信息传递效应、结构优化效应和知识溢出效应。这些影响要素之间并非独立作用于时尚产业组织的价值创新过程，而是相互影响，互相促进，共同为时尚产业的组织价值创新做出贡献。在价值创新要素的共同作用下，时尚产业组织通过信息传递效应、结构优化效应和知识溢出效应实现模块化价值创新。首先，信息传递效应改变了时尚产业单向的信息传递模式，通过多向信息传递和反馈，促进了时尚产业组织模块化创新价值创造、形成和实现的过程；其次，结构优化效应改善了时尚产业横向和纵向企业的关联性，促进时尚产业模块化集群网络组织的形成，进一步提升了整个产业的创新能力；最后，知识溢出效应加速了时尚产业组织模块化的知识传递和扩散的速度，使得时尚产业隐性知识转化为显性知识的过程缩短，最终促使时尚产业模块化市场逐渐成形。这些效应的综合，使得时尚产业的价值创新体系得到了新发展，进而催生新的价值创新要素，通过上述机制，实现创新的不断循环。图 8-6 对上述结论进行了描述。

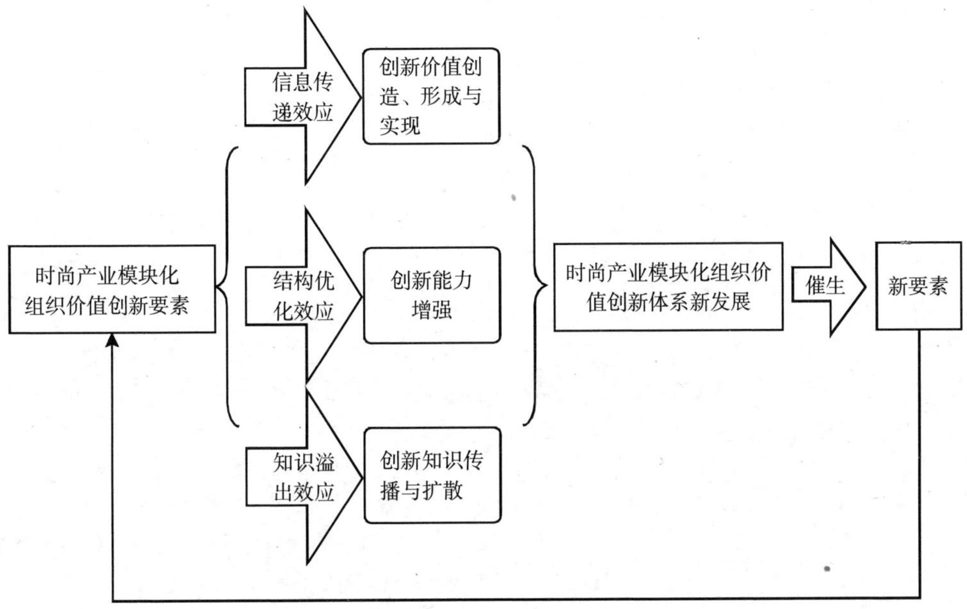

图 8-6　时尚产业组织模块化价值创新机制

第九章

时尚产业组织价值创新能力评价体系

第一节 评价目的与作用

组织模块化进程中，主要有两种观点：一是遵循产品模块化、组织模块化和市场模块化的发展路径，对产业组织模块化进行考察，考察的重点是模块化的主导动力、组织的效率、创新机制等；二是对组织模块化进程中逐步具备的各个因素进行考察，依据这些因素的作用和发展特点，说明所研究产业处于的发展阶段。

关于价值创新问题，主要的研究方向有两个：一是单纯从顾客价值角度（W. Kim 和 Mauborgne，2004）进行考核，将顾客对产业或者企业的参与度、顾客的满意度、市场营销的有效性等产业末端指标作为考核的首要指标；二是将企业价值与顾客价值结合，寻求两者最佳结合点，以期实现产业组织价值的共同创造，进而实现价值创新（于尚艳、张凤超，2011）。

本章将结合第四章的研究成果，融合组织模块化进程中的要素研究和组织价值创新中企业价值与顾客价值最大化问题，构建时尚产业组织模块化创新能力评价体系，并依据进一步调研结果，以纽约、伦敦和上海的时尚产业为例进行实证检验，为上海时尚产业发展方向的研究做理论铺垫。

第二节　评价指标的选择

产业组织模块化进程中，产业的分解与重构是依据模块化原则进行的模块及模块关系的选择和重构。时尚产业在这一过程中更是凸显了组织价值创新的贡献，关于这一点本书第三章已经进行了论述。本章将构建时尚产业组织价值创新能力的评价模型，并对这一模型进行实证。通过对时尚产业组织价值创新能力指标的选择，确定适合本部分分析的评价方法，拟定各部分指标的权重，进而确立评价模型。在此基础上，依据本书第二步调研结果，对纽约、伦敦和上海的时尚产业组织模块化价值创新能力进行实证。这一实证所得出的结论，将从三个方面对时尚产业的理论研究做出贡献：第一，时尚产业组织横向比较通过城市比较的方式得到深化，时尚产业集群通过城市时尚产业组织模块化这一种方式得以更为生动的体现，是今后时尚产业理论研究的一个趋势；第二，研究方法的确定，对于研究数据难以获得，研究成果较为稀少的时尚产业来说，兼顾了主观性和客观性相结合的原则，这是时尚产业基础理论研究与应用研究有机结合的产物；第三，关于上海时尚产业组织模块化创新能力的综合评价及其与先进城市时尚产业组织的对比，有利于帮助上海市找到与其他城市的差距，对比各个要素的成熟度以及发展程度，可以找到相应对策。

表 9–1　时尚产业组织模块化价值创新能力评价指标

时尚产业组织模块化价值创新能力	主体要素	人才培养机构	识别市场所需人才的能力
			人才培养的创新倾向
			对时尚信息的关注程度
		研发与设计机构	对新材料和新工艺的研发能力
			新产品的设计与测试能力
			新创意和新设计的开发能力
		专用模块供应商 通用模块供应商	与外部研发机构的协作能力
			邀请顾客参与开发新产品的情况
			时尚知识学习能力
			适应模块化规则的能力
			模块化升级能力
			专用模块供应商与通用模块供应商的合作程度

续表

时尚产业组织模块化价值创新能力	主体要素	品牌集成商 品牌资产运作机构	对市场潜在需求的预测与协调能力
			与研发设计机构的协调状况
			与顾客沟通机制的有效性
			营销管理的有效性
			对专用和通用产品的整合能力
	市场要素	时尚创意产业园区	对园区成员创新行为的扶持力度
			对园区的模块化功能规划程度
			园区内时尚企业竞合机制设计情况
		时尚公会组织	模块化互动规则设计能力
			模块化信息服务能力
			时尚人才发现与培养的支持力度
	制度要素	知识产权保护	知识产权保护法律的健全程度
			知识产权保护法律的执行力度
		生产外包体系	整体商务环境对于外包体系的支持程度
			市政配套对外包体系的倾斜状况
		众包体系	创意管理平台的服务水平
			创意管理、创意提交、投票与评论系统的完备性与运行状况
		快速反应系统	模块化供应链网络分布与物流水平
			订单反应效率
		时尚买手制	时尚买手的自主设计能力
			时尚买手的培养体系
	辅助要素	资金支持体系	对时尚消费的金融支持力度
			对创意人才培养的支持力度
		会展业	时尚会展的影响力
			时尚会展的贸易氛围
		流通业	流通业的业态多样化程度
			流通业的国际化程度

第三节　综合评价法介绍

运用多个指标对多个参评单位进行评价的方法，称为多变量综合评价方法或简称综合评价方法，其基本思想是将多个指标转化为一个能够反映综合情况的指标来进行评价，如图 9–1 所示。

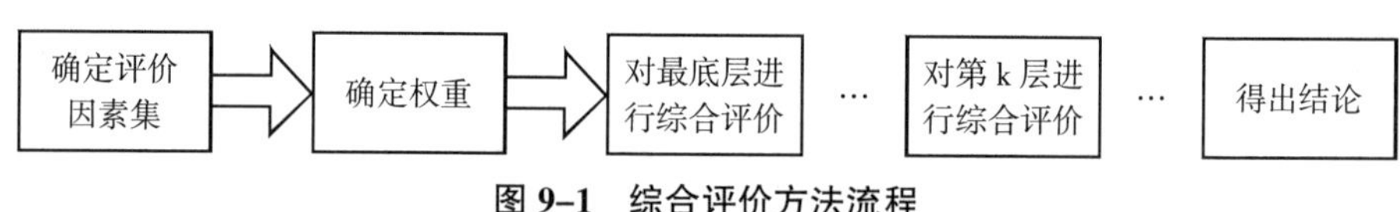

图 9–1　综合评价方法流程

综合评价法分为定性评价法、定量评价法和定量与定性相结合评价法。定性评价是不采用数学的方法，而是根据评价者对评价对象平时的表现、现实和状态或文献资料的观察和分析，直接对评价对象做出定性结论的价值判断，比如评出等级、写出评语等。定性评价是利用专家的知识、经验和判断通过记名表决进行评审和比较的评标方法。定性评价强调观察、分析、归纳与描述。

定量评价是采用数学的方法，收集和处理数据资料，对评价对象做出定量结果的价值判断，如运用测量与统计的方法、模糊数学的方法等，对评价对象的特性用数值进行描述和判断。定量评价强调数量计算，具有客观化、标准化、精确化、量化、简便化等鲜明的特征。但定量评价往往只关注可测性的品质与行为，处处、事事都要求量化，强调共性、稳定性和统一性，过分依赖纸笔测验形式，有些内容勉强量化后，只会流于形式，并不能对评价结果做出恰如其分的反映。因而，它忽略了那些难以量化的重要品质与行为，忽视个性发展与多元标准，把丰富的个性心理发展和行为表现简单化为抽象的分数表征与数量计算。

一般来说，评价问题都比较复杂，涉及的影响因素多，这些因素有些可以量化，有些很难或不可量化，因此采用定性与定量相结合的评价方法能较好地吸取前两种方法的长处，同时弥补各自的不足。目前典型的方法有模糊综合评价法、灰色系统评价法和人工神经网络。

模糊综合评价法是一种基于模糊数学的综合评标方法。该法根据模糊数学的隶属度理论把定性评价转化为定量评价，即用模糊数学对受到多种因素制约的事物或对象做出一个总体的评价。它具有结果清晰、系统性强的特点，能较好地解决模糊的、难以量化的问题，适合各种非确定性问题的解决。灰色系统评价法是通过灰色关联度来分析和确定系统因素间的影响程度或因素对系统主要目标的贡献程度的一种方法。考虑了传统因素分析方法及模糊理论处理方法的种种弊端和不足，在很多领域都得到了广泛的应用并取得了良好的经济效益和社会效益。人工神经网络也简称为神经网络或称为连接模型，它是一种模仿动物神经网络行为特征，进行分布式并行信息处理的算法数学模型。这种网络依靠系统的复杂程度，通过调整内部大量节点之间相互连接的关系，从而达到处理信息的目的。

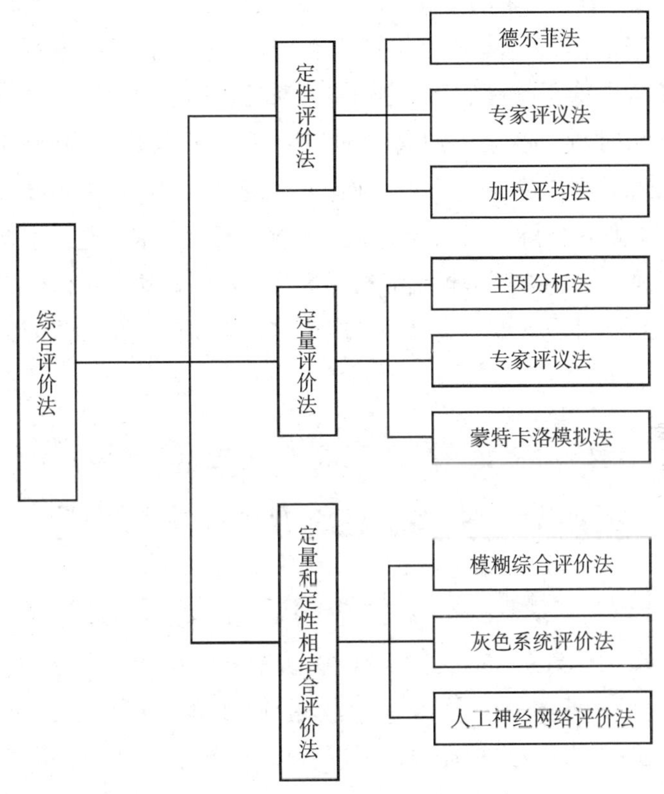

图 9-2　常用评价方法

评价方法的科学性和可操作性是客观评价的基础。对于时尚产业组织模块化价值创新能力评价，若单纯采用模糊方法会造成信息丢失，若仅采用灰色理论方法，则不能充分利用评价规则模糊性的特点，这两种情况都会造成评价结果与实际存在偏差（郭鹏、施品贵，2005）。因评价准则存在模糊性而采用模糊评价方法，又因专家对一些指标理解有所差异，导致评价信息常带有一定灰度，因此，在评价中又引入灰色理论。鉴于此，本书针对时尚产业组织模块化价值创新能力评价中评价准则的模糊与评价信息的灰性，将灰色理论与模糊评价方法相结合，建立一种基于模糊灰色的时尚产业组织模块化价值创新能力综合评价方法。

模糊灰色综合评价法是在已知信息不充分的前提下，评价具有模糊因素的事物或现象。它是一种集合了模糊层次分析法、灰色评估和模糊综合评判的定量分析和定性分析相结合的评价方法。从总体上考虑专家评判信息的不完全性（灰性），利用灰色评估理论得到灰色统计量，进而构造出模糊隶属度矩阵，最后采用模糊算法计算出要评价对象的等级。很多专家在进行评价时往往会出现信息传递不准确，对某些定性指标评价标准不明确，无法准确地给出一些指标的评价，因此采用模糊灰色综合评价和考虑专家评判信息的灰性，较为准确地做出评价结果。

目前对城市时尚产业组织模块化价值创新能力评估还是主观判断为主，缺乏客观判断标准和数据支持。由于每位评论专家的指标取向偏重不同，容易造成判断结果多样，且偏离实际，对指导实际工作意义不大。基于此，本书使用模糊灰色综合评价法能够较为客观地评估城市时尚产业组织模块化价值创新能力，弥补主观判断的缺点，并有效地为提高城市时尚产业组织模块化价值创新能力提供有效的建议。

第四节　模糊灰色综合评价方法构建

设 n 为一级指标数量，m_i 为第 i 项一级指标的二级指标数量，q_{ij} 为第 i 项一级指标的第 j 项二级指标的三级指标数量。我们可知，时尚产业组织模块化价值创新能力有三级指标。设立指标集：

一级指标集：$\underline{U} = (U_1, U_2, \cdots, U_i, \cdots, U_n)$；

二级指标集：$\underline{U_i} = (U_{i1}, U_{i2}, \cdots, U_{ij}, \cdots, U_{im_i})$；

三级指标集：$\underline{U_{ij}} = (U_{i11}, U_{i12}, \cdots, U_{ijk}, \cdots, U_{im_iq_{ij}})$。

设立权重集：

一级指标权重集：$W=(w_1, w_2, \cdots, w_i, \cdots, w_n)$；

二级指标权重集：$W_i=(w_{i1}, w_{i2}, \cdots, w_{ij}, \cdots, w_{im_i})$；

三级指标权重集：$W_{ij}=(w_{i11}, w_{i12}, \cdots, w_{ijk}, \cdots, w_{im_iq_{ij}})$。

模糊灰色综合评价方法步骤：

步骤一：确定评价准则。每项指标设立 L 个分值选项，每个分值代表不同的表现能力。

步骤二：确定评价样本矩阵。整理调查问卷，对每项三级指标进行几何平均值计算，得到其几何平均值。设 x_{ijk} 表示第 i 项一级指标的第 j 项二级指标的第 k 项三级指标几何平均分值，设第 i 项一级指标评价样本矩阵：

$$X_i=\begin{bmatrix} x_{i11} & \cdots & x_{i1q_{i1}} \\ \vdots & \ddots & \vdots \\ x_{im_i1} & \cdots & x_{im_iq_{im_i}} \end{bmatrix} \tag{9-1}$$

步骤三：确定评价灰类根据基于三角白化权函数的灰色评估，建立白化权函数。第 $l(l=1, 2, \cdots, L)$个灰类的白化函数记为灰数$\otimes_l \in [h^{l-1}, h^l, h^{l+1}]$，计算公式如下式：

$$f^1=\begin{cases} 0, & x \notin [h^{l-1}, h^{l+1}] \\ 1, & x \in [h^0, h^l] \\ \dfrac{h^2-x}{h^2-h^1}, & x \in [h^1, h^2] \end{cases} \tag{9-2}$$

$$f^l=\begin{cases} 0, & x \notin [h^{l-1}, h^{l+1}] \\ \dfrac{x-h^{l-1}}{h^l-h^{l-1}}, & x \in [h^{l-1}, h^l](l=2, 3\cdots, L-1) \\ \dfrac{h^{l+1}-x}{h^{l+1}-h^l}, & x \in [h^l, h^{l+1}] \end{cases} \tag{9-3}$$

$$f^L=\begin{cases} 0, & x \notin [h^{L-2}, h^L] \\ \dfrac{x-h^{L-2}}{h^{L-1}-h^{L-2}}, & x \in [h^{L-2}, h^{L-1}] \\ 1, & x \in [h^{L-1}, h^L] \end{cases} \tag{9-4}$$

步骤四：计算灰色评价系数。对于评价指标 U_{ijk}，对第 l 个灰类的灰色评价权，记为 V^l_{ijk}，属于各个评价灰类的总灰类评价权，记为 V_{ijk}。则灰色评价系数为：

$$V^l_{ijk}=f^l(x_{ijk}) \tag{9-5}$$

$$V_{ijk}=\sum_{l=1}^{5}V_{ijk}^{l} \tag{9-6}$$

步骤五：构造灰色评价矩阵。被调查者就评价对指标主张第 l 个灰类的灰色评价权，记为 e_{ijk}^{l}，则有 $e_{ijk}^{l}=V_{ijk}^{l}/V_{ijk}$，受评价的三级评价指标 U_{ijk} 对于各个灰类的灰色评价权向量 e_{ijk}，构造灰色评价矩阵：

$$E_{ij}=\begin{bmatrix} e_{ij1} \\ \vdots \\ e_{ijq_{ij}} \end{bmatrix}=\begin{bmatrix} e_{ij1}^{1} & \cdots & e_{ij1}^{L} \\ \vdots & \ddots & \vdots \\ e_{ijq_{ij}}^{1} & \cdots & e_{ijq_{ij}}^{L} \end{bmatrix} \tag{9-7}$$

若 e_{ijk} 中第 q 个权数最大，即 $e_{ijk}^{q}=\max(e_{ijk}^{1},\cdots,e_{ijk}^{L})$，则评价指标 U_{ijk} 属于第 q 个评价灰类。

步骤六：模糊综合评判。对二级指标进行模糊综合评价：

$$B_{ij}=W_{ij}\cdot E_{ij}=[b_{ij}^{1},\cdots,b_{ij}^{L}] \tag{9-8}$$

同时 $b_{ij}^{q}=\max(b_{ij}^{1},\cdots,b_{ij}^{L})$，则评价指标 U_{ij} 属于第 q 个评价灰类。

对一级指标进行模糊综合评价：

$$B_{i}=W_{i}\cdot\begin{bmatrix} B_{i1} \\ \vdots \\ B_{im_{i}} \end{bmatrix}=[b_{i}^{1},\cdots,b_{i}^{L}] \tag{9-9}$$

同时 $b_{i}^{q}=\max(b_{i}^{1},\cdots,b_{i}^{L})$，则评价指标 U_{i} 属于第 q 个评价灰类。

评价结果为：

$$B=W\cdot\begin{bmatrix} B_{i} \\ \vdots \\ B_{n} \end{bmatrix}=[b^{1},\cdots,b^{L}] \tag{9-10}$$

同时 $b^{q}=\max(b^{1},\cdots,b^{L})$，则表示最终综合评价结果属于第 q 个评价灰类。

步骤七：计算模糊综合评价值与结论。根据模糊综合评价结果，可以按照取最大原则确定受评对象所属灰类等级，但单纯依靠最大数值判断指标容易造成失真。因此可以使用模糊综合评价值 $Z=B\cdot C$，式中，C 为各灰类等级按灰水平赋值形成的向量。

第五节　评价指标权重的确定

目前，国内外关于评价指标权重系数的确定方法有数十种之多，根据计算权系数时原始数据来源以及计算过程的不同，这些方法大致可分为两大类：一类为主观赋权法；另一类为客观赋权法。主观赋权法采取定性的方法，由专家根据经验进行主观判断而得到权数，然后再对指标进行综合评估，如层次分析法、专家调查法、模糊分析法、二项系数法、环比评分法、最小平方法、序关系分析法等。其中，层次分析法是实际应用中使用得最多的方法，它将复杂问题层次化，将定性问题定量化。客观赋权法则根据历史数据研究指标之间的相关关系或指标与评估结果的关系进行综合评估，主要有熵权法、多目标规划法、拉开档次法、均方差法、变异系数法、最大离差法、简单关联函数法。

本书准备采用熵权法确定各个指标的权重，熵权法根据各指标的变异程度，利用信息熵计算出各指标的熵权，再通过熵权对各指标的权重进行修正，从而得到较为客观的指标权重，熵权法可以用于任何需要确定权重的过程。

熵权法步骤：

步骤一：z_{ru} 为第 r 个专家对第 u 个指标的标准化后分数，则决策矩阵：

$$Z-\begin{vmatrix} z_{11} & \cdots & z_{1N} \\ \vdots & \ddots & \vdots \\ Z_{R1} & \cdots & Z_{RN} \end{vmatrix} \tag{9-11}$$

步骤二：计算第 u 个指标在第 r 个专家选择总分数的比重 p_{ru}：

$$p_{ru}=z_{ru}/\sum_{r=1}^{R}z_{ru}，r=1，2，\cdots，R；u=1，2，\cdots，N \tag{9-12}$$

步骤三：计算第 u 项指标的熵值：

$$s_u=-(\ln)^{-1}\sum_{r=1}^{R}z_{ru}\ln(z_{ru})，r=1，2，\cdots，R；u=1，2，\cdots，N \tag{9-13}$$

式中，当 $z_{ru}=0$，规定 $z_{ru}\ln(z_{ru})=0$。

步骤四：计算第 u 项指标的熵权：

$$\mu_u = (1 - s_u) / \sum_{r=1}^{R} (1 - s_u), \ u = 1, 2, \cdots, N \tag{9-14}$$

步骤五：计算第 u 项指标的最终权重：

设 α_u 为评价者对第 u 项指标的主观判断权重，则第 u 项指标最终权重：

$$v_u = \alpha_u \mu_u / \sum_{u=1}^{N} (\alpha_u \mu_u), \ u = 1, 2, \cdots, N \tag{9-15}$$

第十章

时尚产业组织价值创新能力实证与对比研究

第一节　时尚产业组织模块化价值创新能力评价实证研究

在时尚产业组织模块化价值创新能力评价体系中，有些指标是很难或者不可能量化的，比如对时尚信息的关注程度、时尚买手的自主设计能力等指标。对于此类指标我们可以采用描述性语言让专家评价，然后再由分析人员将其转换为准确的数据进行分析。一般来说，我们普遍采用 1~5 级评价标度来表示公司指标得分逐渐变强。常见的标度方式有：3 级标度、7 级标度和 10 级标度。一般标度等级越多，划分越细，越有利于分析。但是专家的参照标准很难保持一致，且通常标度越多，专家接受调查时感到越烦琐，最后可能会导致不真实填写。所以本书综合考虑专家心理及对指标的区分能力，采用 5 级标度法，即将指标得分分为：很高、高、一般、低、很低五个等级，每个等级进行相应的赋值（分值范围 1~5），如表 10–1 所示。

表 10–1　专家打分与指标得分对应表

指标得分	很低	低	一般	高	很高
分值	1	2	3	4	5

从 2012 年 7 月到 2012 年 12 月，课题组先后向 20 名业内顶级专家进行咨询。这些专家分别是来自英国中央圣马丁艺术与设计学院研发中心，巴黎 ESMOD 高等时装设计学院、美国帕森斯设计学院的教授；来自时尚媒体《ELLE》、《VOGUE》、《THE NEWYORKER》、《COSMOPOLITAN》、《NYLON》、《MARIE CLAIRE》的资深评论员；来自中国创意产业研究中心、上海创意产业中心和东华大学时尚与创意发展研究中心的研究员。专家遴选覆盖在时尚产业做出前沿贡献的国际上知名大学教授、从事时尚传媒的顶尖媒体评论员以及国内时尚产业研究的主要科研机构。请求这 20 名专家对纽约、伦敦和上海（以下简称三城市）时尚产业组织模块化价值创新能力各项评价指标进行打分，然后进行数据整理，对三城市的时尚产业组织模块化价值创新能力进行综合评价和对比。

在主观权重确定方面，笔者多次邀请多名专家参加组织时尚产业组织模块化价值创新能力评价指标权重研讨会，讨论各级评价指标的权重。经过数次修改，综合考虑各个专家的意见，最终确定各级指标的主观判断权重，并得到了参与研讨会专家的一致认可。时尚产业组织模块化价值创新能力评价指标主观判断权重如表 10-2 所示。

表 10-2 时尚产业组织模块化价值创新能力评价指标主观判断权重

<table>
<tr><td rowspan="17">时尚产业组织模块化价值创新能力</td><td rowspan="17">主体要素（0.4）</td><td rowspan="3">人才培养机构（0.3）</td><td>识别市场所需人才的能力（0.4）</td></tr>
<tr><td>人才培养的创新倾向（0.3）</td></tr>
<tr><td>对时尚信息的关注程度（0.3）</td></tr>
<tr><td rowspan="3">研发与设计机构（0.3）</td><td>对新材料和新工艺的研发能力（0.3）</td></tr>
<tr><td>新产品的设计与测试能力（0.3）</td></tr>
<tr><td>新创意和新设计的开发能力（0.4）</td></tr>
<tr><td rowspan="6">专用模块供应商通用模块供应商（0.2）</td><td>与外部研发机构的协作能力（0.3）</td></tr>
<tr><td>邀请顾客参与开发新产品的情况（0.1）</td></tr>
<tr><td>时尚知识学习能力（0.2）</td></tr>
<tr><td>适应模块化规则的能力（0.2）</td></tr>
<tr><td>模块化升级能力（0.1）</td></tr>
<tr><td>专用模块供应商与通用模块供应商的合作程度（0.1）</td></tr>
<tr><td rowspan="5">品牌集成商品牌资产运作机构（0.2）</td><td>对市场潜在需求的预测与协调能力（0.2）</td></tr>
<tr><td>与研发设计机构的协调状况（0.2）</td></tr>
<tr><td>与顾客沟通机制的有效性（0.3）</td></tr>
<tr><td>营销管理的有效性（0.1）</td></tr>
<tr><td>对专用和通用产品的整合能力（0.2）</td></tr>
</table>

续表

时尚产业组织模块化价值创新能力	市场要素（0.30）	时尚创意产业园区（0.5）	对园区成员创新行为的扶持力度（0.2）
			对园区的模块化功能规划程度（0.4）
			园区内时尚企业竞合机制设计情况（0.4）
		时尚公会组织（0.5）	模块化互动规则设计能力（0.4）
			模块化信息服务能力（0.3）
			时尚人才发现与培养的支持力度（0.3）
	制度要素（0.20）	知识产权保护（0.20）	知识产权保护法律的健全程度（0.5）
			知识产权保护法律的执行力度（0.5）
		生产外包体系（0.1）	整体商务环境对于外包体系的支持程度（0.6）
			市政配套对外包体系的倾斜状况（0.4）
		众包体系（0.2）	创意管理平台的服务水平（0.5）
			创意管理、创意提交、投票与评论系统的完备性与运行状况（0.5）
		快速反应系统（0.2）	模块化供应链网络分布与物流水平（0.6）
			订单反应效率（0.4）
		时尚买手制（0.3）	时尚买手的自主设计能力（0.5）
			时尚买手的培养体系（0.5）
	辅助要素（0.1）	资金支持体系（0.4）	对时尚消费的金融支持力度（0.4）
			对创意人才培养的支持力度（0.6）
		会展业（0.3）	时尚会展的影响力（0.5）
			时尚会展的贸易氛围（0.5）
		流通业（0.3）	流通业的业态多样化程度（0.6）
			流通业的国际化程度（0.4）

一、纽约时尚产业组织模块化价值创新能力指标权重计算

通过对调查问卷进行数据整理，根据熵权法计算过程计算出各指标的权重，结果如下：

三级指标权重集：

$W_{11}^{1}=(0.28，0.53，0.19)$；

$W_{12}^{1}=(0.23，0.36，0.41)$；

$W_{13}^{1}=(0.27，0.04，0.34，0.17，0.14，0.04)$；

$W_{14}^{1}=(0.18，0.21，0.31，0.05，0.25)$；

$W_{21}^{1}=(0.10，0.54，0.36)$；

$W_{22}^{1}=(0.41，0.34，0.25)$；

$W_{31}^{1}=(0.67，0.33)$；

$W_{32}^{1}=(0.42，0.58)$；

$W_{33}^{1}=(0.60，0.40)$；

$W_{34}^{1}=(0.61，0.39)$；

$W_{35}^{1}=(0.61，0.39)$；

$W_{41}^{1}=(0.56，0.44)$；

$W_{42}^{1}=(0.53，0.47)$；

$W_{43}^{1}=(0.53，0.47)$。

二级指标权重集：

$W_{1}^{1}=(0.34，0.31，0.23，0.12)$；

$W_{2}^{1}=(0.75，0.25)$；

$W_{3}^{1}=(0.30，0.04，0.08，0.12，0.46)$；

$W_{4}^{1}=(0.54，0.17，0.29)$。

一级指标权重集：

$W^{1}=(0.33，0.36，0.19，0.12)$。

二、纽约时尚产业组织模块化价值创新能力模糊灰色综合评价

对调查数据进行整理，计算出每项三级指标的几何均值，设$\overline{U}_{ij}^{1}$为纽约时尚产业组织模块化价值创新能力指标 U_{ij}^{1} 的几何均值，则整理结果为：

$\overline{U}_{11}^{1}=(4.45，3.9，4.45)$；

$\overline{U}_{12}^{1}=(4.85，4.55，4.75)$；

$\overline{U}_{13}^{1}=(4.60，4.80，4.20，4.45，4.25，4.85)$；

$\overline{U}_{14}^{1}=(4.45，4.30，4.30，4.60，4.70)$；

$\overline{U}_{21}^{1}=(4.70，4.15，4.55)$；

$\overline{U}_{22}^{1}=(4.45，4.40，4.65)$；

$\overline{U}_{31}^{1}=(3.90，4.30)$；

$\overline{U}_{32}^{1}=(4.70，4.60)$；

$\overline{U}_{33}^{1}$ =（4.65，4.70）；

$\overline{U}_{34}^{1}$ =（4.30，4.50）；

$\overline{U}_{35}^{1}$ =（3.85，4.30）；

$\overline{U}_{41}^{1}$ =（4.35，4.50）；

$\overline{U}_{42}^{1}$ =（4.55，4.70）；

$\overline{U}_{43}^{1}$ =（4.40，4.45）。

由于本书采用 5 级标度法，很低、低、一般、高、很高 5 个等级的指标分值为 1、2、3、4、5，因此设 $h^0 = 0$，$h^1 = 1$，$h^2 = 2$，$h^3 = 3$，$h^4 = 4$，$h^5 = 4.5$，$h^6 = 5$，根据式（9–2）、式（9–3）和式（9–4）可计算出每项三级指标的灰类。对于各灰类等级的灰水平赋值形成向量 C，本书设 C =（20，40，60，80，100）。对各级指标进行模糊综合评价，鉴于三级指标数量较多，本书只列出二级指标和三级指标的评价结果，如表 10–3 和表 10–4 所示。

表 10–3　纽约时尚产业组织模块化价值创新能力二级指标综合评价结果

指标	模糊综合评价结果	属于评价灰类	模糊综合评价值
U_{11}^{1}	B_{11}^{1} =（0.00，0.00，0.05，0.53，0.42）	4	87.36
U_{12}^{1}	B_{12}^{1} =（0.00，0.00，0.00，0.00，1.00）	5	100.00
U_{13}^{1}	B_{13}^{1} =（0.00，0.00，0.00，0.29，0.71）	5	94.23
U_{14}^{1}	B_{14}^{1} =（0.00，0.00，0.00，0.22，0.78）	5	95.53
U_{21}^{1}	B_{21}^{1} =（0.00，0.00，0.00，0.38，0.62）	5	92.48
U_{22}^{1}	B_{22}^{1} =（0.00，0.00，0.00，0.11，0.89）	5	97.82
U_{31}^{1}	B_{31}^{1} =（0.00，0.00，0.07，0.73，0.20）	4	82.68
U_{32}^{1}	B_{32}^{1} =（0.00，0.00，0.00，0.00，1.00）	5	100.00
U_{33}^{1}	B_{33}^{1} =（0.00，0.00，0.00，0.00，1.00）	5	100.00
U_{34}^{1}	B_{34}^{1} =（0.00，0.00，0.00，0.24，0.76）	5	95.16
U_{35}^{1}	B_{35}^{1} =（0.00，0.00，0.09，0.68，0.23）	4	82.75
U_{41}^{1}	B_{41}^{1} =（0.00，0.00，0.00，0.17，0.83）	5	96.63
U_{42}^{1}	B_{42}^{1} =（0.00，0.00，0.00，0.00，1.00）	5	100.00
U_{43}^{1}	B_{43}^{1} =（0.00，0.00，0.00，0.15，0.85）	5	96.93

表 10-4　纽约时尚产业组织模块化价值创新能力一级指标综合评价结果

指标	模糊综合评价结果	属于评价灰类	模糊综合评价值
U_1^1	B_1^1 = (0.00，0.00，0.02，0.27，0.71)	5	93.84
U_2^1	B_2^1 = (0.00，0.00，0.00，0.31，0.69)	5	93.84
U_3^1	B_3^1 = (0.00，0.00，0.06，0.56，0.37)	4	86.20
U_4^1	B_4^1 = (0.00，0.00，0.00，0.14，0.86)	5	97.29

评价结果为：

$$B^1 = W^1 \cdot \begin{bmatrix} B_1^1 \\ \vdots \\ B_4^1 \end{bmatrix} = (0.00，0.00，0.02，0.32，0.66)$$

可以看出，纽约时尚产业组织模块化价值创新能力属于第 5 个评价灰类，模糊综合评价值为 $Z^1 = B^1 \cdot C = 92.79$。

三、伦敦、上海时尚产业组织模块化价值创新能力模糊灰色综合评价

计算过程与纽约相同，可计算出伦敦和上海时尚产业组织模块化价值创新能力模糊灰色综合评价结果，如表 10-5 所示。

表 10-5　伦敦时尚产业组织模块化价值创新能力二级指标综合评价结果

指标	模糊综合评价结果	属于评价灰类	模糊综合评价值
U_{11}^2	B_{11}^2= (0.00，0.00，0.00，0.15，0.85)	5	97.09
U_{12}^2	B_{12}^2= (0.00，0.00，0.02，0.67，0.31)	4	85.70
U_{13}^2	B_{13}^2= (0.00，0.00，0.00，0.12，0.88)	5	97.68
U_{14}^2	B_{14}^2= (0.00，0.00，0.06，0.50，0.44)	4	87.80
U_{21}^2	B_{21}^2= (0.00，0.00，0.03，0.70，0.27)	4	84.74
U_{22}^2	B_{22}^2= (0.00，0.00，0.00，0.62，0.38)	4	87.60
U_{31}^2	B_{31}^1= (0.00，0.00，0.04，0.77，0.19)	4	83.09
U_{32}^2	B_{32}^2= (0.00，0.00，0.00，0.55，0.45)	5	89.04
U_{33}^2	B_{33}^2= (0.00，0.00，0.00，0.14，0.86)	5	97.27
U_{34}^2	B_{34}^2= (0.00，0.00，0.00，0.00，1.00)	5	100.00
U_{35}^2	B_{35}^2= (0.00，0.00，0.22，0.78，0.00)	5	75.69
U_{41}^2	B_{41}^2= (0.00，0.00，0.17，0.68，0.15)	4	79.59
U_{42}^2	B_{42}^2= (0.00，0.00，0.00，0.05，0.95)	5	99.09
U_{43}^2	B_{43}^2= (0.00，0.00，0.00，0.29，0.71)	5	94.15

表 10-6　伦敦时尚产业组织模块化价值创新能力一级指标综合评价结果

指标	模糊综合评价结果	属于评价灰类	模糊综合评价值
U_1^2	B_1^2=（0.00，0.00，0.02，0.41，0.57）	5	90.95
U_2^2	B_2^2=（0.00，0.00，0.02，0.66，0.32）	4	86.02
U_3^2	B_3^2=（0.00，0.00，0.07，0.49，0.44）	4	87.34
U_4^2	B_4^2=（0.00，0.00，0.08，0.41，0.51）	5	88.65

评价结果为：

$$B^2 = W^2 \cdot \begin{bmatrix} B_1^2 \\ \vdots \\ B_4^2 \end{bmatrix} = (0.00,\ 0.00,\ 0.04,\ 0.49,\ 0.47)$$

可以看出，伦敦时尚产业组织模块化价值创新能力属于第 4 个评价灰类，模糊综合评价值为 $Z^2 = B^2 \cdot C = 88.75$。

表 10-7　上海时尚产业组织模块化价值创新能力二级指标综合评价结果

指标	模糊综合评价结果	属于评价灰类	模糊综合评价值
U_{11}^3	B_{11}^3=（0.00，0.00，0.11，0.65，0.24）	4	82.59
U_{12}^3	B_{12}^3=（0.00，0.00，0.00，0.83，0.17）	4	83.34
U_{13}^3	B_{13}^3=（0.00，0.00，0.09，0.83，0.08）	4	79.70
U_{14}^3	B_{14}^3=（0.00，0.59，0.41，0.00，0.00）	2	48.17
U_{21}^3	B_{21}^3=（0.00，0.05，0.82，0.13，0.00）	3	61.78
U_{22}^3	B_{22}^3=（0.00，0.00，0.14，0.72，0.14）	4	79.96
U_{31}^3	B_{31}^3=（0.00，0.22，0.69，0.09，0.00）	3	57.33
U_{32}^3	B_{32}^3=（0.00，0.00，0.00，0.14，0.86）	5	97.30
U_{33}^3	B_{33}^3=（0.00，0.00，0.00，0.00，1.00）	5	100.00
U_{34}^3	B_{34}^3=（0.00，0.00，0.00，0.00，1.00）	5	100.00
U_{35}^3	B_{35}^3=（0.00，0.00，0.00，0.54，0.46）	5	89.29
U_{41}^3	B_{41}^3=（0.00，0.00，0.81，0.18，0.00）	3	63.73
U_{42}^3	B_{42}^3=（0.00，0.00，0.00，0.10，0.90）	5	98.00
U_{43}^3	B_{43}^3=（0.00，0.00，0.00，0. 46，0.54）	5	90.86

表 10-8 上海时尚产业组织模块化价值创新能力一级指标综合评价结果

指标	模糊综合评价结果	属于评价灰类	模糊综合评价值
U_1^3	B_1^3=（0.00，0.14，0.24，0.58，0.14）	4	74.35
U_2^3	B_2^3=（0.00，0.03，0.52，0.39，0.06）	3	69.75
U_3^3	B_3^3=（0.00，0.07，0.22，0.24，0.47）	5	82.10
U_4^3	B_4^3=（0.00，0.00，0.44，0.25，0.31）	3	77.33

评价结果为：

$$B^3 = W^3 \cdot \begin{bmatrix} B_1^3 \\ \vdots \\ B_4^3 \end{bmatrix} = (0.00,\ 0.07,\ 0.32,\ 0.42,\ 0.19)$$

可以看出，上海时尚产业组织模块化价值创新能力属于第 4 个评价灰类，模糊综合评价值为 $Z^3 = B^3 \cdot C = 74.41$。

综上所述，纽约时尚产业组织模块化价值创新能力属于很高级别，伦敦和上海处于高级别，但从模糊综合评价值来看，伦敦明显优于上海。

第二节 评价结果分析

一、纽约、伦敦和上海时尚产业组织模块化价值创新能力对比

从前文我们可以得到纽约、伦敦和上海的时尚产业组织模块化价值创新能力各级指标的评价灰类和模糊综合评价值，鉴于第二级和第三级指标数量较多，我们主要分析三城市一级指标，如图 10-1 所示。

从图 10-1 可以看出，在主体要素指标表现方面，纽约略优于伦敦，上海与纽约和伦敦有一定的差距；在市场要素和辅助要素表现方面，纽约明显优于伦敦，上海垫底；在制度要素表现方面，三城市未有较大差距，伦敦居首，纽约次之，上海最差。

从图 10-2 可以看出，上海在主体要素、市场要素、制度要素和辅助要素方面均未达到三城市的均值，主体要素、市场要素和辅助要素距均值差距较大，制

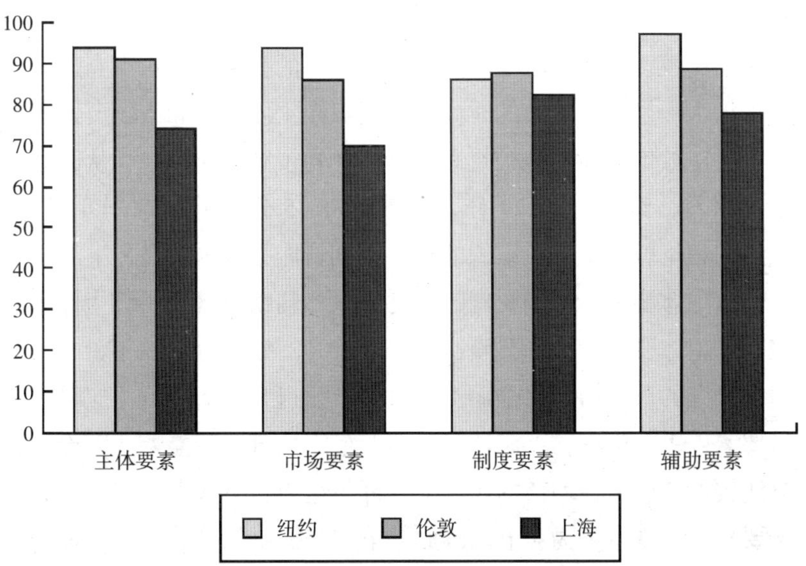

图 10-1　三城市时尚产业组织模块化价值创新能力一级指标对比

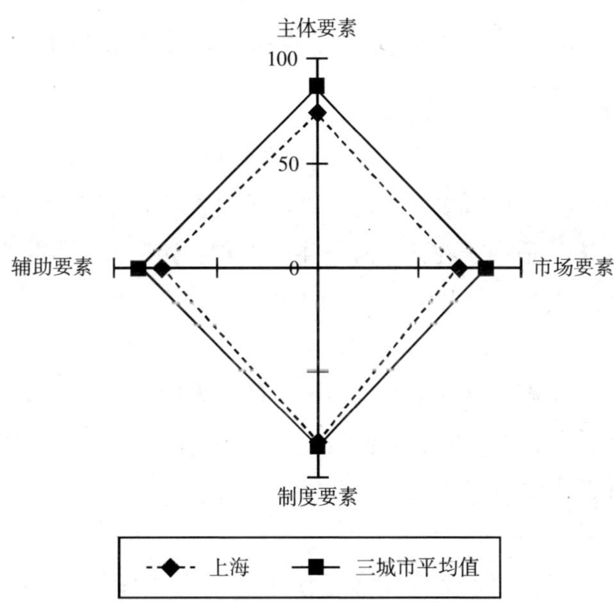

图 10-2　上海与三城市时尚产业组织模块化价值创新能力一级评价指标均值对比

度方面表现尚可。可以看出，上海的时尚产业在主体要素和市场要素上与均值差距较大，下一步的产业升级调整应当着眼于这两大要素的提升与促进。

对模糊综合评价法、熵值法等的综合运用，实现了对时尚产业在纽约、伦敦和上海的横向比较，说明了时尚产业组织在上海的整体发展水平与时尚之都存在差距。从平均水平来看，上海的时尚产业组织在主体要素和市场要素方面差距较大。在完成了三城市的横向比较之后，有三个初步结论：第一，从时尚产业的价值创新能力来看，纽约为 92.79 分，伦敦为 88.75 分，上海为 74.41 分，因此总体来看，纽约和伦敦时尚产业组织的模块化创新能力水平较高，上海与其差距较大；第二，以主体要素、市场要素、制度要素和辅助要素为一级指标作为主要分析对象表明，主体要素和市场要素所占权重较大，分别为 40%和 30%，是今后时尚产业组织研究的重点指标，全面提升时尚产业组织创新能力，应着重从主体要素和市场要素入手；第三，上海的时尚产业组织价值创新能力，无论是在一级指标的评分比较上，还是在均值的比较上，都与纽约和伦敦存在差距，而在主体要素和市场要素上体现得更为明显。因此，下一步需要找到一个可以帮助时尚产业组织进行内部比较的方法，帮助时尚产业组织发现自己在价值创新方面的差距，找到缩小差距最行之有效的方法，实现进一步的改进。

二、纽约、伦敦和上海时尚产业组织模块化价值创新能力指标分析

（一）边际产出分析的适用性研究

经济学中边际产出递减法是指在一个以资源作为投入的企业，单位资源投入对产品产出的效益是不断递减的，此法则同样也适用于时尚产业组织模块化价值创新能力。这种方法适用于在某一经济主体内部的边际投入与边际产出的比较，用于时尚产业组织模块化价值创新能力的评价，可以实现时尚产业组织各个部分之间的纵向对比，找到最需要改进的部分，有的放矢。

边际产出值与模糊综合评价值是负相关的，设边际产出值最大为 100，最小为 1。设某项时尚产业组织模块化价值创新能力指标 U_n 的模糊综合评价值为 x，此项指标的边际产出值为：

$$\delta(x) = 101 - x \quad (10\text{–}1)$$

式（10–1）可确保模糊综合评价值为 100 时，边际产出值达到最小值 1。模糊综合评价值为 1 时，边际产出值达到最大值 100。若考虑指标权重影响，则指标 U_n 对上级指标的边际产出值为：

$$\lambda(U_n) = w_{U_n} \cdot (101 - Z_{U_n}) \quad (10\text{–}2)$$

可以得到三城市的时尚产业组织模块化价值创新能力一级评价指标边际产出

值，如表 10–9 所示。通过上述假设和计算公式得出的各个边际产出值，说明了单位边际投入可能得到的边际产出单位。边际产出值越高，说明单位边际投入产出的收益越高，反之则反。

表 10–9　三城市时尚产业组织模块化价值创新能力一级评价指标的边际产出值

	纽约	伦敦	上海
主体要素	2.35	4.65	9.71
市场要素	2.58	3.97	10.88
制度要素	2.83	2.75	3.20
辅助要素	0.45	0.87	2.80

（二）初步结论

从表 10–9 可以看出，要提高时尚产业组织模块化价值创新能力，纽约关键要加大对制度要素（2.83）方面投入，其次是市场要素（2.58）；伦敦关键要加大对市场要素（3.97）方面投入，其次是主体要素（4.65）；上海关键要加大对市场要素（10.88）方面投入，其次是主体要素（9.71）。

本章在第九章研究成果的基础上，形成对时尚产业组织模块化价值创新能力评价的指标体系，通过对综合评价方法的比较，用模糊灰色评价法构建评价模型，并在第二次调研所得到资料的基础上，对纽约、伦敦和上海的时尚产业组织模块化价值创新能力进行了实证和评价。实证结果表明，纽约和伦敦的时尚产业价值创新能力较强，主体要素和市场要素齐备、发展全面，上海在主体要素、市场要素、制度要素和辅助要素上与这两个先进城市都存在较大差距。下一章，本书将延续本章的实证分析，对这些差距的存在进行解剖，找到差距存在的具体部分，进而“对症下药”，以期找到相应的解决方案。

第十一章

海派时尚产业组织价值创新能力评价

在本书第十章，本研究就时尚产业在纽约、伦敦和上海的发展做了对比，说明了三城市在总体水平和一级指标上的差异。本章将上海时尚产业组织模块化价值创新能力就二级指标和三级指标做进一步分析，利用边际产出值的方法，帮助找到各个指标的重要性，进而提出相应对策。

第一节　上海时尚产业组织模块化价值创新能力分析

根据式（10–2）计算出的上海时尚产业组织模块化价值创新能力边际产出值如表 11–1 所示。边际产出值越高，说明单位边际投入可能的边际产出单位越高，越值得重视。

表 11–1　上海时尚产业组织模块化价值创新能力各级评价指标的边际产出值

一级指标	二级指标	三级指标
主体要素（9.71）	人才培养机构（5.28）	识别市场所需人才的能力（13.93）
		人才培养的创新倾向（0.80）
		对时尚信息的关注程度（3.69）

续表

<table>
<tr><th>一级指标</th><th>二级指标</th><th>三级指标</th></tr>
<tr><td rowspan="14">主体要素（9.71）</td><td rowspan="3">研发与设计机构（6.09）</td><td>对新材料和新工艺的研发能力（7.39）</td></tr>
<tr><td>新产品的设计与测试能力（0.80）</td></tr>
<tr><td>新创意和新设计的开发能力（9.48）</td></tr>
<tr><td rowspan="6">专用模块供应商
通用模块供应商（2.82）</td><td>与外部研发机构的协作能力（8.33）</td></tr>
<tr><td>邀请顾客参与开发新产品的情况（0.04）</td></tr>
<tr><td>时尚知识学习能力（3.43）</td></tr>
<tr><td>适应模块化规则的能力（6.13）</td></tr>
<tr><td>模块化升级能力（1.97）</td></tr>
<tr><td>专用模块供应商与通用模块供应商的合作程度（1.40）</td></tr>
<tr><td rowspan="5">品牌集成商
品牌资产运作机构（12.46）</td><td>对市场潜在需求的预测与协调能力（9.77）</td></tr>
<tr><td>与研发设计机构的协调状况（9.53）</td></tr>
<tr><td>与顾客沟通机制的有效性（19.25）</td></tr>
<tr><td>营销管理的有效性（2.92）</td></tr>
<tr><td>对专用和通用产品的整合能力（11.36）</td></tr>
<tr><td rowspan="6">市场要素（10.88）</td><td rowspan="3">时尚创意产业园区（22.02）</td><td>对园区成员创新行为的扶持力度（10.12）</td></tr>
<tr><td>对园区的模块化功能规划程度（16.03）</td></tr>
<tr><td>园区内时尚企业竞合机制设计情况（13.07）</td></tr>
<tr><td rowspan="3">时尚公会组织（9.23）</td><td>模块化互动规则设计能力（12.85）</td></tr>
<tr><td>模块化信息服务能力（8.06）</td></tr>
<tr><td>时尚人才发现与培养的支持力度（0.14）</td></tr>
<tr><td rowspan="10">制度要素（3.20）</td><td rowspan="2">知识产权保护（13.91）</td><td>知识产权保护法律的健全程度（27.23）</td></tr>
<tr><td>知识产权保护法律的执行力度（16.44）</td></tr>
<tr><td rowspan="2">生产外包体系（0.32）</td><td>整体商务环境对于外包体系的支持程度（1.95）</td></tr>
<tr><td>市政配套对外包体系的倾斜状况（1.75）</td></tr>
<tr><td rowspan="2">众包体系（0.09）</td><td>创意管理平台的服务水平（0.75）</td></tr>
<tr><td>创意管理、创意提交、投票与评论系统的完备性与运行状况（0.25）</td></tr>
<tr><td rowspan="2">快速反应系统（0.13）</td><td>模块化供应链网络分布与物流水平（0.60）</td></tr>
<tr><td>订单反应效率（0.40）</td></tr>
<tr><td rowspan="2">时尚买手制（4.46）</td><td>时尚买手的自主设计能力（0.40）</td></tr>
<tr><td>时尚买手的培养体系（11.31）</td></tr>
<tr><td rowspan="2">辅助要素（2.80）</td><td rowspan="2">资金支持体系（20.14）</td><td>对时尚消费的金融支持力度（10.92）</td></tr>
<tr><td>对创意人才培养的支持力度（26.35）</td></tr>
</table>

续表

一级指标	二级指标	三级指标
辅助要素（2.80）	会展业（0.47）	时尚会展的影响力（1.36）
		时尚会展的贸易氛围（2.74）
	流通业（3.06）	流通业的业态多样化程度（6.27）
		流通业的国际化程度（3.87）

以上的结果表明：

第一，在主体要素中，上海时尚产业价值创新能力边际产出值占比最大的是品牌资产运作机构（46.73%），其次分别为研发与设计机构、人才培养机构，最后是专用和通用模块供应商，如图 11-1 所示。通过对主体要素各个三级指标进行占比分析（见图 11-2），可以发现，在品牌集成商方面，对专用和通用产品的整合能力、对市场潜在需求的预测和协调能力以及与研发设计机构的协调状况占比较高，是投入的重点；在研发机构方面，新创意最值得重视，新材料次之；人才培养机构必须加大对识别市场所需人才方面的投入；专用和通用模块供应商则应加强适应模块规则能力和与外部研发机构的合作能力。

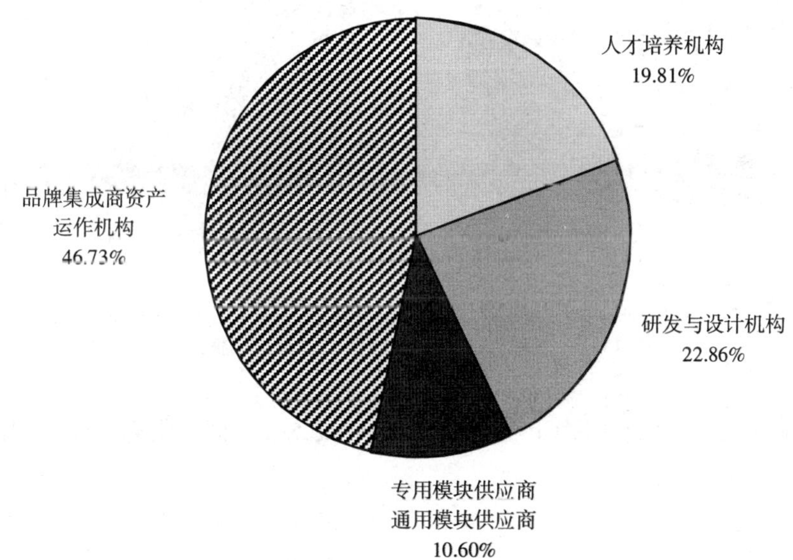

图 11-1　上海主体要素中各指标边际产出值占比

第二，对市场要素的边际效应值的计算表明时尚创意产业园区的投入是下一步的重点（70.48%）。在这方面首先要注重对园区创新行为的扶持力度，其次是

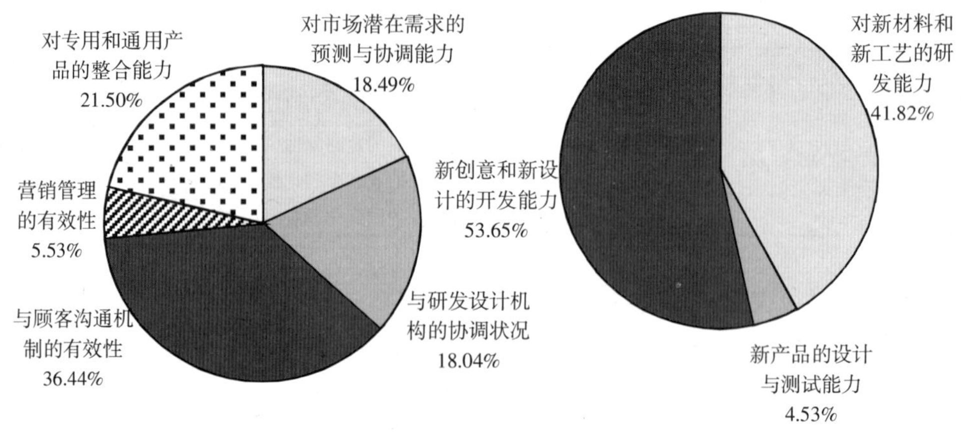

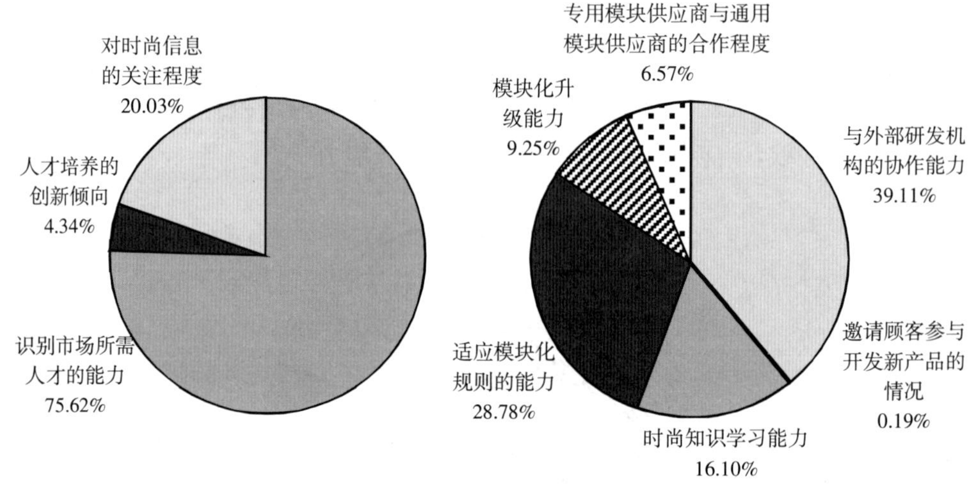

图 11–2　主体要素各个三级指标边际产出值占比

竞合机制的设计。而在时尚工会组织方面（29.52%），模块化规则设计和信息服务能力亟待提升（见图 11–3）。

第三，在制度要素方面，各个二级指标依次排序为：知识产权保护（73.62%）、时尚买手制（23.57%）、生产外包体系（1.67%）、快速反应系统（0.69%）和众包（0.45%）。前两者占压倒性的优势，值得进行大量的投入。在辅助要素方面，各个二级指标的排序分别为资金支持体系（85.08%）、流通业（12.91%）和会展业（2.01%）。资金支持体系亟待投入（见图 11–5）。

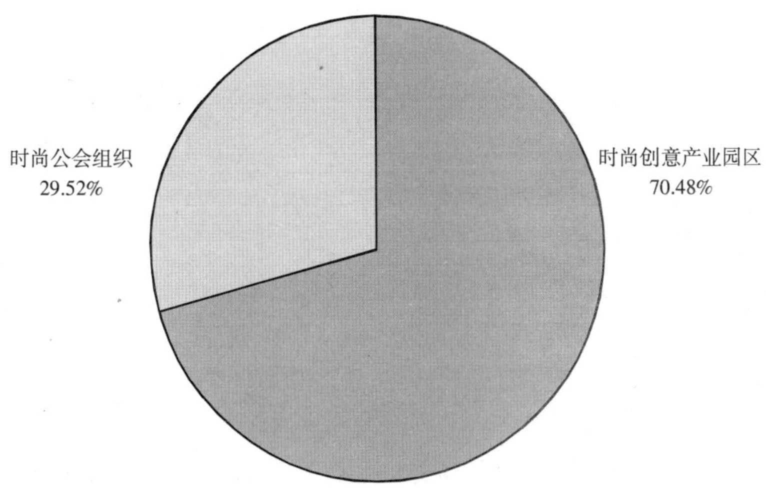

图 11-3　上海市场要素中各指标边际产出值占比

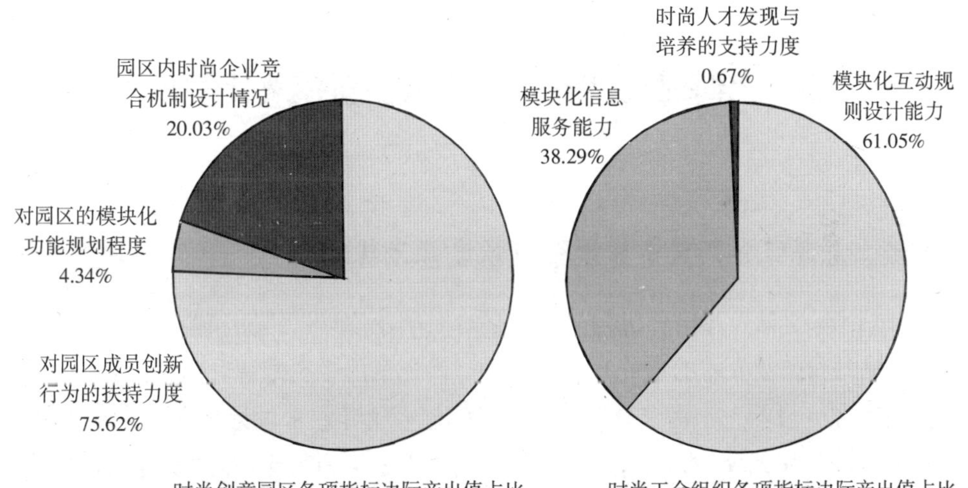

图 11-4　市场要素各个三级指标边际产出值占比

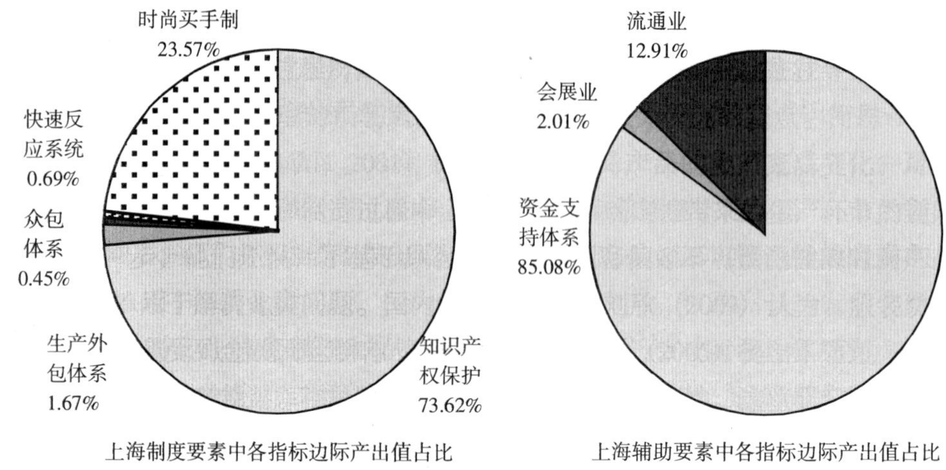

图 11-5　制度要素和辅助要素各二级指标占比

第二节　上海时尚产业组织价值创新模块化要素现状

一、上海时尚产业主体要素市场要素现状

（1）时尚创意人才培养机构。大学是时尚产业设计、研发和推广应用的核心力量，是时尚产业人才的培养基地，也是时尚创意的主要来源和时尚产业主要的内容提供者。目前，上海有 15 所高校设置艺术或者艺术设计专业，东华大学、同济大学和上海交通大学等都设置了时尚创意人才培训基地。艺术与艺术设计相关专业在上海存在的形式主要是理工类综合院校和师范类院校，其主要的特点：专业口径宽，与时尚创意相关的专业包括艺术、艺术设计、服装设计、产品设计、服装工程、纺织工程等；课程体系完整，旨在将学生培养为兼通艺术和技术、具有较强的创意设计和技术能力的“时尚白领”。

（2）设计与研发机构。2009 年 6 月，上海服装设计协会（SFDA）成立，其主要职能包括服装设计、服饰（织造、针织、印染）设计、服装辅料配件设计、服装研究开发、教育培训和交流、设计展示、经济和交易、服装工艺革新等。类似的行业机构还有上海服装行业协会、上海家用纺织协会、上海工艺美术协会、上海黄金饰品协会等。这些机构提供时尚设计人才发现、成长、发展机会和资金支持，也是为时尚产品的产品性能提高提供科研与实验基地。

（3）品牌资产运作机构。这些机构一方面负责时尚产品的推广和传播，使其成为文化意义的承载者；另一方面致力于品牌市场定位和维护，通过各种营销组合来保证品牌知晓度、感知质量和品牌联想度。大部分的上海本土时尚企业都有自己的品牌资产运作机构，如男装品牌报喜鸟，拥有“BONO”品牌高级职业装、“BONO TAILOR”品牌时尚定制等业务，其品牌资产运作团队围绕“时尚职业装”的市场定位开展品牌运作。而海螺、培罗蒙、双鹿、紫澜门、斯尔丽、恒源祥等老品牌，也逐渐通过不同的品牌资产运作方式，实现其市场份额的增长。

（4）时尚创意产业园区。目前，上海拥有 98 家创意产业园区，与时尚产业相关的有 20 多家[①]。这些时尚产业园区主要有三种类型：一是时尚服装产业集群，比如坐落在长宁区的“上海时尚产业园”，拥有时尚设计学校、时尚生产企业、服装设计学会等机构，并由“5 号车间”作为信息交流的平台，负责国内外服装服饰品牌的发布、研发、项目洽谈、人才培训、信息互动的公共技术服务等。尽管占地只有 10000 多平方米，但却是“麻雀虽小，五脏俱全”。类似的还有时尚谷创意园区、尚街 LOFT 等。二是主打视觉艺术的时尚产业园区，比如位于莫干山路的 M50，主要为当代艺术和当代设计提供展示的场所和信息发布的平台。三是以大学毕业生为主要服务对象的时尚创意产业园区。如位于浦东陆家嘴地区峨山路上的鑫灵园区，是国内首家以大学生“创意+创业”为主旨的孵化载体。

（5）时尚公会组织。与米兰、纽约等时尚之都类似，上海的时尚工会组织在表现形式上和设计与研发机构有很多重合的地方。除上述的设计与研发机构之外，上海还拥有上海创意产业中心、上海时尚产业发展中心、上海时尚园服装产业孵化器等辅助性机构，这些机构和设计与研发机构，成为上海时尚产业组织模块化发展过程中成员协作、组织耦合性增强的最具能动性的生产要素。这些组织在制定时尚产品相关标准和规则、传递模块化“系统信息”和“个体信息”方面发挥着重大作用。

① http：//www.creativecity.sh.cn/creativeshanghai2.aspx.

二、上海时尚产业制度要素、辅助要素现状

（1）外包体系。与五大时尚之都发展的情况类似，上海时尚产业逐渐走上“设计部门中心化、制造部门外包化”的道路。位于城中心的时尚产业园区绝大部分为设计与研发机构，而位于城郊的时尚产业园区则呈现设计研发与时尚制造共生发展的态势。与五大时尚之都不同的是，上海时尚产业更多受到“总部经济”效应的影响，表现在：一方面，大批传统时尚制造企业（如纺织和服装生产企业）将生产基地移至昆山、杭州、苏州等地，而企业总部包括销售部门、设计部门和研发部门留在市区；另一方面，时尚产业横向模块化[①]发展逐渐显现，许多时尚制造企业将总部设立在上海，而将生产销售集中在一个或者几个贸易聚集区。如：海宁时尚皮革城中，有一半以上的商家总部设在上海；位于上海郊区的奥特莱斯和狐狸城中的商家，绝大部分的总部也设立在上海。

（2）法律制度。自20世纪80年代以来，我国逐步建立了与国际接轨的知识产权法律体系，相继颁布实施了《专利法》、《商标法》和《著作权法》等涵盖知识产权保护主要内容的法律法规。这些法律法规为时尚产品相关的知识产权保护提供了良好的基础。

（3）会展业。会展业是时尚产品初级阶段——时尚样品展示和交流的平台。上海拥有发达的会展业，上海新国际博览中心、上海国际会展中心、上海光大会展中心都具有多年承办国际性大型展览的经验。始于2003年的上海时装周，每年会吸引来自法国、意大利、美国、英国、日本等国家的设计师与品牌参与包括高峰论坛、设计师派对、服装设计大赛、设计师展售中心为主题的活动。上海时装周日益成为国际性的时尚设计样品展示、时尚信息发布和交流的平台。

（4）流通业。上海流通业的特点是规模大、模式多样、发展速度快。上海不仅拥有包括南京东路商业街、淮海中路商业街、徐家汇商圈、五角场商圈等在内的十大商业中心，还拥有包括福州路文化街、茂名南路文化休闲街、七浦路服饰街在内的七大特色商业街。这些时尚产品流通场所的繁华程度，不亚于任意一个时尚之都。上海时尚产业终端表现方式多样。一是百货，上述各大商业圈均有大型时尚购物中心，位于陆家嘴的正大百货是目前亚洲最大的集休闲、购物和时尚

① 横向模块化：从横向看，时尚产业可以细分为服装、鞋帽、珠宝等行业，也可以细分为皮革、毛纺、丝绸等行业。这些行业经过长时间发展，已经自成体系，并且具有模块化的特征。

体验于一体的百货公司。二是旗舰店，时尚老牌 LV、Burberry、Zegna 等均在上海设立旗舰店。三是连锁店，"快时尚"的代表优衣库、H&M、ZARA 也在上海有众多门店。上海流通业实现的消费额增长十分迅速，1995 年上海市社会消费品零售总额仅为 1050.96 亿元，2009 年增长至 5173.24 亿元，占全国社会消费品零售总额的 4.13%，年均增长率为 11.21%。

（5）快速反应系统。时尚买手制、大规模定制是时尚产业快速反应系统（快时尚）的主要表现。目前上海时尚买手制主要被外资时尚企业所运用，如西班牙 ZARA，美国 GAP、ETAM、ONLY 和 VERO MODA，欧洲的 C&A 等。严格意义上的本土时尚买手尚未成形，他们只是行使着类似买手的职能。比如虚拟经营的美特斯邦威、网上销售的凡客网、连锁实体店 HOTWIND 等，他们的服装商品研发和采购流程与国外时尚买手机制十分类似，所采用的运营模式多为市场采购与品牌代理相结合，总体来看原创性不足。上海时尚产业的大规模定制经过多年发展，呈现两个方面的特点：一是时尚产品的生产不仅考虑本土消费者的喜好，更添加了许多国际时尚元素，设计师引导消费时尚的同时，也会给消费者更多的时尚想象空间。诸如美特斯邦威等运动品牌较多的是采用大规模定制去贯彻其时尚理念的推广。二是时尚产品的生产在保留原有的经典韵味基础上进行大规模定制。这些时尚企业的典型代表是老凤祥、紫澜门等。这些传统的老牌时尚在进行大规模定制的同时，坚守其固有的艺术追求和设计品位以保证其独有的时尚特性。

三、上海时尚产业发展的特殊要素

（1）海派文化的历史积淀。20 世纪 30 年代上海开埠后，大量国外移民涌入，使得上海逐渐成为远东地区的世界文化中心，于是时尚产业在上海的发展之初便具有"兼容并蓄、海纳百川"的特色。例如，以淮海路为中轴的时尚消费体现的是法国和俄罗斯的文化；南京路和外滩则侧重英美文化；四川北路侧重日本文化；舟山路附近则多表现为犹太文化和德奥文化。中西文化的碰撞，使得上海时尚产业具备海派文化的历史底蕴，这是目前许多大型城市发展时尚产业所不具备的特殊要素。

（2）上海城市发展的新契机。上海作为国际性的大都市，发展时尚产业具有得天独厚的优势。上海目前正致力于创新驱动、转型发展以及"四个中心"（经济、金融、贸易、航运）的发展战略，相关配套措施的出台，无疑会为兼具制造业和服务业的特点、处于新兴产业和传统产业的边缘地带的时尚产业发展带来新契机。创新驱动、转型发展也符合上海时尚产业目前发展趋势的要求，通过“十二五”的有效规划和努力，时尚产业可以获得更多的政策支持和前进动力。

第十二章 海派时尚产业组织价值创新发展路径研究

第一节 上海发展时尚产业组织模块化价值创新能力建议

时尚反映都市竞争力，时尚经济对于城市文化的形成、城市产业的提升、城市名片的打造、城市时尚文化引领功能的形成均有着重要的影响。对上海而言，发展时尚产业是上海转变经济发展方式的必然要求，是上海培育新经济增长点的重要内容，是上海应对经济周期波动的有效手段，是上海提升城市形象的核心举措。

围绕上海致力于创新驱动、转型发展以及“四个中心”（经济、金融、贸易、航运）的发展战略，以发展时尚产业组织模块化价值创新为方向，以强化主体要素和市场要素为基点，以“海派时尚”为主体，走网状模块化创新的发展模式，加强本土市场与国际市场的对接，大力发展多样化的时尚产品及相关服务集群，实现传统制造业、服务业向以模块化能力强、附加值高为特征的时尚产业转化，着力提升上海时尚产业链的附加值，逐步将上海打造成为品牌领先、市场活跃、消费聚集、活动突出、影响力大的新兴“时尚之都”，以及国际时尚潮流的新领地、策源地。

路径设计：针对上海时尚产业发展现状、特点和存在的问题，根据模块化的相关理论，将上海时尚产业模块化发展的路径进行设计，如图 12–1 所示。

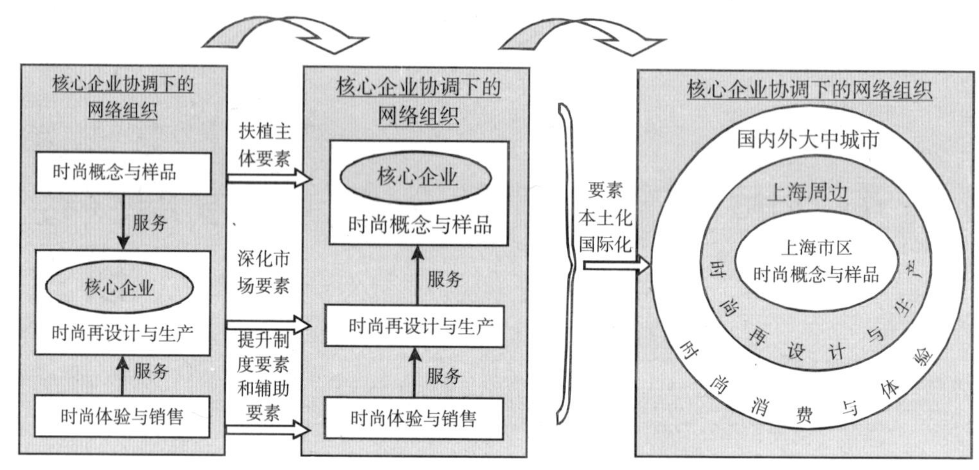

图 12–1 上海时尚产业模块化发展路径设计

图 12–1 说明，上海时尚产业必须经过两个阶段才能实现其模块化发展。上海时尚产业目前处于以时尚制造商为核心的核心企业协调下的网络组织发展阶段，因此，第一阶段，通过扶持主体要素、深化市场要素和提升制度及辅助要素三大举措，可以帮助时尚设计商成为核心企业，使其制造时尚概念和样品的功能得到最大限度的实现，使上海时尚产业成为具有海派特色、具备引领亚洲时尚潮流能力的模块化网络组织。第二阶段，对创新要素的进一步深化，通过核心企业的辐射作用，将本土化和国际化融入各个要素的发展进程，形成上海市区实现“时尚概念与样品”、上海周边实现“时尚再设计和生产”、国内外大中城市实现上海特色“时尚体验与销售”三大模块功能的时尚产业发展格局。

针对上海时尚产业的现状及其模块化发展阶段遇到的问题，政府可以在以下五个方面有所作为：

（1）大力扶持主体要素。以大学为主体的时尚创意人才培养机构应当以市场需求为导向培养艺术、营销和管理兼通的复合型人才，适时将这些人才送到时尚创意人才培养基地进行见习。另外，应注重中等技能型人才的培养，使时尚产品从概念形成到加工成型的时间缩短，以适应时尚产品市场迅速多变的要求。以设计师协会为主体“创意生活圈”是“时尚创意阶层”形成的现实土壤。可以将

“时尚创意人才”的引进列入上海市人才引进的重点规划项目，为他们营造符合上海城市发展特点的“创意环境”，并以雄厚的资金支持保证设计投入的增加和研发的成功率。商业银行等金融机构或者风投公司可以针对时尚品牌建立信用型、惠利型、引资型或者质押型融资产品，使其不再单纯依靠内源资本进行品牌宣传，而是依靠外源资本提升品牌价值。从时尚创意人才的分布来看，可以构建围绕各大高校、时尚产业园区、时尚商圈为主体的人才分布体系，使这些创新要素的产生、发展和成熟具备制度条件。

（2）努力深化市场要素。上海时尚产业的生产性要素发展程度不足，应当进行深化。首先，时尚产业园区和创意产业园区共生、时尚产品生产和其他产品生产共存是目前上海时尚产业聚集的一大特点。这一特点为时尚产业模块化进程中“个体信息”和“系统信息”的传递和沟通提供了良好的环境。但是与时尚之都相比，上海时尚产业工会组织规模较小，影响力较弱。因此，可以由政府牵线搭桥，成立“时尚产业模块化发展协调办公室”，辅佐时尚产业工会组织产业内企业进行产学研合作的相关活动，扩大工会组织的影响力。同时，应有配套资金帮助这些工会组织建立时尚产业相关生产标准的制定以及时尚创意项目的有效孵化。其次，在制造业外包体系逐渐成形的背景下，应有相应政策指导时尚产业的生产线外移，使时尚制造商与时尚设计师有效衔接，避免时尚制造陷入新一轮的OEM（代工生产）。最后，可以学习英美等国对知识产权保护的具体做法，通过强化知识产权局的权力范围打击各类盗版侵权行径，实现对时尚产品的专利、商标的有效保护。

（3）尽快提升制度和辅助要素。首先，明确上海各人商圈的主题，加强时尚产业消费要素的集中度。“时尚产业模块化发展协调办公室”应当扮演规划部门与产业部门之间的沟通者角色，通过对两部门规划时意图、重点、难点等内容的有效沟通，改变时尚资源分散化、区域间同质竞争严重的局面。具体来看，可以将十大商业中心的时尚功能进一步细化，比如，五角场商圈毗邻高校，可以将时尚设计与体验作为其主要的时尚消费定位；淮海路商圈旗舰店众多，可以侧重时尚消费理念的传播；七浦路服饰街可以侧重时尚消费的大众化和平民化；新天地文化街可以侧重中西时尚消费的融合与体验。其次，时尚买手制应该得到重视和应用。国内大部分的时尚买手都是由设计师和设计总监等转型而来，尚未有专门的机构对时尚买手进行专业知识、专业能力的培训。时尚买手制有利于实现上海时尚产业中制造模块和消费模块的信息沟通，同时时尚买手制也是将时尚消费信息准确传递给时尚设计师的有力保证。因此，可以以时尚创意人才基地为依托，设立专门的时尚买手培训机构；在培训过程中强调原创性和创新性的作用，鼓励市场采购、自主设计和品牌代理相结合时尚买手制。当时尚买手具备一定规模时，可以由时尚工会组织牵头设立时尚买手经纪人，促进时尚买手与时尚产业各个环节的沟通，发挥其信息沟通者的作用。

（4）四大要素之间的良性互动。主体要素是时尚产业实现价值创新的动力源，市场要素是创新价值创造的主要条件，而制度要素和辅助要素则有利于创新价值的实现。根据模块化的相关理论，这四大要素的良性互动必须满足信息有效传递、结构逐步优化、知识逐步共享等条件。因此，除了前文提到的一些要素完成沟通职能之外，时尚产业信息化和网络化发展平台的构建，应该列入时尚产业发展的重点议程。可以将国内时尚创意相关的专业网站进行资源整合，建立专门的“时尚创意信息交流网站”，使其具备时尚信息传递、时尚产业（产品类型）结构评估、时尚创意知识共享的功能，促进时尚产业的模块化进程。

（5）本土化与国际化的融合。“海派”文化的精髓是兼容并蓄，这与五大时尚之都的文化背景十分类似。从上海时尚产业本土化与国际化的现实状况来看，两者既有融合又有碰撞。融合的方面表现在，越来越多的上海本土时尚产品，不仅包含上海城市传统与现代的时尚元素，如老弄堂、西式花园洋房、老字号、张爱玲等，还包含了对国际领先科技的吸收与应用，如纳米科技、环保材料的引入。同时，许多国际时尚品牌，也逐渐将上海时尚要素融入其产品设计中。碰撞的方面表现在：一些本土时尚企业在走向国际的过程中，逐渐丧失了自己的“海派”特色，最终变得“非中非洋”或者被贴上“山寨”的标签；一些本土时尚品牌在探索国际化的道路时过分激进，资金链条过于脆弱，最后铩羽而归；一些本土时尚企业忽视上海时尚产业所处于的特殊阶段，盲目推进其时尚创意理念，最终是落入“本土不爱，国际不要”的尴尬境地。因此，推进上海时尚产业本土化和国际化的融合，时尚文化的交流和传播非常重要。在时尚产业发展的第二阶段，除了继续提升和深化创新要素、生产要素和消费要素之外，以下三个方面应该得到重视：第一，构建时尚产业文化资讯平台，通过定期举办大型时尚产品展示会、时尚信息国际学术交流会，时尚文化相关专著、杂志，时尚信息BBS等方式，促进时尚文化资讯的沟通与传播；第二，构建时尚文化人才交流平台，通过时尚人才中介机构、建立时尚文化人才档案和信息库、设立“上海时尚创意人才奖励专项资金”等方式，鼓励上海时尚文化人才的国内外交流；第三，适时出台上海时尚产业中长期发展规划，颁布上海文化创意产业投资指导目录，为上海时尚产业模块化发展背景下的资金流向、文化交流、信息沟通提供政策支持。

第二节 重点领域

根据本章第一节对上海时尚产业组织模块化价值创新要素的分析，上海时尚产业应培植多元化、复合型的内容产业，联结生产、设计、研发、信息、会展、中介、传媒、金融服务、专利保护、文化艺术、市场营销、教育等广阔领域。模块化理论要求上述内容在信息沟通、隐性知识和显性知识互补上的加强，因此，根据上海在轻纺产业科研、人才、品牌和市场等方面的综合优势，宜重点培育和发展五大时尚产业领域，以形成“2+3”的产业集群体系架构：

一、两大主体产业领域：一传统，一现代

（1）依托上海纺织产业的人才、工艺和网络基础，大力发展以时装、箱包、皮鞋、服饰配件等为核心的服装服饰产业集群。这些产业集群在江浙沪已经颇具规模，根据本章第一节对上海时尚产业组织模块化价值创新要素的分析，时尚产业集群是市场要素发展的重点，也是上海时尚产业的基础领域和主体部分。

（2）面向现代社会新新人类对多媒体产品的多样化需求，结合市场消费趋势，充分发挥上海在多媒体资讯产业国际化合作方面的优势，打造以手机、平板电脑、数码相机、MP4、电玩电游等为支撑的电子数码产业集群。根据本书对时尚产业、时尚产品内涵的延伸内容的解释，动漫和电子产品将有可能是当代社会时尚产业发展的最新、最活跃的领域，也是本书下一步研究的重点。

二、三大延伸产业领域

（1）利用上海家用行业在国内占据领先地位的条件，进一步嫁接城市美容服务网络和营销体系健全的比较优势，建成以化妆品、护肤品、个人清洁用品等为基础的美容产业集群。

（2）利用黄金市场、钻石市场落户上海的有利条件，以及国内流动性过程、广大居民亟待开辟新的保值增值渠道的机遇期，形成以首饰、珠宝、纪念币、黄金制品、手表等为主体的珠宝产业集群。

（3）围绕城市时尚产业发展和人民文化娱乐的需求，进一步扩大文化、创意产业的开放度，建立以节庆、活动、传媒、产品推广、流行发布、秀场展示及其相关服务为内涵的时尚传媒产业集群。

第三节　发展策略

无论是经济基础还是地理条件，上海时尚产业都具有天然优势。然而做大、做强、做响上海的时尚产业，组织模块化价值创新策略是上海时尚产业发展过程中要加强重视的方向性问题。因此，无论是主体要素、市场要素还是制度要素、辅助要素，都要从宏观、中观、微观层面入手，打通产业发展瓶颈，形成一定规模的时尚产业集聚，提升时尚产业的科技含量。因此，今后几年，上海在时尚产业发展方面的主要任务是：

（1）打造多维度的时尚购物空间，进一步强化时尚消费市场的城市品牌。要依托现有生产性服务业园区、创意产业园区等各类载体，结合原有商圈改造以及轨道交通上盖周边的综合开发，积极加强时尚购物空间建设，汇集海外异域风情商品、动漫延伸产品、中国传统文化用品、节庆用品、本土创意作品等时尚商品，打造城市时尚地标，建成上海的“商业鸟巢”，发挥引领时尚风向标的作用。

（2）突破设计、营销两端，建立新型时尚产业发展架构。政府和市场要双管齐下，坚持引进与吸收创新、自主创新相结合，紧密结合上海初具规模的文化创意产业，通过政策聚焦，打破上海在设计和营销方面的天然瓶颈，逐步摆脱原有加工制作型轻纺产业发展的旧结构，着力向创意型、营销型时尚产业结构模式转变。

（3）强化时尚资源要素的挖掘和集聚，提升上海时尚产业的影响力。要集中力量统一维护时尚产业载体资源，将时尚资源的保护性开发与时尚产业培育有机结合起来，增强对时尚要素资源的集聚能力，努力将上海打造成为国际时尚信息、时尚人才和时尚品牌企业的汇集地。

（4）搭建时尚产业平台，完善公共服务体系。建立符合国际惯例的时尚产业发展机制，提升时尚信息发布、时尚产品推广的专业性与商业性，建立时尚产业公共服务平台、设计服务平台。

第四节　上海推动时尚产业进一步发展的政策保障

上海时尚产业机制创新诸多要素包括主体要素中的品牌资产运作机构、研发机构和人才培养机构；市场要素中的产业园区和工会组织、制度要素中的知识产权保护体系；辅助要素中的资金支持体系都是亟待针对性支持的要素。这些要素在优化环境、完善产业链、打造发展载体等方面对时尚产业意义重大，因此必须推进上海时尚产业发展的一系列相关政策。

一、政府保障

第一，产业导向政策。要制订上海时尚产业发展规划。吸取国际时尚之都成功经验的同时，立足现有优势资源，尽快制订《上海市时尚产业发展规划》，合理规划时尚产业发展与布局，确定时尚产业的发展龙头、重点领域和产业布局，为孵化国际级时尚设计师、时尚摄影师、形象造型师、时尚模特、时尚品牌策划专家，开发国际时尚前沿技术，培育国际级时尚品牌和高新技术含量的时尚产品，培育面向国际市场的时尚企业提供方向性支持。

第二，实施时尚企业促进政策。仿照高新技术企业认定政策的方式，以创新性含量、销售覆盖面、研发投入比率、市场响应度、国际化程度等为主要指标，对符合条件的传统消费品类企业，认定为时尚企业，享受时尚产业政策，在税收返还、人员培训、研发费用抵扣、市场流通、房租优惠等方面，给予一定期限的奖励和扶持。

第三，建立时尚产业发展专项基金。鼓励风险资本和外来人才进入时尚产业。考虑设立时尚产业风险基金，对服装服饰、家居纺织、建筑设计、工业设计、环境艺术、视觉艺术、数码娱乐等相关行业，给予资金扶持。基金由政府和企业共同承担风险，采用市场化运作机制，对列入上海重点培育和发展的重点设计成果的产业化，重点科技新产品的研发，重点企业购买涉及服务、营销策划服务，产学研合作项目，有的放矢地进行投资，而发展基金会则从企业日后投入产出、扩大销售和新增利润中获取投资收益或回报。

第四，大力实施品牌战略，培养一批龙头企业和时尚品牌。一是建设自主时尚品牌梯队，立足城市品牌资源，从争创世界、国家、市级品牌三个层次，按层次、分梯队推进，相应制定实施品牌战略的目标，形成有特色、有竞争力的上海著名品牌的创新体系。二是加快推进时尚产业的产品、企业品牌。选择一些能够突破的领域，重点扶持和打造一批龙头企业，如防控、家化等，以及一批时尚品牌，如百草集、老凤祥、汉光瓷、翠之宝等。促进优势资源向名牌企业集中，发挥品牌企业在行业中的影响力和带动力。三是以自主时尚品牌创新为着眼点，坚持做好“四个结合”，构筑城市立体品牌群，创建更多具有自主知识产权和国际竞争力的时尚名牌。

第五，制定有利于设计产业外包化发展的特殊政策。以政府支持为后盾，鼓励行业协会或者龙头企业牵头组织举办各类时尚产品的国际设计专业赛事，加强各类赛事的规范化、市场化和国际化运作，对优胜设计师适用紧缺人才政策，予以引进或者吸引来上海工作。同时，放宽“居改非”政策，允许设计师利用自住楼宇进行创业活动，形成前店后住的发展格局，最大限度地降低创业风险和成本。

第六，充分释放各类存量政策的最大效应。时尚产业属于生产性服务业的范畴，既是创意产业的价值链延伸，又是自主创新的内容之一。基于此，在分类指导现有 20 家生产性服务业园区、98 家创意产业园区的前提下，加强现有载体政策与时尚产业的对接，逐步从中培育 3~5 家以时尚为特色的时尚类产业园区。建议鼓励盘活存量房地产资源用于时尚产业发展，对重点项目放宽土地和规划政策，允许适当提高项目容积率；整合政府资金，加大扶持力度，拓宽时尚产业融资渠道，每年安排一定数量的发展资金，以奖励、贴息、补贴、资助等方式支持时尚企业发展、时尚产品开发，时尚企业研发中心享受高新技术企业政策。

二、载体建设政策

第一，加强对大型时尚节事的支持，扩大城市影响力。将时装周、艺术节、电影节等一批大型时尚活动打造成为自主品牌国际化的服务平台、国际品牌辐射中国的展示高地、原创设计培养提升的孵化基地。吸引国际重要时尚活动到上海举办。鼓励企业积极开辟海外市场，支持企业参与国内外重大时尚活动，在活动参与初期给予企业一定的引导资金。支持时尚联合会组织相关行业联合办展、参展，打造“风尚上海”的知名品牌。

第二，建设新一代时尚购物场所。以韩国首尔的明洞和北京的秀水街为标杆，结合商圈改造和地铁上盖综合开发，不断提升中心城区现有时尚购物市场的品位，强化各类时尚园区的销售功能，形成设计与市场的对接。近期，建议加快考虑上海展览中心和十七棉旧址的功能重新定位，规划打造融设计、展示、商务、购物、消费等功能于一体的新一代时尚购物空间。同时，在条件许可的情况下，择机异地恢复“襄阳路市场”，吸引国内一流的特色品牌商品入驻，并利用南京路、豫园、大世界、徐家汇等的知名度，着力打造一批彰显民族特色、集聚民族品牌的购物市场。

第三，率先建立上海时尚产业博物馆。在世博会上海主体馆内，或选择合适的时尚创意园区，建立上海时尚产业博物馆，将世界、中国和上海的时尚产业用实物和图片的形式汇聚于馆中，体现展示展览、体验教育、在线服务、旅游观光和文化交流等功能。

第四，专设上海时尚产品展示厅。利用工博会、上交会、时装节、汽车展等大型会展平台，结合工业新产品展示馆建设，设立“上海时尚新产品展示厅”，吸引国内外品牌企业到上海来发布最新时尚产业信息，创造良好的时尚产业消费氛围，促使上海时尚产业的集聚和辐射中心的形成。通过2010年世博会的契机，将上海时尚产业名牌企业和名牌产品推向世界，实现世博会与上海时尚产业发展战略的互动。

第五，构建上海时尚产业“街、廊、馆、店”布局。在三大高端时尚地标基础上，拓展区域，提升品位，创造精品，引领创新，形成“金三角”（南京西路、外滩、新天地），“大金三角”（黄、卢、静、徐等核心商业区），“新金三角”（十大都市商业中心）以及特色功能区、商旅文结合风情街和特色专业街，把上海作为第六时尚之都、第五大街和世界级城市品牌来推广。在市中心城区、旅游消费集聚地、市郊中心镇，辟建各类“时尚街”、“时尚精品特色长廊”、“时尚产业博物馆（室）”和时尚产业品牌旗舰（形象）店等。

三、公共服务政策

第一，率先组建时尚产业价值评估机构。在全国率先成立市场化、专业性、权威性、社会化的时尚品牌、模特、传媒、设计师等地位评价机构或公司、事务所。建立公正、公平的品牌社会评价体系和评价指数及保障机制，并在科学评价的基础上进行不定期排名，以使其成为企业必须关注和激励创新、奋进的重要动力。

第二，组建上海时尚产业资源交易所。可联手长三角共建，也可在产权交易所中设立专门的交易项目。鼓励各种类型如服装服饰、化妆品、首饰、皮革包袋和配饰、家饰、家具、钟表眼镜等时尚产业经营公司或经纪人开展交易、特许、代理经营的业务，吸引包括海内外的品牌经纪商到上海开展经营，促进时尚产业信息、技术、产品和人才的交流，以促使上海成为国内外时尚产业资源的交易中心。

第三，组建上海时尚管理学院。依托现有高校资源，以校企合作、产学研结合的方式，设立时尚学院，开展时尚产业专业学历教育，培养时尚产业的经营管理人才。设置时尚产业专门人才职称岗位，培训时尚产业专门策划师、咨询师和培训师，建立和完善时尚产业的人才管理体系。

第四，培育、扶持专业时尚媒体平台。选择一批时尚传媒进行重点扶持，提高时尚流行信息发布的专业性与商业性，建成专业化的时尚信息发布平台，积极邀请国际著名品牌来沪召开新品发布会，国际著名时装设计师来沪召开时尚产品论坛，新锐设计师来沪举行设计作品展，等等。另外，建议参照广东卫视高尔夫频道的做法，推动时尚电视频道加强与本土企业的协同，采用企业购买频率资源，专业团队制作，宣传部门审批的方式，联合全市乃至长三角的知名时尚企业与上海文广的电视媒体资源，辐射全国乃至亚太地区，搭载全球最具竞争优势和覆盖范围的时尚产业资源库与媒体发布平台，由此吸引诸多国内外时尚人士和顶尖名模。

第五，完善行业组织结构。时尚产业的行业协会非常特殊，渗透各行各业，要求具备较强的资源整合、整体规划和综合服务能力，以推动城市时尚产业的发展。为此，上海要加强对现有各分散行业组织的指导，以行业龙头为主体，以社会化、市场化运作为机制，以共性化服务平台为纽带，加强专业协会之间的联动与合作。近期，建议考虑筹建中国设计师上海分会。

四、机制创新政策

第一，建立健全上海时尚产业发展的推进机制和保障体制。建议成立“上海时尚产业模块化发展协调办公室”，整合相关资源，从战略规划到政策措施、营造环境到服务体系等，构筑和完善各负其责、运转高效的工作机制，开创上海时尚产业发展新局面。建立时尚产业和时尚行业联合会和联席制度，例如上海与其他国际国内时尚城市开展互访；时尚产业对口单位加强联系，建立联席会议制度和联席制度；深化时尚产业各层次、各领域的交流与合作等。

第二，健全时尚品牌保护机制。加强对国内外时尚品牌的保护，严厉打击各种假冒行为和侵犯知识产权行为，形成企业自我保护、行政保护和司法保护三位一体、相互结合的保护体系，创造公平竞争的市场环境。

第三，加强本土时尚品牌、时尚企业、时尚认识的宣传。树立一批典型范例，通过电视片、专栏、访谈、论坛、大会、巡访、展示、网络、画册、示范基地、海外推广、品牌榜、品牌宣言、公共活动等手段宣传企业家创业风采和上海时尚产业的文化底蕴，引导全社会增强时尚品牌意识和营造自主品牌市场氛围。

本章用边际产出值法对上海时尚产业组织模块化发展要素做进一步分析和阐述。边际产出值法分析的结果表明，上海时尚产业组织模块化要素的发展应有所侧重，其中主体要素投入的重点依次为品牌资产运作机构、研发和设计机构、人才培养机构；市场要素的投入的重点依次为：时尚创意产业园区、时尚工会组织；制度要素投入的重点依次为知识产权保护体系、时尚买手制和生产外包体系；辅助要素方面重点加强资金支持体系方面的投入。上海时尚产业在这些要素上的发展均具备了一定的规模，但是与时尚之都相比仍有一定差距，因此在确定了指导思想和目标定位之后，本书提出了相应的发展战略和政策保障，认为上海时尚产业组织模块化价值创新能力的提升有赖于政府保障、载体保障、公共服务保障和机制保障。

第十三章

结　语

本书通过规范与实证的方法，以模块化理论为研究基础，对时尚产业组织进行分解和重构，描述了时尚产业组织模块化价值创新要素及其影响机制，构建了时尚产业组织模块化价值创新能力评价模型，利用模糊灰色综合评价法，对纽约、伦敦、上海时尚产业进行了实证对比评价。通过上述研究，得出以下主要结论，同时对存在的不足和下一步有待研究的内容进行分析。

第一节　主要结论

一、时尚产业组织研究基础及其本质

本书在对模块化理论、时尚和时尚产业相关文献进行对比探讨的基础上发现，模块化理论适用于时尚产业组织的研究，并且对时尚产业其他问题研究具有基础性意义。世界时尚产业发展方兴未艾，中国时尚产业初露头角，上海打造世界第六大时尚之都的理论研究相对匮乏，对时尚产业组织运行规律探究的需要凸显。进一步的文献研读发现，价值创新对于时尚产业组织发展意义重大，时尚产业的研究应将模块化理论和价值创新理论有机结合，探究时尚产业组织运行发展

的规律。总的来说，基于模块化理论的时尚产业组织的研究，是对时尚产业运行本质规律的探索性发现，价值创新理论则进一步促进了这一研究的方向性体系，有利于发现时尚产业组织背后蓬勃发展的动力。

二、时尚产业组织模块化分解与重构

确定了模块化理论作为时尚产业研究的基础理论之后，本书对时尚产业组织进行了解剖。研究表明，时尚需求多样化，组织形式多样化、集团化和跨国化趋势以及技术变化的速度日益加快，是促进时尚产业模块化分解的动力。依据模块化理论，时尚产业模块化分解可以从微观、中观和宏观三个角度解读。时尚产业微观分解，通过分割（Split）、替代（Substitute）、扩展（Augment）、排除（Exclude）、归纳（Inversion）与移植（Remove）实现，以及时尚产业模块化十大主体七个子系统的架构基本形成。时尚产业中观分解，实现了时尚产业的标准创新和模块创新，其中，标准创新确定了各个模块（子系统）之间的联系规则，模块创新体现了时尚产业淘汰旧模块、产生新模块的过程，新模块还催生新的标准，标准创新不断革新。时尚产业组织模块化分解的宏观机制来自于开放式创新战略的推进。相对于组织模块化程度较低的封闭式组织，开放式创新战略的推进，瓦解了时尚产业组织内部赖以生存的垂直一体化体系，原有的自我创新、内部资源利用最大化和利润导向的生产模式被专业创新与顾客创新、内外部资源协同利用最大化和突破性创新导向的商业模式所替代。

对于时尚产业组织模块化重构，本书从三个层面解读。第一，时尚产业组织模块化重构，在结构方面实现了功能性的整合，产生了三种类型的结构，体现了不同的系统信息确定者的不同地位。第二，时尚产业组织模块化重构，促进时尚产业模块化生产方式的实现。时尚产业模块化契约关系，保证时尚产业各个模块之间合作的信任机制和分配机制；模块化价值创新系统作为模块化生产方式的产物，有力地保证了时尚产业源源不断的创新动力。第三，时尚产业组织模块化重构，经历了线性创新、互动创新到网状创新组织三个阶段，促进时尚产业创新的多维可能。

最后，以优衣库、H & M 和 ZARA 为代表的“快时尚”，通过时尚买手制、品牌研发中心、供应链管理和信息系统等要素的整合，实现企业组织价值创新。

三、时尚产业组织模块化价值创新要素及其影响机制

在确定模块化理论的分析框架和价值创新理论对时尚产业组织发展的意义之后，对时尚产业组织模块化价值创新要素的调研，提取模块化要素，将这些要素归纳为四大要素，即主体要素、市场要素、制度要素和辅助要素。其中，主体要素包括人才培养机构、研发设计机构、专用和通用模块供应商、品牌集成商和品牌资产运作机构；市场要素包括时尚创意产业园区和时尚公会组织；制度要素包括知识产权保护体系、生产外包体系、众包体系、快速反应系统、时尚买手制；辅助要素包括资金支持体系、会展业和流通业。这些要素在模块化契约的指导下，通过信息传递效应、结构优化效应和知识溢出效应，淘汰旧要素，催生新要素，推动时尚产业组织模块化价值创新。

对时尚产业组织模块化价值创新要素及其影响机制的分析，奠定了时尚产业组织价值创新能力评价的基础。

四、时尚产业组织模块化价值创新能力评价模型构建与实证

根据模块化原则选取时尚产业价值创新能力评价指标，构建评价体系。对比多种综合评价方法，选取模糊灰色综合评价法作为重要评价方法，用熵值确定权重。在第二次调研所得到的资料的基础上，对纽约、伦敦和上海的时尚产业组织模块化价值创新能力进行了实证和评价。对模糊综合评价法、熵值法等的综合运用，横向比较时尚产业在纽约、伦敦和上海的发展，说明了时尚产业组织在上海的整体发展水平与时尚之都存在差距。从平均水平来看，上海的时尚产业组织在主体要素和市场要素方面差距较大。在完成了三城市的横向比较之后，有三个结论：第一，从时尚产业的价值创新能力来看，纽约为 92.79 分，伦敦为 88.75 分，上海为 74.41 分，因此总体来看，纽约和伦敦时尚产业组织的模块化创新能力水平较高，上海与其差距较大；第二，以主体要素、市场要素、制度要素和辅助要素为一级指标作为主要分析对象，该模型表明，主体要素和市场要素所占权重较大，分别为 40%和 30%，是今后时尚产业组织研究的重点指标，全面提升时尚产业组织创新能力，应着重从主体要素和市场要素入手；第三，上海的时尚产业组织价值创新能力，无论是在一级指标的评分比较上，还是在均值的比较上，都与纽约和伦敦存在差距，而在主体要素和市场要素上体现得更为明显。因此，需要找到一种可以帮助时尚产业组织进行内部比较的方法，帮助时尚产业

组织发现自己在价值创新方面的差距，找到缩小差距最行之有效的方法，以实现进一步的改进。

五、上海时尚产业组织模块化价值创新能力分析与评价

边际产出值法分析的结果表明，上海时尚产业组织模块化要素的发展应有所侧重，其中主体要素投入的重点依次为品牌资产运作机构、研发和设计机构、人才培养机构；市场要素投入的重点依次为时尚创意产业园区、时尚工会组织；制度要素投入的重点依次为知识产权保护体系、时尚买手制和生产外包体系；辅助要素方面重点加强资金支持体系的投入。上海时尚产业在这些要素上的发展均具备了一定的规模，但是与时尚之都相比仍有一定差距，因此在确定了指导思想和目标定位之后，本书提出了相应的发展战略和政策保障，认为上海时尚产业组织模块化价值创新能力的提升有赖于政府保障、载体保障、公共服务保障和机制保障。

第二节　不足与展望

关于时尚产业的研究目前在国内仍是起步阶段，其中关于时尚产业创新动力和机制问题的研究更是难点。基于模块化理论的研究在这方面做出了尝试，但可能还存在一些不足，未来仍然需要深入。

第一，本书在对时尚产业组织模块化分解过程中，无论是微观机制、中观机制还是宏观机制，都对主要的机制进行了分析，是否存在其他机制，这些机制是否会有重大影响，目前有待进一步研究。对于时尚产业而言，跨行业的生产本质在其生产方式上的体现，除了契约关系和价值创新系统之外，是否还有其他体现，也值得进一步研究。

第二，利用模糊灰色综合评价法对时尚产业组织模块化价值创新能力进行评价时，利用熵值法确定权重。熵权法在确定权重时，对指标之间的横向比较相对弱化，这样导致评价过程中可能产生的结果不够客观。模糊灰色综合评价法客观性尚可，但是计算过程较为复杂，最终结果仍然要做层次性和结构性分析。是否有更好的方法用于时尚产业组织价值创新能力的评估，仍待进一步挖掘。

第三，在时尚产业价值创新能力评价模型中，为了使其能够有效地应用于实际评价分析，需要将其中相关的要素进行量化。但现实中，时尚产业的文化性特征所带来的软实力、软设施等要素很难量化，可能造成本书在进行评价过程中存在一些偏颇。为了弥补这方面的问题，本书已经根据时尚产业价值创新系统的定性评价做了补充，但下一步还是应该对时尚产业软因素的评价衡量方法做进一步的研究。

附录 1

时尚产业组织价值创新要素研究访谈提纲（英文）

Pre-pilot study

Dear Respondent:

My dissertation aims to study the factors that influence fashion industry in five metroplises.

For my dissertation, I plan to use several constructs that are defined below. For each construct, I have adapted measures found in the literature or created some measures based on my understanding of the construct. Before engaging in a pilot study, I wish to test the face validity of these measures.

I would greatly appreciate your feedback on the extent to which each indicator of a construct purportedly measures what the construct is supposed to be as evident from the construct definition. If you have any suggestions on changing a specific indicator, please make changes by writing over the indicator in this questionaire. You feedback will help me revised the questionaire that I plan to use for my pilot study.

Thank you.

Sincerely:

1. Please kindly introdece the general information of the fashion industry in your city

(1) What are the features of your fashion industry? Do you have any fashion brand?

(2) Is value innovation paid attention to during policy making? Is there any examples?

(3) How is modular theory concerned as the basis for value innovation in your city?

2. Please cite some examples of value innovation of fashion industry in your city

(1) Demand Discovery

①How is the fashion demand been found by customers?

②Has this demand been raised before? How do the fashion company cope with this and is there any common ground between them?

(2) Technological Push

①How does the new technology boost the fashion production?

②Is there any obstacles when new technology applies to the fashion production? How to cope with?

(3) Concept Construct

①Which institutuion/organization constructs the concept?

②How to integrate the needs of custermers in order to achieve a common goal?

③How to adjust the technology so that it optimize the fashion products?

④Besides customers' needs and technolical push, is there any other factors that would affect the process of concept construct?

(4) Function Matching

①How to match customers' needs with different modulars? Who is in charge of the selecting the modular? In terms of undifined demand, would an Assembly of Experts or a Panel Discussion be held? What is the role of the costumer?

②Which modulars are identified? What kinds of demand are they match?

③Is there special module for specific purpose? How to deferentiate special module and gerneral module?

(5) Interface Definition

①What is the rule of interaction according to an identified module?

②Which entities take part in the construct of interaction rule? What is the role of the customer?

3. Modular Design

(1) Module Exploitation

①Is any new module developed during fashion industry modular exploitation? What is the name of the newly-exploited module?

②Which entities participate in the module exploitation? What are the roles of these entities?

③What kinds of new technologies have been applied in the new module?

(2) Modular Coordination

①What are the fashion industry modularized operation?

②Which entities participates in the coordination? What are their roles?

③Is there any ineffecitive during the coordination? How is this problem solved?

(3) Modular Improvement

1) Market Factors.

①Which institutions/organizations affect market environment most?

②What are the roles?

③Do customers benifit from such a market?

2) Scheme Factors.

①Which institutions/organizations affect scheme factors most?

②What are the roles?

③Do customers benifit from such a scheme?

3) Are there any other factors that assist the formation of fashion industry modular orgaization?

附录 2

时尚产业组织价值创新要素研究访谈提纲（中文）

一、请简要介绍您所在城市时尚产业基本情况

1. 时尚产业的主要特色是什么？有哪些时尚品牌？
2. 对价值创新重视吗？有什么具体表现？
3. 怎样理解运用模块化理论进行价值创新？

二、请介绍一下您所在城市的时尚产业价值创新案例

1. 需求发现

（1）顾客是基于怎样的现实问题提出时尚需求？

（2）这些时尚需求以前是否遇到过？以前如何处理？有无共同点？

2. 技术推动

（1）新技术的产生如何促进时尚产品的生产？

（2）新技术在运用到时尚产品中时是否有问题？如何解决？

3. 概念确定

（1）概念确定是由什么机构/组织实现的？

（2）如何对顾客需求进行整合？形成共同目标？

（3）如何对技术适应性进行调整，形成技术与产品的有效融合？

（4）除了客户需求和技术推动外，还有什么要素对概念确定有影响？

4. 功能匹配

（1）顾客需求与各个模块之间如何进行匹配？谁负责模块的挑选？对于不确定的需求是否会召开专家会议或者小组讨论？顾客有哪些作用？

（2）识别出哪些模块？每个模块对应什么需求？

（3）有没有专门定制的专用模块？专用与通用如何区分？

5. 界面定义

（1）对于一个识别的模块，其互动规则有哪些？

（2）哪些角色参与规则定义，顾客在这当中起到什么作用？

三、模块设计

1. 模块开发

（1）时尚产业模块化过程中是否有新模块开发？模块开发新名称是什么？

（2）模块开发有哪些人参与？每个人的角色和作用是什么？

（3）新模块会使用哪些新技术？

2. 模块化协调

（1）时尚产业模块化操作有哪些？

（2）哪些主体参与协调？其角色和作用是什么？

（3）是否存在模块之间协调不力的情况？如何解决？

3. 模块完善

（1）市场环境。

1）哪些组织/机构对市场环境影响较大？

2）这些机构各自发挥什么作用？

3）顾客是否从这样的市场环境中受益？

（2）制度环境。

1）哪些组织/机构对制度环境影响较大？

2）这些机构各自发挥什么作用？

3）顾客是否从这样的制度环境中受益？

（3）还有哪些要素对时尚产业组织模块化形成起到辅助作用？

附录 3

时尚产业组织模块化价值创新能力评价调查问卷（英文）

Dear Respondent:

My dissertation aims to study the factors that influence fashion industry in five metroplises.

For my dissertation, I plan to use several constructs that are defined below. For each construct, I have adapted measures found in the literature or created some measures based on my understanding of the construct. Before engaging in a pilot study, I wish to test the face validity of these measures.

I would greatly appreciate your feedback on the extent to which each indicator of a construct purportedly measures what the construct is supposed to be as evident from the construct definition. If you have any suggestions on changing a specific indicator, please make changes by writing over the indicator in this questionaire. You feedback will help me revised the questionaire that I plan to use for my pilot study.

Thank you.

Sincerely.

(1) Would you please be kindly to tell us the basic information of your institution?

The name of your institution:

Your main business is:

Your position is:

(2) Please assess the value innovation capability of fashion industry

Please rank the following factors according to your understanding to the fashion industry . Figure 5-1 indicate the capability of value innovation: Grade 5 (4-5) indicates most capable of value innovation, Grade 4 (3-4) indicates more capable of value innovation, Grade 3 (2-3) indicates an ordinary capability of value innovation, Grade 2 (1-2) indicates less capable of value innovation, Grade 1 indicates least capable of value innovation.

Value Innovation Capability of Fashion Industry Modular Organization (Score)						
		Grade 5 (4-5)	Grade 4 (3-4)	Grade 3 (2-3)	Grade 2 (1-2)	Grade 1 (0-1)
Entity Factors						
HR Institution	To identify what kinds of talent the market need					
	The innovation impetus of HR cultivation					
	The attention to fashion information					
R&D Institution	R&D capability to new materials and processes					
	Design and test capability to new products					
	Developing Capability of new idea and design					
Supplier of Special Module Supplier of General Module	To coordinate with outsourced R&D					
	To invite the customer to new products development					
	Learning Capability of fashion knowledge					
	Acommodation capability to modular rules					
	Capability of modular upgrading					
	Cooperation between Special Module and General Module					
Brand Integrator Brand-equity Operation Institution	Predicting and coodinating capability to potential need					
	To coordinate with R&D					
	The effectiveness of connection with costumers					
	The efectiveness of marketing					
	The integrating capability of specicial and general products					

续表

<table>
<tr><td colspan="7">Value Innovation Capability of Fashion Industry Modular Organization（Score）</td></tr>
<tr><td colspan="2"></td><td>Grade 5
(4–5)</td><td>Grade 4
(3–4)</td><td>Grade 3
(2–3)</td><td>Grade 2
(1–2)</td><td>Grade 1
(0–1)</td></tr>
<tr><td colspan="7">Market Factors</td></tr>
<tr><td rowspan="3">Fashion and Creative Industrial Park</td><td>Supportive policy to innovation by members</td><td></td><td></td><td></td><td></td><td></td></tr>
<tr><td>Modular map out of the park</td><td></td><td></td><td></td><td></td><td></td></tr>
<tr><td>The design of competition–cooperation scheme with in the park</td><td></td><td></td><td></td><td></td><td></td></tr>
<tr><td rowspan="3">Fashion Association</td><td>Design capability of modular interaction rules</td><td></td><td></td><td></td><td></td><td></td></tr>
<tr><td>Service capability of modular information</td><td></td><td></td><td></td><td></td><td></td></tr>
<tr><td>Supportive policy to HR discovery and cultivation</td><td></td><td></td><td></td><td></td><td></td></tr>
<tr><td colspan="7">Scheme Factors</td></tr>
<tr><td rowspan="2">Intellectual Property Right Protection</td><td>Soundness of intellectual property right protection</td><td></td><td></td><td></td><td></td><td></td></tr>
<tr><td>Implementation of intellectual property right protection</td><td></td><td></td><td></td><td></td><td></td></tr>
<tr><td rowspan="2">Outsourcing System</td><td>Business support to outsourcing system</td><td></td><td></td><td></td><td></td><td></td></tr>
<tr><td>Municipal supporting to outsourcing system</td><td></td><td></td><td></td><td></td><td></td></tr>
<tr><td rowspan="2">Crowd Sourcing System</td><td>Service capability to creative manegement</td><td></td><td></td><td></td><td></td><td></td></tr>
<tr><td>Soundness and operating status of creative management submission, voting and comment</td><td></td><td></td><td></td><td></td><td></td></tr>
<tr><td rowspan="2">Fast Response System</td><td>Modular supplier network and distribution</td><td></td><td></td><td></td><td></td><td></td></tr>
<tr><td>Response effeciency of order</td><td></td><td></td><td></td><td></td><td></td></tr>
<tr><td rowspan="2">Fashion Buyer System</td><td>Self–design capability of fashion buyers</td><td></td><td></td><td></td><td></td><td></td></tr>
<tr><td>Training system of fashion buyers</td><td></td><td></td><td></td><td></td><td></td></tr>
<tr><td colspan="7">Complementary Factors</td></tr>
<tr><td rowspan="2">Financial System</td><td>Financial suppot to fashion consumption</td><td></td><td></td><td></td><td></td><td></td></tr>
<tr><td>Financial support to HR development</td><td></td><td></td><td></td><td></td><td></td></tr>
<tr><td rowspan="2">Fashion Exhibition</td><td>Influene of fashion exhibition</td><td></td><td></td><td></td><td></td><td></td></tr>
<tr><td>Trading atomosphere of fashion exhibition</td><td></td><td></td><td></td><td></td><td></td></tr>
<tr><td rowspan="2">Outlet</td><td>Diversity of fashion outlets</td><td></td><td></td><td></td><td></td><td></td></tr>
<tr><td>Internationalization of fashion outlets</td><td></td><td></td><td></td><td></td><td></td></tr>
</table>

附录4

时尚产业组织模块化价值创新能力评价调查问卷（中文）

一、填表人信息以及所在机构的基本情况

机构名称：

主要业务：

您所在部门：

二、对本土时尚产业组织模块化价值创新能力的评估

请根据本土时尚产业具体情况给出相应的分值（0~5，可含小数如0.5）。问卷中数字5~1表示指标能力的等级或者程度：等级5（4~5）表示能力强，等级4（3~4）表示能力较强，等级3（2~3）表示能力一般，等级2（1~2）表示能力较弱，等级1（0~1）表示能力很弱。

时尚产业组织模块化价值创新能力（分值）						
		等级5（4~5）	等级4（3~4）	等级3（2~3）	等级2（1~2）	等级1（0~1）
主体要素						
人才培养机构	识别市场所需人才的能力					
	人才培养的创新倾向					
	对时尚信息的关注程度					

续表

时尚产业组织模块化价值创新能力（分值）						
		等级 5（4~5）	等级 4（3~4）	等级 3（2~3）	等级 2（1~2）	等级 1（0~1）
主体要素						
研发与设计机构	对新材料和工艺的研发能力					
	新产品的设计与测试能力					
	新创意和新设计的开发能力					
专用模块供应商 通用模块供应商	与外部研发机构的协作能力					
	邀请顾客参与开发新产品的情况					
	时尚知识学习能力					
	适应模块化规则的能力					
	模块化升级能力					
	专用模块供应商与通用模块供应商的合作程度					
品牌集成商 品牌资产运作机构	对市场潜在需求的预测与协调能力					
	与研发设计机构的协调状况					
	与顾客沟通机制的有效性					
	营销管理的有效性					
	对专用和通用产品的整合能力					
市场要素						
时尚创意产业园区	对园区成员创新行为的扶持力度					
	对园区的模块化功能规划程度					
	园区内时尚企业竞合机制设计情况					
时尚公会组织	模块化互动规则设计能力					
	模块化信息服务能力					
	时尚人才发现与培养的支持力度					
制度要素						
知识产权保护	知识产权保护法律的健全程度					
	知识产权保护法律的执行力度					
生产外包体系	整体商务环境对于外包体系的支持程度					
	市政配套对外包体系的倾斜状况					
众包体系	创意管理平台的服务水平					
	创意管理、创意提交、投票与评论系统的完备性与运行状况					
快速反应系统	模块化供应链网络分布与物流水平					
	订单反应效率					
时尚买手制	时尚买手的自主设计能力					
	时尚买手的培养体系					

续表

时尚产业组织模块化价值创新能力（分值）						
		等级 5 (4~5)	等级 4 (3~4)	等级 3 (2~3)	等级 2 (1~2)	等级 1 (0~1)
辅助要素						
资金支持体系	对时尚消费的金融支持力度					
	对创意人才培养的支持力度					
会展业	时尚会展的影响力					
	时尚会展的贸易氛围					
流通业	流通业的业态多样化程度					
	流通业的国际化程度					

附录 5

主程序

```
clear; clc

    arfa11= [0.4, 0.3, 0.3];
    arfa12= [0.3, 0.3, 0.4];
    arfa13= [0.3, 0.1, 0.2, 0.2, 0.1, 0.1];
    arfa14= [0.2, 0.2, 0.3, 0.1, 0.2];

    arfa21= [0.2, 0.4, 0.4];
    arfa22= [0.4, 0.3, 0.3];

    arfa31= [0.5, 0.5];
    arfa32= [0.6, 0.4];
    arfa33= [0.5, 0.5];
    arfa34= [0.6, 0.4];
    arfa35= [0.5, 0.5];

    arfa41= [0.4, 0.6];
    arfa42= [0.5, 0.5];
```

```
    arfa43= [0.6, 0.4];

    arfa1= [0.3, 0.3, 0.2, 0.2];
    arfa2= [0.5, 0.5];
    arfa3= [0.2, 0.1, 0.2, 0.2, 0.3];
    arfa4= [0.4, 0.3, 0.3];

    arfa= [0.4, 0.3, 0.2, 0.1];


MM=20;
B=[]; %输入数据
C0=sum (B) /MM; plot (C0)
A=roundn (C0, -2);
A=A'; CC=A';
[N, M] =size (A);
for i=1:N
    for j=1:5
        Xije (i, j) = f (j, A (i));
    end
end
for i=1:N
        Xij(i)= Xije(i, 1)+Xije(i, 2)+Xije(i, 3)+Xije(i, 4)+Xije(i, 5);
end
for i=1:N
    for j=1:5
        rije (i, j) =Xije (i, j) /Xij (i);
    end
end
for i=1:3
    for j=1:5
```

```
        R11 (i, j) =rije (i, j);
    end
end
for i=4:6
    for j=1:5
        R12 (i-3, j) =rije (i, j);
    end
end
for i=7:12
    for j=1:5
        R13 (i-6, j) =rije (i, j);
    end
end
 for i=13:17
    for j=1:5
        R14 (i-12, j) =rije (i, j);
    end
 end

 for i=18:20
    for j=1:5
        R21 (i-17, j) =rije (i, j);
    end
 end
  for i=21:23
    for j=1:5
        R22 (i-20, j) =rije (i, j);
    end
  end

   for i=24:25
```

```
    for j=18:20
        B21（i，j-17）=B（i，j）;
    end
end

 for i=1:MM
    for j=21:23
        B22（i，j-20）=B（i，j）;
    end
 end

  for i=1:MM
    for j=24:25
        B31（i，j-23）=B（i，j）;
    end
  end

    for i=1:MM
    for j=26:27
        B32（i，j-25）=B（i，j）;
    end
    end
for i=1:MM
    for j=28:29
        B33（i，j-27）=B（i，j）;
    end
end
 for i=1:MM
    for j=30:31
        B34（i，j-29）=B（i，j）;
    end
```

```
end
  for i=1:MM
  for j=32:33
      B35 (i, j-31) =B (i, j);
  end
  end
   for i=1:MM
  for j=34:35
      B41 (i, j-33) =B (i, j);
  end
  end
for i=1:MM
  for j=36:37
      B42 (i, j-35) =B (i, j);
  end
  end
 for i=1:MM
  for j=38:39
      B43 (i, j-37) =B (i, j);
  end
 end
 %三级计算权重
      W11=qw (B11, arfa11);
      W12=qw (B12, arfa12);
      W13=qw (B13, arfa13);
      W14=qw (B14, arfa14);
      W21=qw (B21, arfa21);
      W22=qw (B22, arfa22);
      W31=qw (B31, arfa31);
      W32=qw (B32, arfa32);
      W33=qw (B33, arfa33);
```

```
    W34=qw（B34，arfa34）;
    W35=qw（B35，arfa35）;
    W41=qw（B41，arfa41）;
    W42=qw（B42，arfa42）;
    W43=qw（B43，arfa43）;
 %二级计算结果
Q11=W11*R11;
Q12=W12*R12;
Q13=W13*R13;
Q14=W14*R14;

Q21=W21*R21;
Q22=W22*R22;

Q31=W31*R31;
Q32=W32*R32;
Q33=W33*R33;
Q34=W34*R34;
Q35=W35*R35;

Q41=W41*R41;
Q42=W42*R42;
Q43=W43*R43;
%二级权重计算
    BB11=B11*W11′;
    BB12=B12*W12′;
    BB13=B13*W13′;
    BB14=B14*W14′;

    BB21=B21*W21′;
    BB22=B22*W22′;
```

```
BB31=B31*W31′;
BB32=B32*W32′;
BB33=B33*W33′;
BB34=B34*W34′;
BB35=B35*W35′;

BB41=B41*W41′;
BB42=B42*W42′;
BB43=B43*W43′;
%二级权重集合
for i=1:MM
    BB1（i，1）=BB11（i）;
    BB1（i，2）=BB12（i）;
    BB1（i，3）=BB13（i）;
    BB1（i，4）=BB14（i）;

    BB2（i，1）=BB21（i）;
    BB2（i，2）=BB22（i）;

    BB3（i，1）=BB31（i）;
    BB3（i，2）=BB32（i）;
    BB3（i，3）=BB33（i）;
    BB3（i，4）=BB34（i）;
    BB3（i，5）=BB35（i）;


    BB4（i，1）=BB41（i）;
    BB4（i，2）=BB42（i）;
    BB4（i，3）=BB43（i）;
end
for i=1：5
```

```
        Q1（1，i）=Q11（i）;
        Q1（2，i）=Q12（i）;
        Q1（3，i）=Q13（i）;
        Q1（4，i）=Q14（i）;

        Q2（1，i）=Q21（i）;
        Q2（2，i）=Q22（i）;

        Q3（1，i）=Q31（i）;
        Q3（2，i）=Q32（i）;
        Q3（3，i）=Q33（i）;
        Q3（4，i）=Q34（i）;
        Q3（5，i）=Q35（i）;


        Q4（1，i）=Q41（i）;
        Q4（2，i）=Q42（i）;
        Q4（3，i）=Q43（i）;
end
      W1=qw（BB1，arfa1）;
      W2=qw（BB2，arfa2）;
      W3=qw（BB3，arfa3）;
      W4=qw（BB4，arfa4）;
      QQ1=W1*Q1;
      QQ2= W2*Q2;
      QQ3=W3*Q3;
      QQ4=W4*Q4;
     BBB1=BB1*W1';
     BBB2=BB2*W2';
     BBB3=BB3*W3';
     BBB4=BB4*W4';
```

```
for i=1:MM
BBB (i, 1) =BBB1 (i);
BBB (i, 2) =BBB2 (i);
BBB (i, 3) =BBB3 (i);
BBB (i, 4) =BBB4 (i);
 end
for j=1:5
QQQ (1, j) =QQ1 (j);
QQQ (2, j) =QQ2 (j);
QQQ (3, j) =QQ3 (j);
QQQ (4, j) =QQ4 (j);
end
WWW=qw (BBB, arfa);
result=WWW*QQQ; %评价结果
%模糊综合得分
C= [20 40 60 80 100];
 C=C';
        %三级模糊综合得分
        CQ11=R11*C;
        CQ12=R12*C;
        CQ13=R13*C;
        CQ14=R14*C;
        CQ21=R21*C;
        CQ22=R22*C;
        CQ31=R31*C;
        CQ32=R32*C;
        CQ33=R33*C;
        CQ34=R34*C;
        CQ35=R35*C;
        CQ41=R41*C;
        CQ42=R42*C;
```

```
      CQ43=R43*C;
  %二级模糊综合得分

      CQ1=Q1*C;
      CQ2=Q2*C;
      CQ3=Q3*C;
      CQ4=Q4*C;
  %一级模糊综合得分
  CQQQ=QQQ*C;
  %总的
  Cresult=result*C;
```

M 文件：

```
function result=f（a，x）

if a==1
   result=f01（x）;
end

if a==2
   result=f02（x）;
end

if a==3
   result=f03（x）;
end

if a==4
   result=f04（x）;
end
```

```
if a==5
    result=f05（x）;
end

function r=f01（x）
if x>=2||x<=0
    r=0;
end
if x<=1&&x>0
    r=1;
end

if x>1&&x<=2
    r=2-x;
end

function r=f02（x）
if x>=3||x<=1
    r=0;
end
if x<=2&&x>1
    r=x-1;
end

if x>2&&x<=3
    r=3-x;
end

function r=f03（x）
if x>=4||x<=2
    r=0;
```

```
end
if x<=3&&x>2
    r=x-2;
end

if x>3&&x<=4
    r=4-x;
end

function r=f04 (x)
if x>=4.5||x<=3
    r=0;
end
if x<=4&&x>3
    r=x-3;
end

if x>4&&x<=4.5
    r=4.5-x;
end

function r=f05 (x)
if x>=5||x<=4
    r=0;
end

if x<=4.5&&x>4
    r=x-4;
end

if x>4.5&&x<=5
```

```
    r=1;
end

function WW=qw (A, arfa)
[n, m] =size (A);
for j=1:m
    Amax (j) =max (A (:, j));
    Amin (j) =min (A (:, j));

end
for j=1:m
for i=1:n
        A (i, j) = (A (i, j) -Amin (j)) /(Amax (j) -Amin (j));
end
end

B=sum (A);
for j=1:m
for i=1:n
      p11 (i, j) =A (i, j) /B (j);
end
end
C11=sum (p11);

for j=1:m
    flag=0;
for i=1:n
if p11 (i, j) >0
        k0=p11 (i, j) *log (p11 (i, j));
end
if p11 (i, j) ==0
```

```
        k0=0;
    end

        flag=flag+k0;
    end
     e11 (j) =-1/(log (n)) *flag;
    end

     flag=0;
    for j=1:m
        flag=flag+1-e11 (j);
    end
    for j=1:m
        W (j) = (1-e11 (j)) /flag;
    end

     flag1=0;
    for j=1:m
        flag1=flag1+W (j) *arfa (j);
    end

    for j=1:m
        WW (j) =W (j) *arfa (j) /flag1;
    end
```

参考文献

[1] Alexander, C. Notes on the synthesis of form [M]. Harvard: Harvard University Press, 1964.

[2] Andriopoulos, C. and M. Gotsi. Living the corporate identity: case studies from the Creative Industry [J]. Corporate Reputation Review, 2001,4 (2): 144–154.

[3] Baldwin, C.Y. and K.B. Clark. Managing in an age of modularity [J]. Harvard Business Review, 1997 (1): 4–7.

[4] Baldwin, C.Y. and K.B. Clark. Design rules: The power of modularity [M]. MIT Press, 2000.

[5] Banister, E.N. and M.K. Hogg. Negative symbolic consumption and consumers' drive for self–esteem: The case of the fashion industry [J]. European Journal of Marketing, 2004, 38 (7): 850–868.

[6] Baudrillard, J. The consumer society: Myths and structures [M]. London: SAGE Publications Limited, 1998.

[7] Baum, S., K. O'Connor, and T. Yigitcanlar. The implications of creative industries for regional outcomes [J]. International Journal of Foresight and Innovation Policy, 2009, 5 (1): 44–64.

[8] Baumgarten, S.A. The innovative communicator in the diffusion process [J]. Journal of Marketing Research, 1975 (1): 12–18.

[9] Benassi, M. Investigating modular organizations [J]. Journal of Management & Governance, 2009, 13 (3): 163-192.

[10] Bergvall-Forsberg, J. and N. Towers. Creating agile supply networks in the fashion industry: A pilot study of the European textile and clothing industry [J]. Journal of the Textile Institute, 2007, 98 (4): 377-386.

[11] Bhardwaj, V. and A. Fairhurst. Fast fashion: response to changes in the fashion industry [J]. The International Review of Retail, Distribution and Consumer Research, 2010, 20 (1): 165-173.

[12] Birtwistle, G., N. Siddiqui, and S.S. Fiorito. Quick response: perceptions of UK fashion retailers [J]. International Journal of Retail & Distribution Management, 2003, 31 (2): 118-128.

[13] Blumberg, R.L. A general theory of gender stratification [J]. Sociological Theory, 1984 (1): 23-101.

[14] Blumer, H. Symbolic interactionism: Perspective and method [M]. California: Univ of California Press, 1986.

[15] Bonnin, A.R. The fashion industry in Galicia: Understanding the "Zara" phenomenon [J]. European Planning Studies, 2002, 10 (4): 519-527.

[16] Bourdieu, P. and R. Johnson. The field of cultural production: Essays on art and literature [M]. Columbia: Columbia University Press, 1993.

[17] Bridson, K. and J. Evans. The secret to a fashion advantage is brand orientation [J]. International Journal of Retail & Distribution Management, 2004, 32 (8): 403-411.

[18] Brun, A. and C. Castelli. Supply chain strategy in the fashion industry: developing a portfolio model depending on product, retail channel and brand [J]. International Journal of Production Economics, 2008, 116 (2): 169-181.

[19] Brusoni, S., A. Prencipe, and K. Pavitt. Knowledge specialization, organizational coupling, and the boundaries of the firm: why do firms know more than they make? [J]. Administrative Science Quarterly, 2001, 46 (4): 597-621.

[20] Buenstorf, G. and S. Klepper. Heritage and agglomeration: The akron tyre cluster revisited [J]. The Economic Journal, 2009, 119 (537): 705-733.

[21] Carrere, C.G. and T.J. Little. A case study and definition of modular

manufacturing [J]. International Journal of Clothing Science and Technology, 1989, 1(1): 30–38.

[22] Cattani, G. and S. Ferriani. A core/periphery perspective on individual creative performance: Social networks and cinematic achievements in the Hollywood film industry [J]. Organization Science, 2008, 19 (6): 824–844.

[23] Chaston, I. Small creative industry firms: a development dilemma? [J]. Management Decision, 2008, 46 (6): 819–831.

[24] Chen, K. and R. Liu. Interface strategies in modular product innovation [J]. Technovation, 2005, 25 (7): 771–782.

[25] Christopher, M., R. Lowson, and H. Peck. Creating agile supply chains in the fashion industry [J]. International Journal of Retail & Distribution Management, 2004, 32 (8): 367–376.

[26] Daft, R.L. and A.Y. Lewin. Where are the theories for the "new" organizational forms? An editorial essay [J]. Organization Science, 1993, 4 (4): Ⅰ–Ⅵ.

[27] Dang, X. and S. Zhang. Study on relationships between nodes of modular organization in technology innovation networks: coupling components and conceptual model [J]. China Industrial Economy, 2005, 12: 85–91.

[28] Darden, W.R. and F.D. Reynolds. Predicting opinion leadership for men's apparel fashions [J]. Journal of Marketing Research, 1972, 9 (3): 324–328.

[29] Davis, F. Fashion, culture, and identity [M]. University of Chicago Press, 1994.

[30] Degraeve, Z., W. Gochet, and R. Jans. Alternative formulations for a layout problem in the fashion industry [J]. European Journal of Operational Research, 2002, 143 (1): 80–93.

[31] Djelic, M. and A. Ainamo. The coevolution of new organizational forms in the fashion industry: a historical and comparative study of France, Italy, and the United States [J]. Organization Science, 1999, 10 (5): 622–637.

[32] Dyer, J.H. and H. Singh. The relational view: Cooperative strategy and sources of interorganizational competitive advantage [J]. Academy of Management Review, 1998, 23 (4): 660–679.

[33] Entwistle, J. The fashioned body: Fashion, dress, and modern social

theory [M]. Cambridge: Polity Press Cambridge, 2000.

[34] Fernie, J. and N. Azuma. The changing nature of Japanese fashion: can quick response improve supply chain efficiency? [J]. European Journal of Marketing, 2004, 38 (7): 790–808.

[35] Fine, N.J. On a system of modular functions connected with the Ramanujan identities [J]. Tohoku Mathematical Journal, 1998, 8 (2): 149–164.

[36] Galunic, D.C. and K.M. Eisenhardt. Architectural innovation and modular corporate forms. [J]. Academy of Management Journal, 2001, 44 (6): 1229–1249.

[37] Gereffi, G. The global economy: organization, governance, and development [J]. The Handbook of Economic Sociology, 2005 (2): 160–182.

[38] Gregory, P.M., Fashion and monopolistic competition [J]. The Journal of Political Economy, 1948, 56 (1): 69–75.

[39] Grindereng, M.P. Fashion diffusion [J]. Journal of Home Economics, 1967, 59 (3): 171–174.

[40] Hamm, J.D. Business breakfast in Baddeck [EB/OL]. http: www. baddeck. com, 2004.

[41] Hemphill, C.S., and J. Suk. The law, culture, and economics of fashion [J]. Stanford Law Review, 2009 (61): 9–63.

[42] Henderson, R.M., and K.B. Clark. Architectural innovation: the reconfiguration of existing product technologies and the failure of established firms [J]. Administrative Science Quarterly, 1990 (1): 9–30.

[43] Hutton, T.A. Spatiality, built form, and creative industry development in the inner city [J]. Environment and Planning A, 2006, 38 (10): 1819.

[44] Jain, N. and A. Paul. A generalized model of operations reversal for fashion goods [J]. Management Science, 2001, 47 (4): 595–600.

[45] Jayne, M. Culture that works? Creative industries development in a working–class city [J]. Capital & Class, 2004, 28 (3): 199–210.

[46] Jianjun, C. and G. Baoqin. Analysis on the agglomeration effect and influence factors of cultural and creative industries [J]. Contemporary Economy & Management, 2008 (9): 16.

[47] Jin–feng, C. A Study on effect factor of creative industry agglomeration in

shanghai [J]. China Population Resources and Environment, 2009 (2): 33.

[48] Joachimsthaler, E. and D.A. Aaker. Building brands without mass media. [J]. Harvard Business Review, 1997, 75 (1): 39.

[49] Keller, K.L. Conceptualizing, measuring, and managing customer-based brand equity [J]. The Journal of Marketing, 1993 (1): 1-22.

[50] Kim, W.C. and R. Mauborgne. Value innovation [J]. Harvard Business Review, 1997 (1): 7-14.

[51] King, C.W. Fashion adoption: A rebuttal to the "trickle down" theory [J]. Toward Scientific Marketing, 1963 (3): 9-31.

[52] King C.W. Communicating with the innovator in the fashion adoption process [M] . Herman C. Krannert Graduate School of Insutrial Administration, Purdue University, 1965.

[53] King, R.E., et al. Analysis of apparel production system to support quick response peplenishment [J]. National Textile Center Research Briefs, 1998 (8): 37-38.

[54] Ko, E., et al. Cross-national market segmentation in the fashion industry: a study of European, Korean, and US consumers [J]. International Marketing Review, 2007, 24 (5): 629-651.

[55] Kusiak, A. and C. Huang. Development of modular products [C]. Components, Packaging, and Manufacturing Technology, Part A, IEEE Transactions on, 1996, 19 (4): 523-538.

[56] Langlois, R.N. Modularity in technology and organization [J]. Journal of Economic Behavior & Organization, 2002, 49 (1): 19-37.

[57] Langlois, R.N. and P.L. Robertson. Networks and innovation in a modular system: Lessons from the microcomputer and stereo component industries [J]. Research Policy, 1992, 21 (4): 297-313.

[58] Lapp, C.W. and M.W. Golay. Modular design and construction techniques for nuclear power plants [J]. Nuclear Engineering and Design, 1997, 172 (3): 327-349.

[59] Le Bon, J. and D. Merunka. The impact of individual and managerial factors on salespeople's contribution to marketing intelligence activities [J]. International

Journal of Research in Marketing, 2006, 23 (4): 395-408.

[60] Loebbecke, C. and J. Palmer. RFID in the fashion industry: Kaufhof department stores AG and Gerry Weber International AG, Fashion Manufacturer [J]. MIS Quarterly Executive, 2006, 5 (2): 15-25.

[61] Markusen, A., et al. Defining the creative economy: Industry and occupational approaches [J]. Economic Development Quarterly, 2008, 22 (1): 24-45.

[62] Masson, R., et al. Managing complexity in agile global fashion industry supply chains [J]. International Journal of Logistics Management, 2007, 18(2): 238-254.

[63] Montgomery, J. Creative industry business incubators and managed workspaces: A review of best practice [J]. Planning, Practice & Research, 2007, 22(4): 601-617.

[64] Moore, C.M. and G. Birtwistle. The nature of parenting advantage in luxury fashion retailing-the case of Gucci group NV [J]. International Journal of Retail & Distribution Management, 2005, 33 (4): 256-270.

[65] Murray, J.B. The politics of consumption: A re-inquiry on thompson and haytko's (1997) "Speaking of fashion" [J]. Journal of Consumer Research, 2002, 29 (3): 427-440.

[66] Newman, A.J. and D. Patel. The marketing directions of two fashion retailers [J]. European Journal of Marketing, 2004, 38 (7): 770-789.

[67] Normann, R. and R. Ramirez. From value chain to value constellation: designing interactive strategy [J]. Harvard Business Review, 1993 (71): 65.

[68] Nueno, J.L. and J.A. Quelch. The mass marketing of luxury [J]. Business Horizons, 1998, 41 (6): 61-68.

[69] Okonkwo, U. Luxury fashion branding: trends, tactics, techniques [M]. London Palgrave Macmillan, 2007.

[70] Parnas, D.L. On the criteria to be used in decomposing systems into modules [J]. Communications of the ACM, 1972, 15 (12): 1053-1058.

[71] Phau, I. and G. Prendergast. Consuming luxury brands: the relevance of the rarity principle [J]. The Journal of Brand Management, 2000, 8 (2): 122-138.

[72] Porter, M.E. Competitive strategy [J]. Measuring Business Excellence,

1997, 1 (2): 12–17.

[73] Potts, J. Art and innovation: An evolutionary economic view of the creative industry [R]. UNESCO Observatory E–Journal Multi–Disciplinary Research in the Arts, 2007, 1 (1): 1–18.

[74] Prahalad, C.K. and V. Ramaswamy. Co–creation experiences: The next practice in value creation [J]. Journal of Interactive Marketing, 2004, 18 (3): 5–14.

[75] Prahalad, C.K. and V. Ramaswamy. Co–creating unique value with customers [J]. Strategy & Leadership, 2004, 32 (3): 4–9.

[76] Priest, A. Uniformity and differentiation in fashion [J]. International Journal of Clothing Science and Technology, 2005, 17 (3/4): 253–263.

[77] Robinson, D.E. The economics of fashion demand [J]. The Quarterly Journal of Economics, 1961, 75 (3): 376–398.

[78] Rogers, D.S. and L.G. Poloian. Fashion, a marketing approach [J]. Holt, Rinehart, and Winston, 1983 (1): 4–7.

[79] Rothwell, R. Successful industrial innovation: critical factors for the 1990s [J]. R&D Management, 1992, 22 (3): 221–240.

[80] Rothwell, R. Towards the fifth–generation innovation process [J]. International Marketing Review, 1994, 11 (1): 7–31.

[81] Sanchez, R. and J.T. Mahoney. Modularity, flexibility, and knowledge management in product and organization design [J]. Strategic Management Journal, 1996 (1): 63–76.

[82] Schilling, M.A. and H.K. Steensma. The use of modular organizational forms: an industry–level analysis [J]. Academy of Management Journal, 2001 (1): 1149–1168.

[83] Sen, A. The US fashion industry: a supply chain review [J]. International Journal of Production Economics, 2008, 114 (2): 571–593.

[84] Simon, H.A. The architecture of complexity [J]. Proceedings of the American Philosophical Society, 1962, 106 (6): 467–482.

[85] Sproles, G.B. Analyzing fashion life cycles: principles and perspectives [J]. The Journal of Marketing, 1981: 116–124.

[86] Sturgeon, T.J. Modular production networks: a new American model of industrial organization [J]. Industrial and Corporate Change, 2002, 11 (3): 451-496.

[87] Summers, J.O. The identity of women's clothing fashion opinion leaders [J]. Journal of Marketing Research, 1970 (1): 178-185.

[88] Tepper, S.J. Creative assets and the changing economy [J]. The Journal of Arts Management, Law, and Society, 2002, 32 (2): 159-168.

[89] Ulrich, K.T. and S.D. Eppinger. Product design and development [M]. New York: McGraw-Hill New York, 1995.

[90] Valverde, S., et al., Topology and evolution of technology innovation networks [J]. Physical Review E, 2007, 76 (5): 056118.

[91] Van Assche, A. and B. Gangnes. Modular production networks in IT: the nexus between management and economic research [J]. Working Paper, 2004.

[92] Vigneron, F. and L.W. Johnson. Measuring perceptions of brand luxury [J]. The Journal of Brand Management, 2004, 11 (6): 484-506.

[93] Wang, J., M. Tang, and F. Huang. Rise of creative industry and its theory research [J]. Geography and Geo-Information Science, 2007 (5): 16.

[94] Wang, Z., P. Xie, and J. Chen. Factor analysis and positive research for development of creative industry in city [J]. China Industrial Economy, 2007(8): 49-57.

[95] Westerman, G., F.W. McFarlan, and M. Iansiti. Organization design and effectiveness over the innovation life cycle [J]. Organization Science, 2006, 17 (2): 230-238.

[96] Workman, J.E. and K.K. Johnson. Fashion opinion leadership, fashion innovativeness, and need for variety [J]. Clothing and Textiles Research Journal, 1993, 11 (3): 60-64.

[97] XU, H. and S. LI. The evolution of value chain's form and modular organization coordinating [J]. China Industrial Economy, 2005 (11): 10.

[98] Zheng, J. The "entrepreneurial state" in "creative industry cluster" development in Shanghai [J]. Journal of Urban Affairs, 2010, 32 (2): 143-170.

[99] 曹如中，高长春，曹桂红. 创意产业价值转换机理及价值实现路径研究[J]. 科技进步与对策，2010，27 (10).

[100] 陈向东. 模块化在制造企业知识管理战略设计中的应用 [J]. 中国工业经济，2004 (1).

[101] 凡勃伦. 有闲阶级论：关于制度的经济研究 [M]. 北京：商务印书馆，1964.

[102] 高骞. 上海时尚产业政策研究 [J]. 科学发展，2009 (10)：87.

[103] 高秀明，汤兵勇. 服装零售商之间调货模型分析 [J]. 东华大学学报 (自然科学版)，2005 (3).

[104] 荀昂，廖飞. 基于组织模块化的价值网研究 [J]. 中国工业经济，2005，2 (7).

[105] 郭姵君，苏勇. 中国奢侈品消费行为实证研究 [J]. 管理评论，2007 (9).

[106] 郭鹏，施品贵. 项目风险模糊灰色综合评价方法研究 [J]. 西安理工大学学报，2005，21 (1).

[107] 郝斌，戴新民，任浩. 企业模块化能力：理论维度与生成路径 [J]. 财政研究，2010 (10).

[108] 雷如桥，陈继祥，刘芹. 基于模块化的组织模式及其效率比较研究 [J]. 中国工业经济，2004 (10).

[109] 李海舰. 论无边界企业 [J]. 中国工业经济，2005，4 (4).

[110] 李平，吴建四. 模块化制造网络——工业生产组织方式的重大变革 [J]. 中国经贸导刊，1999 (4).

[111] 李想，芮明杰. 模块化分工条件下的网络状产业链研究综述 [J]. 外国经济与管理，2008，30 (8).

[112] 刘鹏，金占明，李庆. 创新与企业战略制定模式的演进 [J]. 经济与管理研究，2008 (2).

[113] 罗珉. 大型企业的模块化：内容，意义与方法 [J]. 中国工业经济，2005 (3).

[114] 南博. 体系社会心理学 [M]. 东京：光文社，1979.

[115] 齐美尔，费勇. 时尚的哲学 [M]. 北京：文化艺术出版社，2001.

[116] 钱平凡，黄川川. 模块化：解决复杂系统问题的有效方法 [J]. 中国工业经济，2003 (11).

[117] 浅沼万里. 自動車産業における部品取引の構造——調整と革新的適

応のメカニズム（新産業社会と企業行動の革新< 特集>）［J］. 季刊現代経済，1984（1）.

［118］青木昌彦，安藤晴彦. 产业结构的模块化理论［M］. 上海：上海远东出版社，2003.

［119］芮明杰，刘明宇. 网络状产业链的知识整合研究［J］. 中国工业经济，2006（1）.

［120］时蓉华. 现代社会心理学［M］. 上海：华东师范大学出版社，1989.

［121］亚当·斯密. 国民财富的性质及其原因的研究［M］. 北京：商务印书馆，1997.

［122］苏葆燕. 多品牌多元化开拓市场　国际及国内时尚产业发展趋势分析［J］. 纺织服装周刊，2011（21）.

［123］孙淮滨，周毅灵. 论纺织品外观设计的法律保护［J］. 中国纺织，1995（10）.

［124］孙晓峰. 模块生产网络研究［J］. 中国工业经济，2005（9）.

［125］童时中. 模块化的概念与定义［J］. 电力标准化与计量，1995（4）.

［126］童时中. 模块化原理设计方法及应用［M］. 北京：中国标准出版社，2000.

［127］汪新建，吕小康. 时尚消费的文化心理机制分析［J］. 山东大学学报（哲学社会科学版），2005（2）.

［128］王秀丽，郭燕. 服装企业知识产权保护状况调查分析及解决对策［J］. 北京服装学院学报，2006，26（2）.

［129］王岩. 我国中产阶级消费时尚的社会学分析［D］. 吉林大学硕士学位论文，2009.

［130］巫景飞，芮明杰. 产业模块化的微观动力机制研究——基于计算机产业演化史的考察［J］. 管理世界，2007（10）.

［131］吴珊. 中国服装产业发展的品牌经济研究［D］. 山东大学硕士学位论文，2008.

［132］徐宏玲. 模块化组织价值创新：原理，机制及理论挑战［J］. 中国工业经济，2006（3）.

［133］颜莉，高长春. 时尚产业模块化组织价值创新要素及其影响机制研究——以五大时尚之都为例［J］. 经济问题探索，2012（3）.

[134] 杨大筠. 快时尚：SPA 盈利模式的未来价值 [J]. 中国制衣，2010 (12).

[135] 杨以雄. 当“O·Z·O·C”遭遇 SPA [J]. 中国纺织，2003 (10).

[136] 尹建华，王兆华. 模块化理论的国内外研究述评 [J]. 科研管理，2008，29 (3).

[137] 于尚艳，张凤超. 模块化网络组织，共同制造与价值创新：一个组织演化视角 [J]. 珞珈管理评论，2011 (1).

[138] 张美玲. 快时尚的生存之道 [J]. 现代商业，2011 (25).

[139] 张伟. 模块化组织的性质：基于中间组织理论的分析 [J]. 理论探讨，2010 (1).

[140] 张晓霞. 我国服装商标侵权状况分析及应对策略 [J]. 天津纺织科技，2009 (4).

[141] 赵君丽. 时尚产业的经济学分析 [J]. 云南社会科学，2011 (3).

[142] 赵磊. 时尚产业的兴起和发展 [J]. 上海企业，2007 (2).

[143] 周晓虹. 模仿与从众：时尚流行的心理机制 [J]. 南京社会科学，1994 (8).

[144] 祝煜明. 信息技术在中国服装行业中的现状及趋势 [J]. 浙江工程学院学报，2003，20 (3).

图书在版编目（CIP）数据

海派时尚产业价值创新能力与发展路径研究/颜莉著. —北京：经济管理出版社，2014.4
ISBN 978-7-5096-3088-4

Ⅰ. ①海… Ⅱ. ①颜… Ⅲ. ①产业发展—研究—上海市 Ⅳ. ①F127.51

中国版本图书馆 CIP 数据核字（2014）第 079289 号

组稿编辑：陈　力
责任编辑：杨国强
责任印制：黄章平
责任校对：超　凡

出版发行：经济管理出版社
（北京市海淀区北蜂窝 8 号中雅大厦 A 座 11 层　100038）
网　址：www. E-mp. com. cn
电　话：(010) 51915602
印　刷：三河市延风印装厂
经　销：新华书店
开　本：720mm×1000mm/16
印　张：16.75
字　数：300 千字
版　次：2014 年 12 月第 1 版　2014 年 12 月第 1 次印刷
书　号：ISBN 978-7-5096-3088-4
定　价：38.00 元